浙江科技学院学术著作出版专项资助

隧道光爆质量评价体系与
智能控制技术研究

Study on tunnel smooth blasting quality
evaluation system and intelligent control
technology

邹宝平　胡力绳　王建秀　牟军东　李亚鹏　范秀江　著

中国建筑工业出版社

图书在版编目（CIP）数据

隧道光爆质量评价体系与智能控制技术研究 = Study on tunnel smooth blasting quality evaluation system and intelligent control technology / 邹宝平等著. —北京：中国建筑工业出版社，2021.5
ISBN 978-7-112-26087-4

Ⅰ.①隧… Ⅱ.①邹… Ⅲ.①隧道施工—光面爆破—爆破施工—质量评价—研究②隧道施工—光面爆破—智能控制—研究 Ⅳ.①U455.6

中国版本图书馆 CIP 数据核字（2021）第 072005 号

本书详细介绍了隧道工程光爆的评价方法和控制技术。全书共分 8 章，主要内容包括隧道光爆基本原理、隧道光爆质量影响因素、隧道光爆质量控制因素现场试验、隧道光爆质量控制因素数值试验、隧道光爆质量评价体系、隧道光爆质量控制体系、隧道光爆智能评价和控制平台研发等。

本书可作为土木工程、隧道工程、岩土工程、地下空间工程等专业本科生和研究生的教学用书，也可供相关专业技术人员在从事隧道工程建设的管理、施工、设计、勘察和监理等工作时参考。

责任编辑：王砾瑶　边　琨
责任校对：赵　菲

隧道光爆质量评价体系与智能控制技术研究
Study on tunnel smooth blasting quality evaluation system and intelligent control technology

邹宝平　胡力绳　王建秀　牟军东　李亚鹏　范秀江　著

*

中国建筑工业出版社出版、发行（北京海淀三里河路 9 号）
各地新华书店、建筑书店经销
北京科地亚盟排版公司制版
北京建筑工业印刷厂印刷

*

开本：787 毫米×1092 毫米　1/16　印张：15¼　字数：366 千字
2021 年 5 月第一版　　2021 年 5 月第一次印刷
定价：**68.00 元**
ISBN 978-7-112-26087-4
(37660)

版权所有　翻印必究
如有印装质量问题，可寄本社图书出版中心退换
（邮政编码 100037）

作者简介

邹宝平

男，1982年生，浙江科技学院副教授、同济大学博士，新加坡南洋理工大学联合培养博士，深部岩土力学与地下工程国家重点实验室（北京）博士后（导师何满潮院士），第九批省市优秀援疆干部人才、浙江优秀援疆教师、新疆阿克苏地区优秀援疆人才、科大青年英才、科大优秀青年教师。主要从事城市隧道工程、地铁保护与盾构掘进、深部岩体动力学、聚能爆破等方面的教学与研究工作。获省部级记功一次、上海市科学技术奖二等奖1项、中国岩石力学与工程学会科学技术奖二等奖2项、中国发明协会发明创业奖二等奖1项、浙江省岩土力学与工程学会科学技术奖一等奖1项。主持国家自然科学基金、浙江省科技计划项目、浙江省自然科学基金等各类项目近20项，发表论文近60篇，授权国家发明专利近70项。兼任中国岩石力学与工程学会软岩工程与深部灾害控制分会理事、浙江省岩土力学与工程学会岩土工程施工专业委员会副主任委员和古地下工程保护专业委员会副主任委员。

胡力绳

男，1982年生，现任中铁二局集团有限公司科技部副部长（主持工作），正高级工程师，同济大学博士，中华人民共和国注册土木工程师（岩土），主持的《高速铁路隧道光爆破岩的岩体结构效应与IECT智能控制技术》获2019年度上海市科学技术奖（技术发明奖）二等奖（排名第2），参与的《基坑降水中MAMA组合地层的沉降机制与帷幕——井群控沉体系》获教育部2015年高等学校科学研究优秀成果奖（科学技术）二等奖（排名13）。发表论文30余篇，获授权发明专利近20项，获省部级工法5项、企业级工法18项；获2018年中国铁路工程集团有限公司"优秀共产党员"称号。

王建秀

男，1971年4月生，吉林双阳人，博士，同济大学土木工程学院教授，博士生导师，上海市人才发展资金计划入选者（2007），上海市浦江学者（2014），工程地下水与环境控制研究团队学术带头人。2002年毕业于西南交通大学岩土工程专业，获得博士学位。2002年于同济大学土木工程博士后流动站出站。2013~2014在美国加利福尼亚大学戴维斯分校（UCD）访问学习。中国建筑学会工程勘察专业委员会委员，上海市土木工程学会地下水科学与工程专业委员会副主任委员，国际工程地质与环境学会（IAEG）会员，国际土力学与岩土工程学会（ISSMGE）会员，美国地球物理学会（AGU）会员，欧洲地质学家和工程师协会（EAGE）会员，教育部学位与研究生教育发展中心通讯评议专家，国家自然科学基金通讯评审专家。多年从事与地质工程、隧道与地下建筑工程、岩土工程相关的研究工作，在深基坑降水与环境控制、岩石动力学与钻爆破岩理论、山岭隧道与盾构隧道、工程性地面沉降、岩溶塌陷区工程地质环境控制等研究领域开展研究工作。先后发表论文100余篇，被SCI检索44篇，EI检索60余篇。授权发明专利56项（第1）。获得软件著作权9项（第1）。获得教育部优秀研究成果二等奖3项（第1、第1、第4），上海市科技进步二等奖2项（第3、第5），三等奖1项（第2），上海市技术发明二等奖2项（第1、第5），四川省科技进步二等奖1项（第5），中国公路学会科技进步一等奖1项（第3）、二等奖1项（第7），国土资源科技奖二等奖1项（第7），中国冶金科工集团有限公司科学技术奖一等奖1项（第2），建设工程施工技术创新成果奖三等奖1项（第2），上海市土木工程科学技术奖二等奖1项（第2）。

牟军东

男，正高级工程师，杭州市地铁集团有限责任公司工程三部副部长。长期从事轨道交通工程和市政工程的建设管理工作，主持开展的地铁车站、区间隧道、车辆段场等项目累计达数十项，发表地铁建设等专业论文10余篇，出版著作1部，获专利3项。荣获省部级科学技术奖二等奖2项、三等奖1项，以及厅级科学技术奖一等奖1项。

李亚鹏

男,1982年生,2004年参加工作,高级工程师,现任中铁三局集团桥隧工程有限公司副总经理。主要从事隧道工程、城市轨道交通工程的施工管理工作,先后参与建设了铁路隧道7座、地铁车站20余座、盾构区间30余条,发表地铁建设等专业论文近10篇,出版著作1部,授权专利10余项。荣获省部级科技成果二等奖1项,省部级工法2项。

范秀江

男,1984年生,高级工程师,现任浙江省大成建设集团轨道交通工程公司党总支书记,总经理。长期从事轨道交通工程和隧道工程的施工管理工作,先后负责地铁车站、盾构区间、车辆段等项目累计达数十个,发表地铁建设专业学术论文近10篇,授权专利5项,荣获浙江省岩土力学与工程学会科学技术奖一等奖1项。

序

随着我国城市化建设的加快，隧道工程建设项目日益增多，铁路、公路、地铁隧道"数量多、长度大、大埋深、大断面"是 21 世纪我国以及世界隧道工程发展的总趋势。据统计，截至 2020 年底，中国铁路营业里程达 14.5 万 km，其中，投入运营的铁路隧道共 16798 座，总长约 19630km。国内外的统计资料表明，利用光面爆破（以下简称光爆）施工的隧道所占比例很大。隧道光爆质量不仅直接关系到隧道施工的安全，而且还直接影响隧道的掘进速度和经济效益。目前隧道光爆质量评价与智能控制技术的理论研究还相对滞后，不能满足工程建设的发展需求。因此，对隧道光爆质量评价体系与智能控制技术展开系统研究十分必要。

该书作者针对现有的隧道光爆质量评价一般为定性评价，没有对光爆质量进行分类、分级与定量化处理，缺乏统一的质量评价标准的现状，建立了一套包括点、线、面、体指标的隧道光爆质量评价体系、隧道光爆质量等级综合指数评价模型和投影寻踪等级评价模型；针对现有的隧道光爆质量控制指标忽略了各控制因素之间的关系，建立了一套多指标隧道光爆质量控制指标体系及隧道光爆质量控制的神经网络综合优化控制模型；针对现有的隧道光爆质量评价理论与控制应用存在较大脱节，难以为光爆质量评价与控制提供决策支撑，缺少智能化评价与控制工具，开发了基于 Android 系统的手持式移动隧道光爆智能评价和控制平台。相关成果推动了隧道施工技术和光爆控制技术的进步，其成果在成渝高铁大安隧道工程、广州地铁萝岗车辆段隧道工程中得到了推广应用，取得了显著的社会效益和经济效益，对提升我国隧道工程光爆技术的整体水平，推动我国光爆技术向着标准化、定量化、数字化、自动化与智能化的方向发展做出了积极贡献。

本书是作者对隧道光爆质量评价体系与智能控制技术的系统总结，凝结了作者十多年的工程智慧，内容丰富，数据翔实，具有重要的学术参考价值和工程指导意义。因此，我十分乐意向广大读者推荐这本专著。

中国科学院院士 何满潮

2021 年 3 月 12 日

前　言

长期以来，在隧道光爆技术的发展过程中，有关爆破质量的研究一直占有特别重要的位置，但由于岩石爆破破碎受力情况极为复杂，加之岩石性质的复杂性、爆破条件的多变性，使隧道光爆质量较难控制，质量波动较大。与此同时，有关隧道光爆质量的评价一般都是定性的，缺乏统一的隧道光爆质量定量评价标准，没有一套完整而系统的指标评价体系和定量计算的依据，如何定量、分类、分级评定隧道光爆质量是亟待解决的重要课题。

本书在综合分析国内外现有文献资料及研究成果的基础上，采用现场调查、专家咨询、理论分析、现场试验、数值试验等方法，对隧道光爆质量评价指标体系、隧道光爆质量综合集成赋权法权重计算、隧道光爆质量等级综合评价模型、隧道光爆质量控制指标体系、隧道光爆质量综合优化控制模型、隧道光爆智能评价、控制平台开发等方面进行了较为系统的研究，以期为我国隧道光爆质量评价与控制提供理论依据和科学指导。

全书共8章，第1章介绍隧道光爆质量的现状和研究意义，以及该领域的国内外动态和发展趋势；第2章主要分析隧道光爆基本原理，以及进行光爆质量影响因素全分析；第3章为隧道光爆质量控制因素的试验研究；第4章主要是基于岩石动力响应开展隧道光爆质量控制因素的数值试验研究；第5章主要开展隧道光爆质量评价体系研究；第6章主要研究隧道光爆质量控制体系；第7章主要是基于 Android 系统开发隧道光爆智能评价和控制平台；第8章是结论与展望。

另外，本书的研究成果获得了国家自然科学基金（No.41072205，No.41602308）、中铁二局股份有限公司项目（No.201218）和浙江科技学院学术著作出版专项资助，以及浙江省自然科学基金（No.LY20E080005）、浙江科技学院研究生教学改革研究项目（No.2019yjsjg01）资助。本书的研究工作得到了笔者所在单位浙江科技学院土木与建筑工程学院的罗战友教授、夏建中教授、杨建辉教授和同济大学、中铁二局集团有限公司以及杭州市地铁集团有限责任公司有关领导和专家的无私帮助，感谢研究团队成员刘笑天、周小博、王国涛、殷尧、邓沿生等为本书的出版付出了很多心血，感谢浙江科技学院土木与建筑工程学院、研究生院和科研处的同事们和笔者历届毕业的研究生多年来给予的大力帮助。

限于笔者水平，书中难免存在疏漏和不足之处，敬请读者评判指正。

2021年3月10日于杭州

目　　录

第1章　绪论 ··· 1
　1.1　研究背景与意义 ·· 1
　1.2　国内外研究现状 ·· 2
　　1.2.1　隧道光爆质量试验研究现状 ··· 2
　　1.2.2　隧道光爆质量数值试验研究现状 ·· 4
　　1.2.3　隧道光爆质量评价体系研究现状 ·· 6
　　1.2.4　隧道光爆质量控制体系研究现状 ·· 9
　　1.2.5　隧道光爆智能评价、控制平台研究现状 ································· 10
　1.3　主要研究内容与技术路线 ··· 11
　　1.3.1　主要研究内容 ··· 11
　　1.3.2　技术路线 ·· 12
　1.4　本研究主要创新点 ··· 13

第2章　隧道光爆基本原理及光爆质量影响因素全分析 ······················ 15
　2.1　光爆的定义与分类 ··· 15
　2.2　光爆基本原理 ·· 15
　　2.2.1　炸药的爆炸作用 ·· 16
　　2.2.2　岩石的破碎机理 ·· 16
　　2.2.3　光爆周边孔起爆原理 ·· 17
　2.3　隧道光爆质量的定义 ·· 18
　2.4　隧道光爆质量影响因素全分析 ·· 19
　　2.4.1　地质条件 ·· 20
　　2.4.2　钻爆设计 ·· 24
　　2.4.3　施工因素 ·· 33
　2.5　小结 ··· 36

第3章　隧道光爆质量控制因素的试验研究 ······································ 37
　3.1　引言 ··· 37
　3.2　隧道工程背景 ·· 37
　　3.2.1　地形地貌 ·· 37
　　3.2.2　地层岩性 ·· 37
　　3.2.3　地质构造 ·· 38
　　3.2.4　水文地质特征 ··· 38
　　3.2.5　有害气体 ·· 39
　　3.2.6　岩石物理力学指标 ··· 39

  3.3 现场试验设计 ··· 39
    3.3.1 隧道试验段选取与技术特征 ··· 39
    3.3.2 隧道光爆设计试验方案 ··· 41
    3.3.3 隧道光爆质量数据采集设备 ··· 42
    3.3.4 隧道光爆质量数据采集方案 ··· 42
  3.4 断面量测数据分析 ··· 44
    3.4.1 横断面量测分析 ·· 44
    3.4.2 纵断面量测分析 ·· 59
  3.5 隧道光爆质量三维可视化数字模型 ·· 62
  3.6 红外热像扫描分析 ··· 62
  3.7 小结 ··· 67

第4章 基于岩石动力响应的隧道光爆质量控制因素数值试验
  4.1 引言 ··· 69
  4.2 程序算法 ··· 70
    4.2.1 LS-DYNA 程序算法 ··· 70
    4.2.2 HyperMesh 程序算法 ·· 74
  4.3 隧道光爆质量 3D 数值模型构建 ·· 76
    4.3.1 三维数值试验的目的 ··· 76
    4.3.2 隧道光爆质量 3D 数值试验方案 ······································ 76
    4.3.3 材料本构模型与参数 ··· 77
    4.3.4 岩石强度破坏准则 ··· 80
    4.3.5 Erosion 算法 ·· 80
    4.3.6 无反射边界条件 ·· 81
    4.3.7 隧道光爆质量 3D 数值模型的建立 ·································· 81
  4.4 数值试验结果与光爆参数敏感性分析 ·· 82
    4.4.1 隧道光爆过程动态模拟 ··· 82
    4.4.2 隧道光爆质量定量分析 ··· 97
    4.4.3 隧道光爆参数敏感性分析 ··· 101
  4.5 小结 ··· 103

第5章 隧道光爆质量评价体系研究
  5.1 引言 ··· 105
  5.2 隧道光爆质量评价因素 ·· 105
  5.3 隧道光爆质量评价体系构建原则 ·· 107
  5.4 隧道光爆质量评价体系框架结构设计 ·· 108
  5.5 评价指标数据采集 ·· 108
    5.5.1 定性指标采集 ··· 109
    5.5.2 定量指标采集 ··· 110
  5.6 隧道光爆质量评价指标体系的建立 ·· 114
    5.6.1 隧道光爆质量评价指标体系构建方法 ·························· 114

  5.6.2　隧道光爆质量评价指标体系初选 ……………………………… 114

  5.6.3　隧道光爆质量评价指标体系筛选 ……………………………… 115

  5.6.4　隧道光爆质量评价指标体系建立 ……………………………… 120

 5.7　隧道光爆质量评价指标权重计算 …………………………………… 120

  5.7.1　指标权重计算方法 ……………………………………………… 121

  5.7.2　基于单位化约束条件的综合集成赋权法权重计算 …………… 122

  5.7.3　基于博弈论的综合集成赋权法权重计算 ……………………… 122

 5.8　隧道光爆质量等级综合评价模型 …………………………………… 123

  5.8.1　隧道光爆质量等级综合指数评价模型 ………………………… 123

  5.8.2　隧道光爆质量投影寻踪等级评价模型 ………………………… 124

 5.9　隧道光爆质量评价指标分级标准研究 ……………………………… 125

  5.9.1　评价指标分级标准采用的方法 ………………………………… 125

  5.9.2　评价指标分级标准的建立 ……………………………………… 125

 5.10　隧道光爆质量等级综合评价应用 ………………………………… 128

  5.10.1　隧道光爆质量等级综合指数评价模型的应用 ……………… 128

  5.10.2　隧道光爆质量投影寻踪等级评价模型的应用 ……………… 129

 5.11　小结 ………………………………………………………………… 130

第6章　隧道光爆质量控制体系研究 ……………………………………… 132

 6.1　引言 …………………………………………………………………… 132

 6.2　隧道光爆质量控制体系构建原则 …………………………………… 132

 6.3　隧道光爆质量控制体系框架结构设计 ……………………………… 133

 6.4　控制指标数据采集 …………………………………………………… 134

 6.5　隧道光爆质量控制指标体系的建立 ………………………………… 136

  6.5.1　隧道光爆质量控制指标体系构建方法 ………………………… 136

  6.5.2　隧道光爆质量控制指标体系初选 ……………………………… 136

  6.5.3　隧道光爆质量控制指标体系筛选 ……………………………… 140

  6.5.4　隧道光爆质量控制指标体系建立 ……………………………… 145

 6.6　隧道光爆质量综合优化控制模型 …………………………………… 146

  6.6.1　BP神经网络 …………………………………………………… 146

  6.6.2　ANFIS自适应模糊神经网络 …………………………………… 147

  6.6.3　Elman神经网络 ………………………………………………… 149

 6.7　隧道光爆质量综合优化控制模型的应用 …………………………… 150

 6.8　小结 …………………………………………………………………… 156

第7章　隧道光爆智能评价、控制平台开发 ……………………………… 157

 7.1　引言 …………………………………………………………………… 157

 7.2　Android平台软件框架设计 ………………………………………… 157

  7.2.1　系统功能设计 …………………………………………………… 157

  7.2.2　系统模块设计 …………………………………………………… 158

  7.2.3　用户界面设计 …………………………………………………… 159

7.3 Android平台软件实现 ·· 164
  7.3.1 数据库模块的实现 ··· 164
  7.3.2 评价功能实现 ·· 168
  7.3.3 控制功能实现 ·· 169
  7.3.4 主界面实现 ·· 170
  7.3.5 添加断面界面实现 ··· 171
  7.3.6 更新断面界面实现 ··· 171
  7.3.7 设置界面实现 ·· 172
  7.3.8 评价控制界面实现 ··· 173
7.4 实际工程应用 ·· 174
  7.4.1 工程概况 ··· 174
  7.4.2 实施控制前隧道光爆质量分析 ································· 175
  7.4.3 实施控制后隧道光爆质量分析 ································· 177
  7.4.4 软件平台性能评价 ··· 180
7.5 小结 ·· 181
第8章 结论与展望 ·· 182
  8.1 结论 ·· 182
  8.2 展望 ·· 183
附录A 隧道光爆质量评价因素案例说明 ································ 185
附录B 隧道光爆质量评价指标解释 ······································· 191
附录C 隧道光爆质量控制指标解释 ······································· 193
附录D 隧道光爆横断面超欠挖图 ·· 195
参考文献 ·· 216

第1章 绪 论

1.1 研究背景与意义

近年来,随着我国城市化建设的加快,隧道工程建设项目日益增多,铁路、公路、地铁隧道"数量多、长度大、大埋深、大断面"是21世纪我国以及世界隧道工程发展的总趋势[1]。据不完全统计[2],截至2011年底,我国建成的铁路隧道总长度已经超过7 500 km,公路隧道总长度超过3 000 km;全国轨道交通规划线路总长度超过4 000 km,其中,需建设隧道的线路所占比例很大。西部大开发中铁路、公路、地铁、地下公用设施、西气东输、水电站工程等隧道建设量达到450 km/a。目前在云南、四川、重庆、贵州、广东、福建、浙江、陕西等省市已建、在建、拟建的隧道工程中大量采用隧道钻爆方案。国内外的统计资料表明,利用钻爆法施工的隧道约占全部隧道80%[3],而我国在2020年以前规划建设的隧道达5 000座,长度超过9 000 km,其中采用钻爆法施工的"深、埋、长、大"隧道占了相当大的比例。因此,未来隧道工程钻爆技术的发展潜力巨大。

自20世纪50年代初瑞典的Hagchorpe、Dahlborg、Kihlstrom、Lundborg、Langefors等人首次进行"光面爆破"钻爆技术(以下简称"光爆")试验以来[4],在经过美国科学家Holmes的技术改进后,光爆技术迅速在美国、加拿大、挪威、英国、苏联等技术先进的国家得到突飞猛进的发展。随着光爆技术的发展,相继出现了"预裂爆破""轮廓爆破""精确爆破""控制爆破"等爆破方法,这些方法可统称为"光面爆破"[4-5]。英国英吉利海峡隧道,挪威洛达尔隧道,日本青函隧道、寒风山隧道、惠那山1号隧道、惠那山2号隧道,瑞士St. Gotthard隧道,挪威Laerdal隧道等都采用了光爆技术,光爆技术现已成为隧道及地下工程中的一种主要施工方法。

我国自20世纪60年代中后期开始在煤炭、冶金等行业进行光爆研究以来,在铁路、交通、土建、水利、水电、矿山、城市建设领域的岩石隧道、巷道和硐室工程中开展了大量光爆研究工作,积累了丰富的经验,取得了不少的研究成果[6-8],如20世纪80年代初成功攻克成渝线金家岩软岩大断面隧道、1985年和1986年先后攻克花果山隧道断层带和大瑶山隧道九号断层的大断面控制爆破技术、2007年成功攻克世界上第一座采用双洞单向行驶的特长隧道秦岭终南山隧道、2008年成功攻克武广铁路客运专线大瑶山隧道群(大瑶山1号隧道10.08 km,大瑶山2号隧道6.03 km,大瑶山3号隧道8.39 km),这为国民经济建设做出了重大贡献。但光爆技术在实际应用过程中还存在诸多问题,主要表现在以下两方面。

在隧道光爆质量评价体系方面,现有的光爆质量评价一般为定性评价,且评价指标单一而未成体系,没有对光爆质量进行分类、分级与定量化处理,缺乏统一的隧道光爆质量评价标准。评价结果大多依赖决策者对光爆现场爆破轮廓线的规则性和光滑度、超挖、欠挖等工程经验的积累程度以及个人主观认识，仅凭人为观测做定性分析，不能完全反映隧道光爆质量的等级。如隧道某个断面的某一部位超挖量很大但超挖面积非常小，就很难判断该部位光爆质量是属于何种等级；如果单一按照超挖量、欠挖量等对光爆质量进行评价，按照就高不就低的原则，就会人为地扩大光爆质量效果的好坏，不能客观、全面地反映光爆质量，具有较大的主观性和片面性，从而影响光爆质量评价结果的准确性和可靠性。

在隧道光爆质量控制体系方面，现有技术单一依靠以肉眼观测、经验判断、人为控制为主，控制指标忽略了光爆质量控制各相关因素之间的彼此关系，控制指标单一且未成体系，没有一种客观、量化、科学、简洁的质量控制方法，没有形成集动态、智能、多元、集成化为一体的隧道光爆质量控制技术。

以上两个方面是目前光爆技术实际应用中存在的主要问题。受其影响，隧道爆破工程现场经常出现超欠挖、人为随意调整爆破参数、光爆效果的评定仅凭人为观测等情况，因而使隧道工程光爆施工存在巨大的安全隐患。如某高速公路隧道在光爆施工装药过程中发生爆炸，造成2死2伤[9]；2007年，湖北宜（昌）万（州）铁路恩施州巴东县高阳寨隧道，因隧道爆破设计不合理触发岩崩，崩塌体堆积物方量约3 000 m³，巨石将318国道掩埋约50 m长的路段，造成35人死亡，1人受伤，直接经济损失1 498.68万元[10]；2011年，惠兴高速惠水至镇宁段小冲隧道因爆破设计不合理，右洞爆破引发左洞坍塌，造成6死6伤[11]。另外，2010年，张运良等对大林隧道试验段ZK71+100～ZK71+135超欠挖控制爆破技术研究表明，隧道每超挖1 m，将给企业造成经济损失1 340元左右，35 m试验段共节约费用46 900元[12]。普通爆破方法的超挖量为20%左右，而光爆的超挖量可降低至4%～6%，国内襄（阳）渝（重庆）线蜀河隧道，在未使用光爆技术施工时，平均每米隧道超挖10.18 m³岩石，按开挖隧道1 452 m计算，其额外出碴量就相当于开挖一座350 m长的隧道[6]。因此，隧道光爆施工的质量控制至关重要，这些问题如得不到科学合理的控制，就会引起围岩内的局部应力集中，并对隧道的整体稳定性产生严重影响，同时对隧道的生产效益产生重要影响。

综上所述，目前隧道光爆质量评价与智能控制技术的理论研究还相对滞后，不能满足工程建设的发展需求。因此，对隧道光爆质量评价体系与智能控制技术展开系统研究十分必要。这对深入开展隧道工程光爆新技术的基础研究，为隧道光爆质量评价与控制提供理论依据和科学指导，提升我国隧道工程光爆技术的整体水平，推动我国光爆技术向着标准化、定量化、数字化、智能化与自动化的方向发展均有十分重要的意义。

1.2 国内外研究现状

1.2.1 隧道光爆质量试验研究现状

影响隧道光爆质量的因素众多，主要包括地质条件、炮孔参数、装药参数等各种不同类型的因素，它们的优化组合、共同作用决定了隧道光爆的质量。因此，合理正确地选择和确定这些参数至关重要。然而，由于各类试验研究的目的不同，同时又受爆破复杂性等各种客观条件的限制，无法将各种影响因素都反映出来，因此，如何简单、可靠、科学地从众多影响因素中确定影响隧道光爆质量的最主要因素就显得十分重要。

对于隧道光爆质量控制因素的试验研究，国内研究者主要采用模型试验、现场试验等方法，借助振动监测、谱分析、声波检测、霍普金森试验等先进手段对层状板岩、水平岩层、岩溶地层、花岗岩、粉砂岩等地质环境中的岩石动态损伤的力学响应进行分析。童幺华等[13]对层状板岩隧道的光爆技术参数进行了试验研究，分析了层理构造对光爆效果的影响，并把研究成果应用于怀（化）通（道）高速公路全线层状板岩隧道施工中。杨仁树等[14]对青岛地铁区间隧道周边孔不同装药结构进行了光爆试验研究，并从理论上对连续、间隔装药等装药结构在爆破时对孔壁压力的影响进行了分析。郝文广[15]以西山特长隧道为背景，对水平岩层隧道进行了爆破漏斗试验，分析了超欠挖原因。张金等[16]以军都山隧道为背景，结合隧道围岩硬度大、节理裂隙发育等特殊地质，进行了掏槽孔不同深度的装药试验，分析了爆破参数、炮孔布置、装药结构和起爆网络等对隧道光爆质量的影响。程康等[17]以大别山隧道为例，对隧道空气间隔装药不同周边孔间距对光爆质量的影响进行了试验验证，认为不同的周边孔间距其光爆质量不同。郭尧等[18]以武广客运专线天鹅岭隧道为背景，利用爆破振动监测、谱分析等先进技术，开展了光面与预裂爆破对隧道围岩损伤的试验研究。代仁平等[19,20]设计了一种利用PVC-U材料以保护隧道围岩的装药结构，并利用57 mm口径的一级轻气炮装置、φ100 mm的霍普金森试验装置和数值模拟试验对隧道围岩爆破冲击损伤机理进行了研究。任永华[21]以斗篷山隧道工程为例，对隧道光爆初步设计与设计调整的方法进行了阐述，并通过现场试验最终确定隧道围岩不同级别的光爆参数。李兵[22]以鱼梁坝隧道为背景，对板岩隧道光爆参数进行了现场试验。

随着科技的进步，针对隧道爆破的试验方法得到了很大发展。如潘明亮等[23]以武广客运专线大瑶山隧道为例，采用PVC半管连续不耦合装药结构，将其与传统的"竹片＋导爆索"间隔装药结构进行对比，开展大断面隧道光爆试验，对隧道开挖的爆破参数、装药结构、起爆网路进行分析与设计。黄宝龙等[24]以横城子隧道为背景，针对光爆在粉砂岩中存在的问题，开展了隧道光爆现场试验。段会平等[25]对富含云母岩体隧洞开挖爆破技术进行试验研究，制定并优化了针对富含云母隧洞爆破开挖的设计方案。黄龙华[26]针对九江至瑞昌高速公路新合连拱隧道穿越地层复杂的实际情况，在隧道现场进行了光爆试验，对爆破参数、装药结构、起爆网路进行优化设计。姜德义等[27]针对重庆嘉华隧道的实际情况，为避免地面建筑物受爆破振动的危害，结合理论分析和现场试验，提出合理的爆破方案，并通过现场测试得出围岩最大爆破振动速度。段宝福等[28]采用PVC半管连续不耦合装药结构对武广客运专线大瑶山一号隧道进行了试验研究。冯海暴等[29]对南阳一隧道、南阳二隧道和桂林二双连拱隧道进行现场试验，分析了影响超欠挖、造价耗费的主要因素。杨仁树等[30]结合青岛地铁3号试验段的复杂环境，从延时爆破、炸药单耗、掏槽形式以及聚能管控制等方面开展了爆破施工减振试验研究。阮清林[31]以长洪岭隧道近距下穿江池镇为背景，基于爆破振动波干扰降振原理，通过使用电子毫秒电雷管开展高效减振爆破开挖技术试验。赵勇等[32]利用电子雷管和非电毫秒导爆管雷管对牛王盖隧道进行降振试验，认为采用电子雷管爆破振动可降低60%以上。卿三惠等[33]对胶州湾海底隧道进行了系统现场试验研究，总结了海域隧道钻爆法快速施工成套技术。严鹏等[34]以锦屏二级水电站深埋隧洞群为例，通过围岩损伤区原位检测试验对比分析钻爆法和TBM法施工条件下损伤区的特性和形成原因，并采用数值计算法对应力瞬态和准静态调整所分别出现的开挖损伤区范围进行了比较。何本国等[35]针对南京地铁隧道二号线工程最小净距仅0.309 m的实际情况，利用CRD工法对超小净距隧道不同爆破方式进行了现场试验。沈周等[36]依托禾洛山隧道，采用台阶法对铁路单线隧道钻爆扰动范围进行现场试验。傅洪贤等[37]以棋盘山隧道为工程背景，在隧道掌子面后方隧道拱顶5 m范围的围岩内安装定制速度传感器，测试隧道拱顶部位围岩的爆破振动速度，研究隧道掌子面附近围岩的振动规律。

国外研究者主要是基于岩石动力响应对隧道围岩损伤进行试验或通过试验制定光爆准则，并对隧道开挖进行可靠性分析，以指导隧道光爆设计与施工。如Xia等[38]以大帽山隧道为例，对新建隧道与既有隧道近距离毗邻条件下不同爆炸荷载下的围岩损伤情况进行了试验研究和数值模拟计算，并提出相应的预测与控制方法。Kim等[39]对处于花岗岩地层的韩国4个隧道进行了试验研究，并提出指导隧道光爆施工的准则，认为智能钻孔车和施工操作对隧道光爆质量控制影响较大。Zare等[40]提出了一种包括钻速（DRI）、钻头磨损（BWI）、刀具使用寿命（CLI）等在内的隧道可钻性指标，并将其应用于光爆法施工的硬岩隧道，试验表明，该方法可提高隧道施工速度，能获得较好的经济效益。Ji等和Liang等[41,42]以锦屏二级水电站深埋隧洞为例，利用钻爆法和TBM法对围岩的微观力学响应机制进行试验研究，包括扫描电镜试验、声发射试验以及隧道声学测试试验。Fattahi等[43]基于复合蒙特卡洛模型（MCS）和自适应模糊聚类推理系统（ANFIS-SCM），对伊朗Gotvand大坝中的隧道工程开挖进行可靠度分析。Verma等[44]对印度加德满都的五个不同隧道进行了爆破质量研究，建立了用于评价隧道围岩破坏的经验公式。

综合以上研究现状我们发现，进行隧道光爆质量控制因素的现场试验研究有利于验证理论模型的正确性，推动理论创新，有利于对隧道光爆设计进行优化，获得合理的隧道光爆参数，建立隧道光爆质量预测与控制的各种经验公式；但针对特大断面隧道光爆质量的研究还较少，且隧道光爆现场试验过程中，没有针对性根据隧道光爆质量的各影响因素进行原始数据的收集，缺乏必要的实际数据，大多停留在定性研究的基础上，不利于定量化开展隧道光爆质量研究。

1.2.2 隧道光爆质量数值试验研究现状

隧道光爆过程的数值试验技术能够全面、细致、深刻地解决爆破过程的计算与分析，其可不受具体试验条件的限制，可以通过建立任意宏观模型或微观模型对试验中不易观察的物理过程进行模拟与计算，达到定性、定量解决问题的目的，以节约材料，降低工程造价。解析法、试验法与数值试验相比，解析法仅能考虑简单问题而缺乏实用性，而试验法局限于具体的试验条件而缺乏普遍性[45]，同时需要耗费大量的人力、物力和财力，不能做到细致、完整、全面地认识岩石光爆成型的过程和精确地量测隧道光爆造成的超挖、欠挖。因此，应用数值试验研究隧道光爆质量具有重要意义。隧道光爆数值试验时可以将炸药、围岩、钻孔、起爆等视为一个统一体系，可将体系中发生的炸药爆轰和气体作用过程、岩石动载形变、裂纹开裂以致破碎成块、抛掷过程等统一为该体系的能量转化和守恒过程，提高光爆理论的研究水平，推动光爆参数的优化以指导隧道设计与施工。目前，隧道光爆常用的数值试验方法有有限元法（FEM）、离散单元法（DEM）、数值流形方法（NMM）、非连续变形分析法（DDA）以及上述方法的组合方法。这些方法的应用，推动了数值计算在隧道光爆理论与技术研究领域的发展。

国内有关隧道光爆质量数值试验的研究成果较为丰富。任辉龙等[46]选取不同的围岩级别、炸药当量等6种工况，利用ANSYS/LSDYNA软件建立三维隧道整体模型，对照山岗隧道进行速度场、应力场分布计算。邵珠山等[47]采用LS-DANY有限元软件，对隧道结构不同临空面数量的爆破振动响应进行了研究，认为合理的临空面构造有利于岩体的爆破破碎。程康等[17]利用LS-DYNA软件建立隧道空气间隔装药双孔爆破模型，分析不同的周边孔间距对空气间隔装药光爆质量的影响。单仁亮等[48]采用ANSYS/LS-DYNA软件研究了爆破荷载作用下巷道振动区岩体的动力响应。杨建华等[49]为研究岩石爆破开挖对围岩的响应，以瀑布沟尾水隧洞为背景，基于等效弹性边界，利用ANSYS/LS-DYNA软件计算雷管起爆时不同段别的质点振动速度并与现场实测数据进行对比。周能娟[50]利用ANSYS/LS-DYNA软件，以图们至珲春高速公路高岭隧道为背景，采用拉格朗日算法，建立隧道节理裂隙岩体的二维爆破模型，并对比研究隧道实际断面模型和完整岩体爆破模型，分析节理产状、宽度等因素对光爆质量的影响。梁为民等[51]利用ANSYS/LS-DYNA软件研究了肇兴隧道不同厚度软弱夹层围岩对炸药爆炸能量传递的影响，并对隧道出现超欠挖的原因进行了分析。代仁平等[19]利用LS-DYNA软件对轻气炮试验过程进行数值试验再现，并对岩石冲击损伤破坏进行了分析。卢文波等[52]为研究隧道围岩振动响应，采用LS-DYNA软件对隧道群孔起爆条件下开挖荷载、瞬态卸荷和爆炸荷载耦合作用进行了计算。陈明等[53]基于LS-DYNA软件，采用爆炸荷载变化曲线模拟爆破开挖对围岩的损伤效应，认为应力重分布对围岩损伤最大，爆炸荷载作用将增大围岩损伤区范围。刘永胜[54]采用ANSYS/LS-DYNA软件研究了海底隧道钻爆施工围岩中的应力场和振动场规律，分析了每循环不同爆破进尺作用下隧道围岩中的振动场特征。丁黄平[55]以高岭隧道为例，采用ANSYS/LS-DYNA软件，建立了包括岩石、节理、空气和炸药四种材料的二维爆破模型，对不同产状节理岩体的爆破破岩过程进行模拟，并分析了节理不同强度、不同宽度作用下的爆炸应力波阻隔作用。

由于计算机技术和数值试验方法的快速发展，隧道光爆数值试验研究逐渐走向多元化。刘学霸等[56]采用AUTODYN-2D软件，对隧道围岩全断面爆破开挖时的压应力场、振动速度场进行了研究，并得出爆破优化设计的参数。孙金山等[57]采用离散元法（UDEC），对中高地应力条件下隧道节理围岩爆破开挖诱发的节理松动机制进行了研究。严鹏等[58]为研究深埋隧洞爆破开挖荷载诱发围岩损伤特性，利用PFC2D数值模型分析了不同初始地应力下爆炸荷载和地应力瞬态卸载所引发的围岩损伤机制，并将其应用于锦屏二级水电站引水隧洞爆破开挖中。左双英等[59]采用FLAC3D软件对隧道爆破开挖围岩动力损伤机制进行了研究。金生吉等[60]采用FLAC3D软件，对隧道爆破开挖引起的冲击波对围岩塑性区和应力的影响进行研究。蔚立元等[61]以青岛胶州湾海底隧道为背景，采用FLAC3D软件，将爆破荷载以等效应力的方式加载于炮孔的网格节点上，对小净距海底隧道爆破振动响应进行研究。朱哲明等[62]采用应力差分法程序建立了一个爆炸荷载下含缺陷岩体的漏斗爆破模型，认为在爆炸载荷下，缺陷内的水对岩体强度影响较大，而应力波作用下，缺陷密度与岩体的破坏范围成反比。张国华等[63]以大帽山大断面小净距隧道群为背景，通过 DYNA、UDEC 软件耦合模拟推进式往复爆炸荷载作用下围岩的累积损伤范围，研究认为其侧壁围岩的累积损伤为 3.0～4.1 m。

国外有关隧道光爆的数值研究成果也较多，如 Zou 等[64]建立大型三维爆破模型，利用微差起爆技术，对特大断面隧道爆破全过程进行动态模拟，采用极差分析法对隧道爆破质量控制指标的敏感性进行研究，分析了各控制因素对爆破质量的敏感性。Daraei 和 Zare[65]采用二维程序 Phase2 对隧道开挖破坏区域进行了数值模拟研究，并根据岩石强度因子计算了超挖深度。Benselama 等[66]基于爆破材料和参数，对隧道内爆炸波的演变规律进行数值模型研究。Saiang 等[67]利用数值分析的方法研究了爆破振动对浅埋隧道脆性围岩的影响。Ramulu 等[68]研究了连续爆破振动对玄武岩体的损伤影响。Hamdi 等[69]利用图像处理技术对爆破诱发的岩石的抗拉破坏模型进行研究，并利用数值软件分析其损伤演化规律。Ulrika 等[70]利用数值模拟技术对爆炸—碎片荷载耦合作用机制进行研究，认为大部分破坏主要是由裂隙引起，主要出现在碎片荷载到达前的 0.2 ms。David[71]利用连续法、连续—非连续耦合法对爆破诱发的损伤区域进行稳定性分析，其中连续—非连续耦合法数值计算时，内部损伤采用 PFC2D，外部损伤采用 FLAC，研究表明隧道周围损伤区域主要集中在浅层，连续模型不能模拟这种损伤失效情况。Fan 等[72]利用数值流形法（NMM）对应力波在隧道节理裂隙岩体中的传播规律进行研究，研究结果与用非连续变形分析法（DDA）得到的结论基本一致。Zhao 等[73]基于 LS-DYNA 程序获取的爆破荷载，利用非连续变形分析法（DDA）对隧道光爆围岩的动力响应进行分析。

总体来说，目前国内外关于隧道光爆质量的数值试验研究主要是基于有限元法、离散单元法等研究隧道爆破对围岩损伤、岩体的动力响应、爆破破岩过程、速度场和应力场分布等方面。这些研究大多是二维模型，不能全面从岩石损伤场的演变过程和光爆质量分析中研究爆破作用的规律，同时也没有对爆破后围岩的质量进行敏感分析与质量评价，更没有给出隧道光爆质量控制因素的敏感程度和主要敏感因子，而其对质量的评价大多停留在定性研究上，没有进行定量化研究。岩石的爆破是一个十分复杂的过程，而有关考虑大应变、高应变率、高压效应、围岩损伤的特大断面隧道光爆质量的三维数值模型的研究还很少。

1.2.3　隧道光爆质量评价体系研究现状

隧道光爆质量直接影响隧道施工的安全、掘进速度、经济效益[6]，因此，隧道光爆质量评价体系是判断隧道光爆质量的关键。目前有关隧道光爆质量的评价研究主要是针对爆破参数和爆破效果的研究，但这些研究成果一般都是定性的，没有形成统一的隧道光爆质量评价标准，没有制定出一套完整而系统的指标评价体系和定量计算的依据[6]。如铁路隧道光爆质量评定标准仅考虑平均线性超挖量、最大线性超挖量、两炮间台阶最大尺寸等 6 个指标；原煤炭部制定的光爆质量检验标准也仅对不平整度、两炮衔接台阶 2 个指标做定量评价；原冶金部制定的光爆质量检验标准仅对超欠挖量、炮孔痕迹保存率、两炮衔接台阶做定量描述；原西安矿院制定的光爆质量检验标准中也仅对不平整度、炮孔痕迹保存率做定量描述；国家建委二局制定的检验标准，仅包括平均线性超欠挖量、最大线性超欠挖量等3个因素。

1.2.3.1 隧道光爆参数研究现状

在隧道光爆参数研究方面，主要包括理论公式计算法、工程经验类比法、试验模拟法以及现场试验等。国内外关于光爆参数的研究成果较多，主要有以下成果。

Fokin[74]对爆破参数的计算方法进行优化改进；宗琦等[75]依据光爆成缝理论，对装药不偶合系数、空气柱长度、装药集中度、炮孔间距和光爆层最小抵抗线等参数进行了理论分析；Mancini[76]对隧道爆破的有关参数进行了研究；刘春富等[77]对弯山隧道钻孔台车深孔光爆参数进行了试验研究，包括掏槽眼布置、装药结构、起爆手段等；罗大会等[78]研究了三峡工程岩体开挖中的大孔径光爆技术；Kahriman[79,80]研究了花岗岩开挖实施爆破过程中粒子速度的预测，并对隧道工程爆破诱发的地面振动参数进行研究；顾义磊等[81]对隧道光爆合理爆破参数进行研究，提出以超欠挖量、炮痕率、围岩损伤程度为指标的隧道光爆质量验收标准；张志呈等[82]基于光爆的偏心不耦合、中心不耦合和护壁不耦合等不同装药结构，研究了光爆不同装药结构对岩石的损伤情况；Fumihiko[83]对光爆引爆线进行了研究；Mandal[84]对光爆模式进行了研究；Sellers[85]对爆破技术参数在隧道工程中的应用进行研究；石洪超等[86]通过优化掏槽孔的装药结构和参数，对层状围岩小净距隧道进行爆破减振技术研究，并在重庆南涪高速公路鸭江隧道中获得了较好的应用；沈世伟等[87]基于物元理论，从围岩、爆破参数、结构面、施工等方面选取18个指标对节理岩体隧道爆破质量进行可拓学评价，并给出了吉林省延吉至图们高速公路高岭隧道特定断面的爆破质量等级的分级标准和指标量值；蔡路军等[88]针对湖北十白高速黄龙隧道光爆效果不佳，爆破振动较大等问题，从不耦合装药系数、周边眼间距、光爆层厚度、装药集中度等参数对不同级别的围岩进行优化设计；张金等[16]对不同深度的掏槽孔进行了试验，并从起爆网路、爆破参数、装药结构和炮孔布置等方面对军都山隧道进行爆破优化设计；王红生[89]对小净距隧道群爆破参数进行了研究；毛建安[90]对不同级别围岩采用针对性的爆破设计，认为适当加密周边眼、合理确定光爆层厚度、采用小直径药卷不耦合装药结构、保证爆破眼同时起爆是光爆成功应用的关键；王孝荣[91]对周边眼间距、最小抵抗线、炮眼密集系数、不耦合系数、装药集中度、装药结构以及起爆方式等爆破参数进行优化，优选出最佳隧道围岩的掏槽方式和钻爆参数；Shin等[92]对爆破参数进行分析，利用数值模拟技术，研究了爆破振动对既有软岩隧道的影响；Park等[93]在炮眼底部采用空气间隔装药，研究了爆破振动对隧道的影响；Rodriguez等[94]在考虑隧道及爆破参数设置的基础上，对隧道内部爆破振动波进行分析预测，指出荷载—距离曲线能较好地预测爆破振动波的分布。

综合上述成果发现，目前关于隧道光爆参数的研究没有一个统一定量的标准，没有进行分级分类研究，不成体系，且参数的获得大多通过经验或半经验公式、工程类比、现场试验得出，随意性较大，不利于进行隧道光爆优化设计和质量评价，不利于隧道围岩的稳定，会导致超欠挖严重，不利于机械化、智能化施工。

1.2.3.2 隧道光爆效果研究现状

在隧道光爆效果方面，目前的研究成果主要是单一从光爆超欠挖角度对隧道光爆质量进行评价，而没有考虑多因素综合指标及其相互影响。国内现行的有关规范，如《铁路隧道工程施工质量验收标准》TB 10417—2018、《铁路隧道工程施工技术指南》TZ 204—2008、《高速铁路隧道工程施工质量验收标准》TB 10753—2018、《公路隧道施工技术规范》JTG/T 3660—2020、《公路隧道施工技术细则》JTG/T F60—2009等都是单一利用隧道光爆的超欠挖量等指标对光爆效果进行评定的。

  有关隧道光爆效果的国内其他研究成果也非常丰富。王明年等[95]结合理论解析和自适应有限元法，对隧道超欠挖与围岩稳定性的关系进行研究，认为隧道超欠挖的存在及其沿设计轮廓的不均匀分布造成开挖轮廓的凹凸不平，将引发隧道周围岩体中的局部应力集中。孙少锐[96]结合块体理论与结构面网络模拟技术，对水电站输水系统的超挖情况进行预测，并将分形理论应用到隧洞的超欠挖预测中，同时利用图像处理技术对野外摄取的隧洞图像进行处理。魏继红等[97]利用图像处理技术，通过野外摄取的隧洞图像，对隧道超欠挖量进行定量研究。苏永华等[98]利用在现场量测的3条隧道的360个断面的最大超挖样本数据，结合公路隧道围岩类别，对隧道围岩超挖的分形特征进行研究。刘冬等[99]针对南水北调某隧道工程，对影响隧道超欠挖的主要因素进行分析，包括围岩地质条件、钻孔精度、测量放线、爆破技术和现场管理等。肖云华等[100,101]基于分形几何角度理论，认为隧道围岩超欠挖曲线分形维数是岩体结构和洞轴线的函数，并利用分形几何定量描述围岩超欠挖轮廓线，分析各类围岩超欠挖曲线的分形维数与围岩类别之间的关系。张运良等[12]针对大林隧道水平岩层的具体特点，对影响光爆效果的主要因素进行分析，通过不断调整各爆破参数等相关现场试验，研究形成一套水平层状破碎围岩隧道超欠挖控制爆破技术。张鹏等[102]结合小波分析的多分辨率功能，利用隧道断面轮廓超欠挖序列的统计自相似性理论，采用小波分析计算分形维数的方法，对白鹤隧道47个断面轮廓进行分维数计算。杨玉银等[103]认为隧道超挖的主要原因是地质、施工、爆破技术等因素。陈国平等[104]从光爆方案、工艺流程、施工方法等方面对成昆线三棵树隧道的光爆质量进行了研究，认为采用光爆施工可减少超挖量15%。郝文广[15]从主客观两方面分析了水平岩层隧道超欠挖的原因，认为周边眼间距、装药量、装药结构、施工技术等是影响光爆质量的重要因素。冯海暴等[29]对九瑞高速公路3条隧道的超欠挖研究表明，钻孔精度、测量放线、炮孔单孔装药量、作业和地质条件等是影响隧道超挖的主要因素。曹勇[105]针对杜家山千枚岩隧道的实际施工情况，从隧道总体掘进方案、爆破器材、钻爆参数设计、炮眼布置形式和爆破参数等方面对超欠挖进行分析。

  国外针对隧道光爆效果的研究成果也较多，主要有Chakraborty等[106,107]基于模型试验和现场调查，对影响隧道节理裂隙岩体超挖有关的节理方向、岩体质量进行评价，认为爆破效果与岩体平均块度大小、深度、横断面轮廓几何尺寸等有关，炸药单耗对岩体质量效果有较大影响。Innaurato等[108]从爆破理论、爆破质量理论、岩体爆破质量评价机制、选择的参数（包括OB、HCF）、工程地质条件等方面研究了隧道开挖施工钻爆质量与岩体质量的相互影响。Adhikari等[109]对一大型水电项目进行爆破岩体质量评价，并对爆破开挖施工的各阶段进行了讨论。Paul Singh等[110]利用小型物理模型试验和爆破损伤评估，对爆破地下工程开挖施工超欠挖原因、影响因素以及预测技术进行研究，爆破质量主要通过半孔率、超挖比例、爆破危害指数进行评估，同时也对岩体超欠挖影响因素如岩体特征、爆炸特性、爆破设计参数等进行了分析，提出一种新的有关周边爆破技术模式和装药集中度的智能设计技术方法，并对爆破损伤的影响进行了分析。Kim

等[111]利用模型试验对挪威公路隧道工程施工期岩体质量进行了研究，模型主要考虑隧道施工期的开挖、围岩支护、隧道不同拼装设施以及现场准备等工作，分析隧道建设期以及掘进速度对岩体质量的影响，其中 Q 值主要包括 0.01、0.1、1.0 和 10.0 四种情况。Mandal 等[112]对隧道超挖的程度和原因进行了研究，认为岩体力学特征、地应力对隧道超挖影响较大，同一爆破模式在整个隧道开挖施工中具有不同的超挖量，其中在高地应力区超挖量最大，相同的周边控制爆破技术模式在隧道横断面中超挖量各不相同，钻爆设备性能对隧道爆破超挖质量也有较大影响，并利用统计和图像分析技术对隧道周边岩体考虑岩体特性、地应力的爆破模式进行分析，以降低岩体的超挖量。Feng 等[113]对隧道光爆钻孔距离和光爆层厚度进行优化研究，认为花岗岩合理的钻孔距离系数为 0.85~1.36 时，光爆层厚度最小，而钻孔距离系数最大，当光爆层厚度最大时，光爆层系数最小，因此，优化后的钻孔距离、光爆层厚度均为 600 mm。Strelec 等[114]考虑钻孔的形状和爆破参数，利用编制的"SB"程序，对岩体的爆破破碎损伤进行计算，结果表明岩体破碎质量与爆破钻孔的形状关系密切，改进优化后的模拟程序能够得到理想的破碎岩体。Mohammad 等[115]基于人工神经网络技术（ANN），利用岩体地质力学属性作为输入参数，如岩体可爆性指标（BI）、岩石质量指标（RQD）、无侧限抗压强度（UCS）、密度、内聚力等，对 Mouteh 金矿工程中的爆破负荷进行了预测研究。Deya 等[116]对 5 个水平隧道进行了隧道光爆超欠挖研究，并给出了用爆破质点峰值振动速度（PPV）预测的隧道超欠挖范围。Kim 等[39]研究了韩国花岗岩地层的四个隧道，并提出了能显著改善光爆效果的准则。Jang 等[117]认为隧道超挖的原因可分为爆破因素和地质因素两类，且所有影响因素非线性相关，通过基于地质因素的隧道光爆标准设计，利用多元回归分析（LMRA、NMRA）、人工神经网络分析（ANN）等方法和多项指标对隧道光爆超欠挖进行了评价。

综合以上研究发现，隧道光爆效果的研究主要是利用各种评价方法和计算理论研究超欠挖的评价机制、爆破各参数与超欠挖的关系、超欠挖与围岩损伤的关系等，主要的方法有理论解析、有限元法、块体理论、结构面网络模拟技术、图像处理技术、分形理论、小波分析、人工神经网络技术、多元回归分析等。但是利用超欠挖等因素如何定量评价隧道光爆效果，如何制定符合工程实际的光爆质量评价指标体系和质量评价分级、分类标准等，这些问题均未形成统一的标准，此外，实际光爆施工中影响光爆效果的各因素的作用及重要程度均不同，而针对隧道光爆质量评价指标权重系数的研究也较少，因此，其在实际应用中人为随意性较大。

1.2.4 隧道光爆质量控制体系研究现状

隧道光爆质量控制是国内外隧道及地下工程的研究热点和难点，也是工程安全、科学、合理与快速施工的关键，是隧道及地下工程建设的重要组成部分，贯穿于深埋长大隧道建设的全过程。

隧道光爆质量影响因素众多，光爆施工质量较难控制、质量波动较大。因此，如何正确、合理地进行隧道光爆质量控制已引起国内外研究者的重视，并对其进行了大量卓有成效的研究。国内有关隧道光爆质量控制的研究成果非常丰富。如《铁路隧道施工规范》TB 10204—2002、《铁路隧道工程施工技术指南》TZ 204—2008、《公路隧道施工技术规范》JTG/T 3660—2020、《地下铁道工程施工质量验收标准》[四册] GB/T 50299—2018等都提出了隧道光爆的控制指标，但提出的这些控制指标没有形成体系，实际光爆控制过程受人的主观性影响大，控制的准确性和可靠性不佳。除此之外，国内许多学者也对隧道光爆质量的控制进行了大量研究。如刘冬等[118]以衮天沟隧道为背景，研究了浅埋隧道爆破设计和爆破振动，并根据爆破振动监测结果提出有效的爆破振动控制技术；杨玉银等[103]基于隧道光爆超挖影响因素，提出超挖控制方法，包括施工技术控制、爆破技术控制、施工管理控制；王国顺等[119]分析了广成山隧道和庙垭口隧道影响爆破超欠挖的原因，并针对性从钻爆施工工艺、施工爆破参数选择等方面提出光爆控制技术；何英伟等[120]分析了羊和岩隧道水平层状红砂岩光爆时超欠挖的影响因素，并基于现场施工的方便性和可操作性，提出了控制隧道光爆的主要方法，即提高钻孔精度、控制装药参数、规范装药结构和加强施工管理；叶培旭等[121]结合南山下隧洞下穿温福客运专线钱仓山隧道工程，实时监测近距离交叉隧洞爆破施工对既有隧道的振动影响，并对爆破振动监测与信息化施工进行了研究；周向阳等[122]结合上跨正在运行地铁的南京红山南路隧道群钻爆法开挖工程，对上跨运行地铁最近距离为4.19m的钻爆法开挖工程进行爆破振动安全控制，通过建立爆破监督管理制度与信息化爆破振动监测等多种手段对爆破安全进行有效的管理，确保了正在运行地铁的安全；方崇[123]基于燕尾突变理论，利用炮孔利用率、半孔率和不平整度对光爆效果进行了综合评价。

国外学者也对隧道光爆质量控制进行了大量的研究。Zare等[124]对爆破设计模型进行了对比研究，特别是对掏槽爆破和光爆进行了对比，建立了一种新的隧道爆破设计模型；Sharma等[125]对计算机仿真技术在光爆中的应用进行研究；Xu等[126]对受爆破振动影响的采空区进行了数值模拟预测；Kittler等[127]研究了爆破过程中监控量测的重要性；Kamali[128]利用神经网络技术对光爆引起的地面振动进行预测研究；Fekete等[129]研究了三维激光扫描技术在隧道爆破工程中的应用；Kima等[39]对花岗岩隧道的研究表明，机械化钻孔台车以及施工管理技术有利于隧道光爆超欠挖的控制；Jang等[117]认为建立的人工神经网络模型（ANN）可控制隧道超欠挖。此外，国内外其他的许多学者，如Maerz、Franklin、Abel和Zou等[130-137]也结合爆破参数对爆破控制技术等进行了大量研究，取得了许多研究成果，对光爆控制技术的发展起了重要的推动作用。

总的来说，对光爆质量控制技术的研究主要体现在对爆破参数反复试验与优化，统筹法、神经网络模型、突变综合评价理论、计算机软件、计算机语言编程与开发等技术，并对其进行了深入的研究与实践，再提出合理的控制技术。但是有关隧道光爆控制指标、控制准则与控制方法的研究没有统一的体系，没有进行定量分级与分类，没有对隧道光爆施工全过程进行控制，没有形成集动态、智能、多元、集成化为一体的隧道光爆质量控制技术。

1.2.5 隧道光爆智能评价、控制平台研究现状

隧道光爆质量不仅直接影响隧道施工的安全、掘进速度和经济效益，而且也反映了光爆评价参数和控制方法的准确程度，因此开发稳定高效的隧道光爆智能评价、控制平台无论对于科学研究还是工程应用，都具有重要的意义。

在隧道光爆软件平台开发方面，国内外的研究成果很多。叶海旺[138]主要基于模糊推

理匹配系统、炸药与岩石智能匹配优化系统、爆破参数优化系统，开发了土岩爆破智能化系统，其主要功能是：只要将研制的钻机开到爆破施工现场，结合炸药混装车，在操作键盘上输入爆破要求如爆破块度、爆堆形状和爆破安全要求，系统就能根据这些参数进行优化设计，最终得出一套最优的爆破方案。肖清华[139]开发了隧道爆破设计智能系统（ZXTBS），并应用于武广铁路客运专线上连溪和乐善亭隧道爆破施工，隧道爆破设计智能系统由知识库、数据库、推理机、人机交互系统和解释机构等五部分组成，并创建了系统管理、参数智能计算、爆破数据、布孔设计、施工设计和施工信息管理等系统功能模块；但系统缺少对爆破效果进行科学评价的功能，且现行的样本数据均靠设计人员凭经验确定，在爆破效果评价方面、图像处理方面还需进一步完善。李迎凯等[140]利用 Visual Basic 语言与 Access 数据库管理系统建立了一种隧道掘进钻爆设计信息管理系统，能够输出炮孔设计参数。吕小师等[141]设计了一套基于 Visual Basic 语言的隧道爆破设计系统，包括原始数据、设计参数、Visual Basic 语言与 CAD 的连接等部分，但该系统有待进一步完善。杨仁树等[142]建立了一套包括典型爆破案例、爆破理论和规则、专家经验、行业规范知识库的巷道爆破设计专家系统，并基于 CAD 二次开发技术实现了绘图功能。Katsuyama 等[143]利用数值模拟技术对爆破过程进行研究。Verma 等[144]利用 GA 算法优化控制技术对爆破的峰值速度（PPV）进行预测，有利于对爆破参数进行优化，提高爆破设计的适用性。La 等[145]研发了一种用于爆破设计的专家系统，可利用计算机完成爆破设计工作，具有较好的效果。Birch 等[146]研发了一种用于爆破作业的智能辅助设计数据库系统，极大提高了爆破工作效率，同时能储存爆破信息；Favreau 等[147]利用计算机模拟爆破过程，并对爆破过程模型解进行研究；Lee 等[148]研发了隧道爆破自动设计程序，能实现对爆破振动质点峰值的速度进行预测。Kecojevic Vladislav 等[149]研发了基于计算机辅助设计、高精度的钻爆设计系统，可用于钻爆作业，具有较好的效果。Li 等[150]基于 BP 神经网络对预裂爆破进行专家系统设计研究。

总体来看，隧道光爆控制管理软件平台的开发主要是基于 Visual Basic 语言、Access 数据库而建立的各种爆破设计专家系统，但这些专家系统不能系统地对隧道光爆的质量进行预测、评价和控制，更没有开发基于移动端的软件平台，如 Android 平台，进行隧道光爆质量控制管理。

1.3 主要研究内容与技术路线

1.3.1 主要研究内容

本研究在综合分析国内外现有文献资料及研究成果的基础上，采用现场调查、专家咨询、理论分析、现场试验、数值试验等方法，对隧道光爆质量评价指标体系、隧道光爆质量综合集成赋权法权重计算、隧道光爆质量等级综合评价模型、隧道光爆质量控制指标体系、隧道光爆质量综合优化控制模型、隧道光爆智能评价、控制平台开发等方面进行了较为系统的研究。主要研究内容如下。

（1）隧道光爆基本原理及光爆质量影响因素全分析。

基于光爆的定义与分类，结合炸药的爆炸作用、岩石的破碎机理和光爆周边孔起爆原理等分析了光爆的基本原理，基于质量的定义引入了隧道光爆质量的定义，并从地质条件、钻爆设计、施工因素等3方面对隧道光爆质量影响因素进行全分析。

（2）隧道光爆质量控制因素的试验研究。

主要依托成渝高铁大安隧道工程，基于设计的隧道光爆质量控制因素的试验方案和光爆质量数据采集方案，从横断面、纵断面、隧道光爆质量三维可视化数字模型、红外热像等方面系统研究了基于控制因素的隧道光爆质量与评价指标的关系以及光爆质量各影响因子的分布规律，为分析、确定影响隧道光爆质量的主要影响因素以及评价、控制隧道光爆质量提供基础数据。

（3）基于岩石动力响应的隧道光爆质量控制因素数值试验。

主要总结归纳并选取隧道光爆质量数值试验所需的材料本构模型与参数、岩石强度破坏准则、无反射边界条件，并引入Erosion算法，采用正交试验优化法，利用HyperMesh和LS-DYNAN联合建模求解技术，建立以成渝高铁大安隧道为原型的隧道光爆质量3D有限元模型，并进行隧道光爆过程动态模拟，对隧道光爆质量进行定性、定量分析，进而采用极差分析法对隧道光爆质量控制指标的敏感性进行研究，分析各控制因素对光爆质量的敏感性。

（4）隧道光爆质量评价体系研究。

主要根据隧道等地下工程施工设计标准规范、科技文献、现场调研等先验知识和工程实践经验，总结归纳隧道光爆质量评价影响因素，并提出隧道光爆质量评价体系构建的原则，对隧道光爆质量评价体系进行框架结构设计，进而从点、线、面、体等方面构建隧道光爆质量评价指标，建立隧道光爆质量评价指标体系，同时基于改进的AHP法、灰色关联分析、因子分析和变异系数分析等多种方法构建隧道光爆质量评价指标权重系数，利用动态聚类五级分析法进行评价指标分级标准研究，建立隧道光爆质量等级综合指数评价模型和投影寻踪等级评价模型，进而开展隧道光爆质量评价体系研究。

（5）隧道光爆质量控制体系研究。

主要提出隧道光爆质量控制体系的构建原则，将过程质量控制技术引入隧道光爆施工质量控制之中，同时对隧道光爆质量控制体系框架进行设计，并基于现场调查、专家咨询和试验研究等方法对控制指标数据进行采集，利用指标采用率统计、灰色关联分析、主成分分析等方法对控制指标进行初选、筛选，建立隧道光爆质量控制指标体系，进而基于BP、ANFIS、Elman 3种神经网络构建隧道光爆质量综合优化控制模型，开展隧道光爆质量控制体系研究。

（6）隧道光爆智能评价、控制平台开发。

重点研究基于Android平台对软件框架进行系统功能设计、系统模块设计、用户界面设计以及软件实现的过程，开发基于Android系统的手持式移动隧道光爆智能评价、控制平台。

1.3.2 技术路线

针对目前隧道工程光爆质量中存在的关键技术问题，采用现场调查、专家咨询、理论分析、现场试验、数值试验与工程实例等多种手段和方法，开展隧道光爆质量评价体系与隧道光爆质量控制技术研究。本研究的技术路线如图1-1所示。

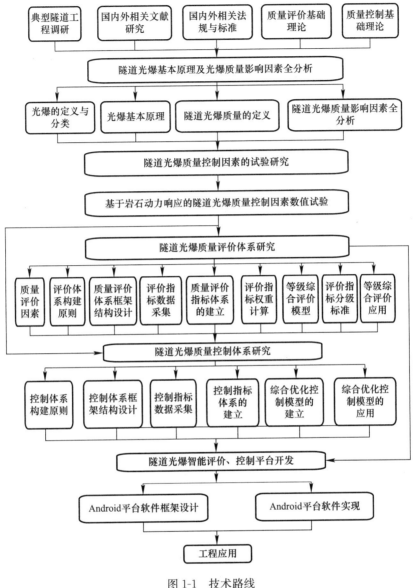

图 1-1 技术路线

1.4 本研究主要创新点

针对现有的隧道光爆质量评价一般为定性评价，且评价指标单一而未成体系，没有对光爆质量进行分类、分级与定量化处理，缺乏统一的隧道光爆质量评价标准，建立了一套包括点、线、面、体共 4 个准则层 9 个指标的隧道光爆质量评价指标体系。

针对现有的隧道光爆质量评价指标缺乏对所采用的各评价指标的作用和重要性程度的定量描述，大多依赖决策者对各单一指标的主观认识，不能全面反映评价者在评价时的主观能动性和各指标客观的属性对评价结论的整体影响，建立了融合多种主客观赋权法的可用于隧道光爆质量等级综合评价的基于单位化约束条件的综合集成赋权法权重和基于博弈论的综合集成赋权法权重。

针对现有的隧道光爆质量评价指标不能完全反映隧道光爆质量的等级，不能客观、全面地反映光爆质量，建立了隧道光爆质量等级综合指数评价模型和投影寻踪等级评价模型。

针对现有的隧道光爆质量控制指标忽略了光爆质量控制各相关因素之间的彼此关系，控制指标单一且没有形成体系，没有一种客观、量化、科学、简洁的质量控制方法，建立了一套9指标隧道光爆质量控制指标体系，建立了隧道光爆质量控制的神经网络综合优化控制模型。

针对现有的隧道光爆质量评价理论与控制应用存在较大脱节，难以为光爆质量评价与控制提供决策支撑，缺少智能化评价与控制工具，开发了基于 Android 系统的手持式移动隧道光爆智能评价、控制平台。

第 2 章 隧道光爆基本原理及光爆质量影响因素全分析

2.1 光爆的定义与分类

光面爆破简称光爆,是一种合理利用炸药能量以控制岩体开挖轮廓的爆破技术,是通过采取合理选择各种参数、严控装药量、科学布孔、按一定的顺序起爆装药等一系列措施,对开挖工程周边部位实行正确的钻孔和爆破的方法[4,6]。利用该方法对隧道等地下工程进行爆破,不仅能保证设计轮廓线内的岩石很好地破碎,而且能完好地保存轮廓线外的岩石,使隧道成型规整,表面光滑。

实现光爆的方法很多,概括起来可分为三大类型[6],即轮廓线钻孔法、预裂爆破法、光爆法。这三种类型尽管名称不同,方法各异,但都属于光爆范畴。

(1) 轮廓线钻孔法。

轮廓线钻孔法是沿设计的隧道开挖轮廓线,利用钻机钻一排密集且相邻的炮孔,但这些炮孔不装药,然后视其离自由面的距离钻若干排炮孔并装药起爆。这是一种最原始的光爆法,目前在隧道施工中已很少使用。

(2) 预裂爆破法。

预裂爆破法是在设计的隧道开挖轮廓线上钻密集且相互平行的炮孔,装药后起爆,使之沿设计轮廓线形成一圈预裂贯通裂缝,再使其他炮孔起爆,爆掉中心的岩石。此方法主要适用于岩体较为完整的硬岩、中硬岩的中深孔、深孔爆破。

(3) 光爆法。

光爆法与预裂爆破法恰好相反,隧道开挖轮廓线上的炮孔(周边孔)是在其他炮孔爆破后才最后起爆的。这种方法广泛应用于软岩、中硬岩隧道浅眼爆破,是一种科学的爆破方法。本研究即主要研究光爆法,同时,它也是爆破实际作业中适用范围最广、优越性较好的一种爆破方法。其基本特点为:①隧道成型规则、表面光滑,受力性能好,应力分布均匀,有利于围岩稳定;②降低爆破振动对围岩的扰动,避免应力集中引起塌方,增加施工安全性;③增大使用面积,提高空间利用系数;④节约炸药、混凝土等材料,减少扒碴、运碴时间,降低工程造价;⑤抗震性能好。

2.2 光爆基本原理

具有代表性的光爆成缝机理主要有应力波叠加、爆生气体准静压力作用、应力波与爆生气体共同作用理论等,但由于岩石爆破过程本身的复杂性,国内外至今尚未取得统一的认识,因此,本研究结合炸药的爆炸作用、岩石的破碎机理以及光爆周边孔起爆原理等分析光爆的基本原理[4,6,151-153]。

2.2.1 炸药的爆炸作用

炸药的爆炸反应是极为迅速的，一旦激起爆炸，将在瞬间产生大量高温、高压的爆生气体，在极短的时间内释放出大量能量对周围岩石做功。

当炸药在岩石中爆炸时，爆炸瞬间对周围岩石产生强烈冲击，在岩体内产生冲击压力的传播，同时爆生气体的膨胀也对周围岩石施加巨大压力。因此，可把炸药的爆炸作用分为两种形式，即冲击波作用和爆生气体的膨胀作用。对隧道光爆来讲，上述两种作用是同时存在的。

（1）冲击波作用。其属于动力作用，表现为炸药的猛度做功形式，其大小取决于炸药的爆轰速度。

（2）爆生气体的膨胀做功。其可视为静力作用，表现为炸药的爆力做功形式，大小取决于炸药产生的爆热。

2.2.2 岩石的破碎机理

炸药在岩石中的爆炸是一个非常复杂的过程，目前还没有一套完整而系统的理论分析体系和定量计算依据[152]。本书从炸药在岩体中爆炸的内部作用和外部作用两个方面分析光爆破岩机理（见图 2-1）。

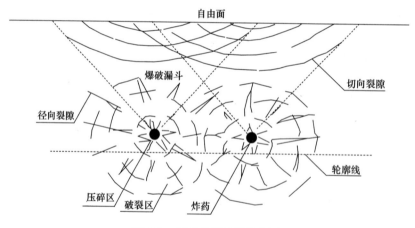

图 2-1　岩石破碎过程示意图

2.2.2.1 炸药在岩石中爆炸的内部作用

当炸药在无限岩石介质中爆炸时，它在岩石中会产生冲击波，冲击波的强度随着传播距离而迅速衰减，因此它对岩体的破坏特征也会随之发生变化。根据岩体的破坏特征，以炸药为中心由近及远可分为压碎区、破裂区和振动区。

（1）压碎区。

炸药爆破时瞬间产生的高温高压气体，以冲击波（压缩应力波）的形式作用于炸药周围的岩石上，炮孔周围的岩石因受到强烈的压缩而破碎，形成一个压碎区，与此同时形成的压缩应力波向四面八方传播。

（2）破裂区。

岩石的压缩或粉碎消耗了大部分炸药的爆炸能量。岩石单位面积上的能量随着冲击波传播范围的扩大而下降，而冲击波在传播过程中急剧衰减，因此，传播到压碎区外岩石的应力波强度低于岩石抗压强度，不能直接引起岩石的压碎破坏。但是径向压缩作用衍生的切向拉伸力使岩石破坏产生径向裂隙。压缩弹性变形能的释放产生径向拉应力，使岩石破坏产生环向裂隙。径向裂隙和环向裂隙的相互交错，使岩石被切割成大大小小的碎块，形成破裂区。

(3) 振动区。

在破裂区以外，冲击波已经衰减到不能再引起岩石的破坏，岩体变形属于弹性变形，只能产生质点振动，所以这一区域统称为振动区。

2.2.2.2 炸药在岩石中爆炸的外部作用

当炸药在有限岩石介质中爆炸时，实际上应考虑岩石和空气的界面（自由面）对爆炸的影响特征。当炸药处于自由面附近时，炸药爆炸产生的压缩应力波自炸药中心向外传播到自由面后，产生反射，压缩波反射成拉伸波，形成与入射波性质相反的稀疏波由自由面向炸药中心传播。由于自由面岩石处于双向应力状态，其抗拉强度比三向应力状态为低，因此当反射的拉伸应力大于该处岩石的极限抗拉强度时，岩石被拉断，在自由面附近的岩石形成一系列拉断裂缝。当最小抵抗线合适时，自由面所产生的裂缝及炸药周围的裂缝相互贯通，在爆生气体膨胀做功的作用下，将已破碎的岩石抛出原岩体而形成一个爆破漏斗。

2.2.3 光爆周边孔起爆原理

隧道光爆的核心就是要使岩体沿周边孔的中心连线破裂，以控制爆破的轮廓。国内外在大量试验研究基础上，提出了周边孔同时起爆和不同时起爆两种原理。

(1) 周边孔同时起爆原理。

当周边孔都同时起爆时（见图 2-2），各炮孔产生的炮轰波同时在岩石中引起向四周传布的应力波，当两相邻炮孔产生的压缩应力波相遇时，会产生波的干涉，使垂直于两孔中心连线上的拉应力集中。此外，炮孔中爆炸气体形成的准静应力场，亦在垂直于两孔中心连线的方向上产生拉应力。因此，起初是应力波，其后是爆炸气体使两孔间的岩体沿垂直于中心连线方向受到拉伸，当其拉应力强度大于抗拉强度时，在两孔中心连线上形成贯通裂缝，崩落光面层岩体，达到光爆效果。

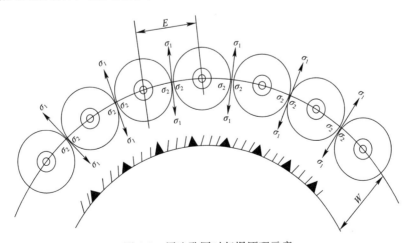

图 2-2 周边孔同时起爆原理示意

(2) 周边孔不同时起爆原理。

当周边孔不同时起爆时（见图 2-3），后起爆的炮孔 B 相比于先起爆的炮孔 A，就起到了空孔的作用，这时会在空孔中心连线上造成应力集中而产生预裂裂缝；当 B 孔起爆时，在 B 孔内壁上先形成的裂缝处切向拉应力高度集中，使预裂裂缝扩大、伸展，形成贯通裂缝。炮孔距离越小，应力场越能相互作用，应力越集中，光爆效果就越好。

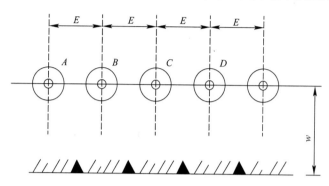

图 2-3 周边孔不同时起爆原理示意

2.3 隧道光爆质量的定义

(1) 质量的定义。

质量的概念可分为广义和狭义两种[154,155]。广义的质量是指产品（劳务）或工作的优劣程度国际标准 ISO8402：1994 对质量的定义是："反映实体满足明确或隐含需要能力的特性总和。"国际标准 ISO9000：2005 对质量的定义是："一组固有特性满足要求的程度。"我国国家标准 GB/T 19000：2016 对质量的定义等同于 ISO9000：2005 对质量的定义。随着科学技术和社会经济的发展，质量的定义不是一成不变的，它也在不断充实、深化和完善。它经历了符合性质量、适用性质量、顾客及相关方满意的质量、战略导向下可持续发展的质量的发展过程。

① 符合性质量。符合性质量是一种静态的质量观，标准是符合性质量的判断依据。符合标准的产品（劳务）或工作就是合格的，否则为不合格。但是标准的水平有高低之分，可以将标准分为不同的等级，例如优、良、中、差等。此外，产品（劳务）或工作的特性还由性能扩充为时间方面的质量，例如可靠性、安全性、经济性等。

② 适用性质量。顾客的要求是适用性质量的判断依据。顾客的要求包括生理、心理和伦理等，主要指技术先进、布局合理、使用方便、功能适宜等。

③ 顾客及相关方满意的质量。国际标准 ISO9000：2016 对质量的定义中，实际上指出了好的质量不仅要符合技术标准，还要满足顾客、社会、工作人员等相关方的要求，也就是要同时满足符合性、适用性和环境协调性的要求。对这种质量的评价对象也从产品（劳务）或工作扩展到过程、体系等所有方面。

④ 战略导向下可持续发展的质量。著名的质量管理专家朱兰博士认为 21 世纪是质量的世纪。在全球经济一体化的趋势下，世界各国越来越重视质量的管理工作，并设立了各种国家质量奖，例如我国创立于 1987 年的"建设工程鲁班奖"、美国波多里奇国家质量奖

(MBNQA)、EFQM 卓越奖（原欧洲质量奖）、英国质量奖（UKQA）、新加坡质量奖（SQA）等。因此，战略导向下可持续发展的质量是一个广义的质量观，是追求卓越、可持续发展的质量，主要包括四个方面：第一是标准化，是生产主导型的质量；第二是变化，重视改进，是消费者主导型的适用性质量；第三是协调，重视相关方利益的平衡；第四是可持续、科学发展，追求卓越的经营性质量。

（2）隧道光爆质量的定义。

本研究将隧道光爆质量定义为在国家现行的有关法律、法规、技术标准、设计文件和合同中，对隧道工程的安全性、适用性、可靠性、经济性、美观性等特性的综合要求。

隧道光爆质量的使用价值及其属性主要包括以下几个方面。

① 安全性。即隧道在实施爆破过程中对工作人员、对周边环境的安全保证程度，也包括对爆破后的围岩、临时支护、机械设备的安全性。

② 适用性。即隧道在实施爆破过程中要采用先进的爆破技术、爆破设计合理、施工方便，包括选择合理的爆破方法、开挖方式、爆破参数、钻眼工具、钻眼方法等。

③ 可靠性。即隧道在实施光爆后，必须在规定的时间和使用条件下，达到和通过规定性能的能力，主要包括坚固性和耐久性，保证隧道具有规定的强度、稳定性、抗震能力，同时要满足隧道耐酸、耐碱、抗腐蚀的要求，能达到规定的使用年限。

④ 经济性。即保证隧道光爆引起的地振动效应对围岩的扰动尽可能小，尽量降低隧道的超挖、欠挖，减少欠挖引起的重新修复和超挖引起的混凝土或其他材料的充填，节省劳力、减少运碴时间，降低器材消耗，以降低工程造价。

⑤ 美观性。即隧道光爆后，使隧道成型规整、表面光滑，爆破的石碴块度破碎均匀，提高空间的利用系数。

⑥ 工序合理性。即隧道光爆实施过程中工作人员、材料、机器、方法、环境等因素综合起作用的施工过程的质量，包括工作人员钻孔的熟练度、精确性、装药的合理性、操作的规范性；炸药、雷管等材料的性能、安全性；钻眼机具、台车等机械设备本身的精度、维修保养情况；爆破施工工艺流程、爆破操作规程、试验测试设备的选用；隧道通风、照明、温度、噪声及清洁卫生等。

⑦ 管理有效性。即为达到隧道爆破质量标准所做的各项工作的水平和效益，包括组织工作、技术工作和管理工作，具体指隧道光爆实施过程中的决策工作质量和执行工作质量，涉及隧道光爆项目中的每一个人，是隧道光爆经济效果、生产效率、工作效率和隧道光爆质量的集中体现。

隧道光爆质量的优劣，直接关系到隧道施工的经济性和安全性。控制好光爆质量，有利于改善隧道围岩的稳定状况，改善支护结构物的受力状况，确保隧道施工的安全并延长隧道的使用年限。

2.4 隧道光爆质量影响因素全分析

钻爆法施工技术是隧道及地下工程面临的关键技术领域，也是今后主要的施工方法之一[156]。但爆破造成围岩损伤，不可避免地会引起隧道的超欠挖，从而直接影响隧道光爆的质量。良好的光爆技术可以将爆破造成的超欠挖控制在可控水平，有利于隧道施工安全、速度和成本的控制[157]。

文献研究表明[157]，隧道采用钻爆法施工，平均超挖值为38.7 cm，最大达到76 cm，当采用控制爆破技术后，平均超挖值可减小为16～20 cm；影响隧道光爆质量的因素主要有钻孔精度、爆破技术、施工组织管理、测量放线、地质条件变化、其他6方面因素。其中，影响最大的是钻孔精度（44.2%），之后依次是爆破技术（20.3%）、施工管理（17.6%）、测量放线（7.6%）、地质变化（6.1%）等，而钻孔精度、爆破技术、施工管理的影响合计占82%。文献研究认为[158]，单位耗药量、装药集中度、周边眼间距、最小抵抗线是光爆主要影响因素，合计占83.9%，炮眼补插角是次要影响因素，其中装药集中度影响最大。

实践证明[4,159]，隧道光爆参数并不是越大越好或越小越好，它们不是孤立的，只有这些参数共同起作用并都位于某一合理的范围，隧道光爆质量才最理想。因此，对隧道光爆质量影响因素进行研究十分必要，其控制光爆质量的重点是地质条件、钻爆设计、施工因素，共43个影响因素，见表2-1。

隧道光爆质量控制影响因素　　　　表2-1

编号	影响因素	编号	影响因素	编号	影响因素
1	节理裂隙	16	炮孔深度	31	起爆顺序
2	断层	17	炮孔直径	32	起爆时差
3	褶皱	18	炮孔数目	33	起爆方法
4	岩层层理	19	布孔方式	34	开挖方式
5	地应力	20	周边眼间距	35	爆破方法
6	岩性指标	21	最小抵抗线	36	隧道埋深
7	风化程度	22	周边眼密集系数	37	开挖断面
8	围岩类别	23	周边眼等距性和平行性	38	钻孔精度
9	地下水	24	装药结构	39	测量放线
10	敏感度	25	线装药密度	40	人员素质
11	爆速	26	装药量	41	现场管理制度
12	爆力	27	单位炸药消耗量	42	管理水平
13	猛度	28	不耦合系数	43	技术标准
14	组分	29	堵塞质量		
15	能量利用率	30	堵塞长度		

2.4.1　地质条件

地质条件对隧道光爆质量的影响主要包括地质构造和岩石性质两方面。

文献研究认为[6,39,157,160,161]，工程地质条件对光爆质量影响显著，不同的地质条件宜采用不同的光爆方法和相应的光爆参数。断层、节理、裂隙等对隧道光爆质量影响较大，在同一光爆条件下，围岩类别对光爆质量也有较大影响。当节理裂隙方向与隧道被爆岩面方向具有垂直和重合关系，或围岩完整性好且无裂隙时，隧道光爆质量较好；当节理裂隙与光爆面具有斜交关系，或具有几组裂隙相交关系，则极易造成岩石沿所在节理面脱落，使隧道光爆质量较差。岩石的坚固性系数越小，隧道超欠挖量越大，反之，则隧道超欠挖量越小。依据变化的地质条件对光爆参数进行优化设计，能有效地减少隧道的超欠挖量，能保证隧道光爆的质量。文献进行了两组对比试验[161]，第1组为正常施工方法，第2组为根据不同地质条件进行优化调整后的施工方法。试验表明，隧道超挖量由第一组的10.22%减少到第2组的5.36%（见表2-2），大大减少了隧道的超欠挖，保证了隧道光爆的质量。

地质条件对隧道光爆质量的影响　　　　　　　　　　　　表2-2

项目	第1组	第2组
受影响的开挖循环比例（%）	43.64	15.63
引起超挖量占总超挖量的比例（%）	10.22	5.36

2.4.1.1 地质构造

地质构造是指地质历史时期的各种内外应力作用在地壳上所留下的构造形迹[162]。隧道工程建设受这些构造形迹影响较大，为保证隧道光爆的质量和工程安全，必须对地质构造进行研究。文献研究认为[45,130,131]，地质构造是影响隧道光爆质量的主要因素，体现在节理裂隙、断层、褶皱、岩层层理以及它们之间的相互空间关系等方面。

(1) 节理裂隙。

节理裂隙指自然岩体的开裂或断裂[162]，如果裂隙两侧的岩体未曾沿开裂面发生显著的位移或发生较为微小的位移，称之为节理。整个自然界几乎所有的岩体都会受到节理裂隙影响，引起岩体工程力学性质的降低。节理裂隙的发育程度与岩体的工程力学性质呈正比，发育程度越高，岩体的力学性质越差。节理（裂隙）发育程度在地下工程中共划分为四个等级[162]，即节理不发育、节理较发育、节理发育和节理很发育，各等级均有不同的基本特征。因此，节理裂隙对光爆的影响主要表现为[130,131]：节理裂隙的产状、间距、长度、组数、宽度、破碎程度、充填物、裂隙粗糙度（节理粗糙系数）和节理裂隙腐蚀程度。

(2) 断层。

断层是指岩体发生断裂时其两侧岩石沿岩体断裂面产生显著移动的构造[162]。断层对隧道光爆的影响主要表现形式有断层产状、断层破碎带宽度、断层与隧轴夹角等。特别是区域性断层可延伸很长，而断层错段的方向具有不确定性，可为左右、斜向、上下、转动等方向，因此，当隧道爆破时很难判断真假断层，从而严重影响隧道光爆的成型效果，造成围岩扰动较大，使围岩自身的支承力降低，不利于隧道结构的安全。

(3) 褶皱。

岩层的某一个弯曲称之为褶皱，也称褶曲[162]。褶皱岩层的产状多种多样，从形态上可将褶曲划分为背斜、向斜。从横截面上分，主要形态有箱形、扇形、直立、正常、斜歪、平卧、等斜、翻转等。根据其在平面上的长宽之比，褶曲具有浑圆形、线形、长圆形等形式。因此，褶曲岩层受地质构造的影响较大，岩体的工程力学性质较差，如隧道光爆设计不合理，则将对隧道光爆质量产生较大影响。

(4) 岩层层理。

由同一种岩性所组成且由两个相互平行界面所限制的层状岩体称为岩层，而层理是指一组互相平行岩层的层间分界面，其相邻两个层理面的垂直距离称为岩层厚度[162]。岩层厚度对岩体的工程力学性质、岩体可爆性、爆破块度等影响较大。在同一种岩石中，厚度大的岩层工程力学性质较薄岩层的好。

岩层层理对隧道光爆的影响，除岩层厚度外，还包括岩层产状、岩层层面特征、岩层与隧轴夹角等。张奇对层状岩体光爆的研究表明[163]，影响光爆效果的重要因素为结构面与光爆断裂控制面的夹角。当结构面与光爆断裂控制面的夹角大于60°时，在强度方面，结构面对光爆超欠挖的形成基本无影响。但对于一般岩体，当结构面与光爆理想断裂面夹角约为30°时，光爆质量最难控制，容易产生隧道超欠挖，光爆质量较差，这是因为结构面破裂后，与其垂直或近似垂直面上的应力状态发生了变化。

（5）地应力。

在高地应力地区进行爆破施工时，地应力的动态卸载效应是影响爆破地震能量分布的重要因素之一[164]，而高地应力条件下节理岩体中的光爆施工，诱发的地应力瞬态调整过程所造成的岩体松动效应是显著的[57]。赵志发[165]结合锦屏二级水电站东端引水隧洞围岩的深埋、高地应力等特性，对隧道光爆技术进行了研究。结果表明，对深埋岩石隧洞爆破，在高地应力条件下相邻两炮孔间，来自相邻两炮孔裂纹的贯通点属于远离炮孔位置，将受到原岩应力的影响，而原岩应力的存在相当于增大了岩石的抗拉强度，原岩应力与炮孔爆炸载荷的径向、切向不一致时，静态的原岩应力与炮孔爆炸动应力叠加将可能导致裂纹偏离炮孔连线方向扩展，不能相遇贯通，进而不利于获得良好的爆破效果。文献研究认为[112]，地应力对隧道超挖影响较大，特别是高地应力区超挖量最大。因此，为获得良好的隧道光爆效果，选择爆破方法和爆破参数时要考虑原岩应力的影响。

2.4.1.2 岩石性质

岩石的性质关系到岩石介质对爆破作用的抵抗能力[162]。岩石的基本性质与其生成条件、结构构造状态、矿物成分和后期地质的营造作用有关，而与隧道光爆质量直接有关的主要有岩性指标、风化程度、围岩类别和地下水。

（1）岩性指标。

① 岩石的密度。

岩石的密度是指岩石的颗粒质量与所占体积之比。岩石密度对隧道爆破质量有一定影响[130,163]，当岩石密度增大时，爆破波速也迅速增大，应力波传播速度越快，能量损失越小，有利于实施隧道光爆技术。

② 容重。

容重也称单位体积岩石质量，指包括孔隙和水分在内的岩石总质量与总体积之比。岩石密度与容重相关，当岩石的密度变大时，其容重也相应变大。岩石的强度和抵抗爆破作用的能力随着容重的增加而增强，同时其破碎岩石和移动岩石所耗费的爆炸能量也相应增加。因此，岩石容重对隧道光爆质量也有影响。

③ 孔隙率。

孔隙率又称孔隙度，指岩石中包括气相、液相等孔隙所占体积与岩石的总体积之比。常见岩石的孔隙率为0.1%～30%。岩石中冲击波、应力波的传播速度随着孔隙率的增加而降低[162]，因此，岩石孔隙率也影响着隧道光爆的质量。

④ 岩石波阻抗。

岩石中纵波波速与岩石密度的乘积称为岩石波阻抗。炸药爆炸后传给岩石的能量与岩石波阻抗关系较大。炸药波阻抗与岩石波阻抗相匹配的情况,不但会决定光爆的破岩效果,而且会决定岩体爆破鼓包运动速度、形态和抛掷堆积效果[162]。

⑤ 岩石强度。

岩石强度包括抗压强度和抗拉强度。戴长冰等[166]认为冲击波能量的传播与抗压强度等级成正比,与爆炸能量损失成反比,岩石爆破时决定爆破效果的是岩石的抗拉强度,而不是抗压强度。

(2) 岩石的风化程度。

岩石在地质内外应力的共同作用下发生破坏疏松的程度称为岩石的风化程度。岩石的孔隙率和变形性随着岩石风化程度的增强而增大,但其强度和弹性指标却降低[162]。同一种岩石由于风化程度的不同,物理力学性质差异很大,进而影响隧道的光爆质量。岩石风化程度根据《工程岩体分级标准》GB/T 50218—2014,可分为未风化、微风化、弱风化、强风化和全风化等5个等级。

(3) 围岩类别。

不同围岩的光爆质量不同。一般情况下,围岩类别越高,光爆质量越好,反之,光爆质量越差。文献研究认为[39,73,109,110,116,130,301,304,318,319],围岩类别是影响隧道光爆质量的最重要因素之一。根据隧道光爆原理,可用岩石的可爆性对隧道围岩进行分类。岩石的可爆性表示岩石在炸药爆炸作用下发生破碎的难易程度,它是动载作用下岩石物理力学性质的综合体现。岩石爆破破碎性分级不仅考虑了岩石的基本性质,而且为获取最好的爆破破碎效果[162],对所采用炸药品种、炸药单耗、块度平均线性尺寸等做了相关说明。

1984年东北大学以能量守恒原理为依据,以爆破漏斗试验体积、实测的爆破块度分布率为判据,提出岩石可爆性分级法[162],建立了一个爆破性能指数 N 值(见式2.1),同时按 N 值的极差将岩石可爆性分为5级10等。

$$N = \ln\left[\frac{e^{67.22} \times K_1^{7.22} (\rho C_P)^{2.03}}{e^{38.44V} K_2^{4.75} K_3^{1.89}}\right] \quad (2.1)$$

式中,N 为岩石爆破性指数;V 为爆破漏斗体积,m^3;K_1 为大块率(>30 cm),%;K_2 为小块率(<5 cm),%;K_3 为平均合格率,%;ρ 为岩石密度,kg/m^3;e 为自然对数的底;C_P 为岩石纵波声速,m/s。

由式(2.1)可知,在炸药能量和其他条件一定时,爆破漏斗体积大小和爆破块度粒度都直接反映能量的消耗状态和光爆质量。所以衡量岩石吸收爆破能量的程度、形式、爆破块度大小也可用爆破漏斗试验体积 V、爆破块度分布率 K_1、K_2、K_3 表示;岩体的节理、裂隙情况及岩石的弹性模量、泊松比、密度等物理力学特征也可用岩体的弹性波阻抗 ρC_P 反映。

(4) 地下水。

地下水对隧道光爆的影响主要包括地下水位、水压、围岩透水性和水理性等,具体来说,主要包括以下几个方面[162]。

① 对光爆施工质量和安全的影响。

隧道光爆施工时,由于爆破荷载对围岩带来累积损伤,因而会形成大小不等的爆破裂隙,对隧道围岩带来松动破坏,使地下水的连通性增强,渗透性加剧,进而降低了隧道围岩岩体的强度,极易造成涌水和塌陷等灾害事故。

② 对光爆施工的影响。

光爆施工时遇地下水,主要影响有:一是药室湿度会对炸药、雷管性能产生影响;二是导硐和药室开挖遇地下水会造成围岩塌陷;三是导硐和药室开挖中,如穿越过水破碎断层带或揭穿地下含水层,则不宜进行隧道光爆施工。

③ 对钻孔爆破施工的影响。

其最主要的影响是钻孔、装药和填塞质量。当隧道钻孔延伸至地下水位以下时,会导致孔内渗水,增加凿岩岩屑吹出孔外的难度,极易出现卡钻现象。当孔内渗水时,在装药时即使装入防水炸药,也会因为水的浮力,导致药卷较难沉入孔底,或因脱节不连续导致装入的药卷出现殉爆,对隧道光爆质量造成影响,威胁工程安全。当孔口渗满水时,会造成回填砂土粒较难下沉而影响炮孔填塞的质量,因而容易出现冲炮现象,影响光爆的质量。

④ 对光爆作用机制和效果的影响。

不管从地下水对隧道岩体介质的内部结构作用,还是考虑地下水的质量和密度,在隧道爆破这种高压、高温的瞬间作用过程下,都是微不足道的,因此可以忽略地下水对爆破作用机制和效果的影响。

2.4.2 钻爆设计

钻爆设计主要包括炸药性质、炮孔参数、装药参数、起爆方式、隧道参数等内容。在隧道光爆施工时,对这些参数合理搭配、优化组合[4,157],对减少隧道超欠挖,保证隧道光爆质量达到最佳状态至关重要。

2.4.2.1 炸药性质

炸药性质主要取决于其所含的化学成分。炸药爆炸的过程是一种高速的化学反应过程,在这个过程中,改变了炸药的物质成分,同时释放出大量的热能,主要表现为对周围介质的冲击、压缩、破坏和抛掷作用。对隧道光爆宜采用低密度、低爆速、低猛度或高爆力的炸药[4,6,39,130,160]。

(1) 敏感度。

敏感度简称感度,指炸药在外界起爆能作用下发生爆炸反应的难易程度,即炸药爆炸对外能的需要程度,可按外能形式的不同分为热敏感度、火焰感度、机械敏度和爆轰感度。特别是爆轰感度,一般用极限起爆能药量表示。炸药爆炸在起爆能作用下是由爆炸产物、冲击波或高速运动的介质颗粒的作用而激发。对不同组分的炸药,其起爆能也不尽相同。

(2) 爆速。

爆速指炸药爆炸时爆轰在炸药内部的传播速度。不同组分的炸药有不同的爆速,炸药密度越大爆速越高。相同组分的炸药,爆速还受含水率、装填密实程度、包装材料、药量等因素的影响,常见炸药的爆速见表2-3。

常见炸药的爆速　　　　　　　　表2-3

炸药名称	铵梯炸药	硝化甘油	梯恩梯	特屈儿	黑索金	泰安
密度(g/cm³)	1.40	1.60	1.60	1.59	1.76	1.72
爆速(m/s)	5 200	7 450	6 850	7 334	8 660	8 083

(3) 爆力。

爆力也称威力,指炸药爆炸时对周围介质做功的能力。爆温越高,爆力越大,炸药的破坏能力越强,破坏的范围、体积越大。爆力常用铅柱扩孔试验法测定。铅柱扩孔容积等于 280 cm³ 时的爆力称为标准爆力。常见炸药爆力见表 2-4。

常见炸药的爆力   表 2-4

炸药名称	2号铵梯岩石炸药	硝化甘油	梯恩梯	特屈儿	黑索金	泰安
密度(g/cm³)	1.0～1.1	1.60	1.50	1.60	1.70	—
爆力(cm³)	320	600	285	300	600	580

(4) 猛度。

猛度指炸药爆炸后对与之接触的固体介质的局部破坏能力。炸药的爆速越高,猛度越大,其主要表现形式为固体介质粉碎性破坏范围与程度。猛度用铅柱压缩法测定,以铅柱被爆炸压缩的数值表示,常见炸药的猛度见表 2-5。

常见炸药的猛度   表 2-5

炸药名称	2号铵梯岩石炸药	EL系列乳化炸药	RL系列乳化炸药	硝化甘油	梯恩梯	特屈儿	黑索金	泰安
密度(g/cm³)	0.9～1.0	1.1～1.2	1.1～1.25	—	1.0	1.60	1.70	
猛度(mm)	12～14	16～19	15～19	22.5～23.5	16～17	21～22	25	23～25

(5) 组分。

郭子如等[167]以铵梯和铵油粉状混合物作爆炸性组分,选用木粉、膨胀珍珠岩粉、发泡高聚物作为密度调节剂,并将其混合成低密度炸药进行组分筛选试验。研究表明,当铵梯混合物密度降至 0.8g/cm³ 时,炸药拒爆;珍珠岩提高了混合体系的机械感度;木粉参加爆炸反应,释放出部分能量,在降低密度的同时对爆轰传播的抑制作用较小,且对炸药密度与爆速降低的程度不足。

郭子如等[167]以发泡高聚物作密度调节剂对炸药组分进行试验(见表 2-6),表明高聚物发泡体能降低铵油混合物的爆速与密度,同时也是一种良好的辅助敏化剂。因此,利用发泡高聚物作为密度调节剂,以硝酸铵、燃料油作为爆炸性组分可以保证良好的爆破效果。

发泡高聚物密度调节剂的试验结果   表 2-6

每100 g铵油混合物外加克数	装药密度(g/cm³)	8#雷管起爆	爆速(m/s)
0	0.93～0.95	拒爆	—
5	0.53～0.56	爆轰	2 120
10	0.45～0.47	爆轰	1 706
15	0.38～0.40	爆轰	1 371

注:装药外壳是内径 25 mm,壁厚 1.5～2.0 mm 的 PVC 管。

(6) 能量利用率。

如何有效利用爆破能量利用率,是隧道工程爆破的一个重要问题。宋克健等[168]分析了装药爆炸的初始能量传递效率,认为爆炸能量的传递与炸药和岩石的波阻抗、装药的不耦合系数有关，不耦合系数越大，传递的能量越小。刘兰亭等[169]认为岩体软弱带对爆破能量利用率的影响主要表现为泄逸能量、增强能量、吸收能量，在软弱带进行爆破施工，必须扬长避短，以提高爆破能量利用率。因此，有效提高爆破的能量利用率可以保证隧道光爆质量。

2.4.2.2 炮孔参数

（1）炮孔深度。

炮孔深度又称炮眼深度，它对隧道围岩稳定性和断面超欠挖影响较大[116,130,304,319]，同时对每一循环掘进钻眼工作量、出渣工作量、循环时间、循环次数、施工组织、掘进速度等也有影响。因此，合理确定炮眼长度，对保证隧道施工优质、安全、经济，防止爆破面以外围岩过大的松动，避免过大的超欠挖，减少繁重支护，获得最好的掘进速度至关重要[160]。

（2）炮孔直径。

炮孔直径又称炮眼直径，其对单位炸药消耗量、爆破平整度、炮孔数目、凿岩生产率等均有影响。研究表明[160]，炮孔直径及相应药径的增加会使炸药能量相对集中，可提高爆破效果，但炮孔直径过大，会导致凿岩速度下降显著，同时影响岩石破碎质量、隧道平整程度、围岩稳定性。因此，必须综合分析炸药性能、岩石性质、凿岩设备，合理确定炮孔直径。药卷与炮眼壁之间的空隙通常为炮孔直径的10%～15%。一般隧道的炮孔直径为32～50 mm。

（3）炮孔数目。

炮孔数目又称炮孔数量，其与隧道开挖断面、炮孔直径、岩石性质和炸药性能等有关，炮孔数目的多少直接影响凿岩工作量[160]，进而影响隧道光爆的质量。

（4）布孔方式。

不同的布孔方式对隧道光爆质量影响较大。王树仁选用相同的岩层条件和装药条件，对菱形和五星两种掏槽方法进行统计[170]（见表2-7），结果表明，当槽腔岩石抛出率都达90%以上时，菱形掏槽的单位岩体炸药消耗量为38.6 kg/m³，五星为16.7 kg/m³。如果两种掏槽方法在抛掷和损耗方面具有相同的炸药能量，那么五星掏槽破岩所消耗的能量比菱形掏槽要小，究其原因，是由于炮孔布置方式和空眼数目起到了重要作用。

菱形和五星掏槽效果对比 表2-7

掏槽形式	平均单位炸药消耗量（kg/m³）	不同抛出率（η）时，单位岩体炸药消耗量（kg/m³）			
		η=50～60(%)	η=60～80(%)	η=80～90(%)	η=90～100(%)
菱形	40.7	41.6	42.4	—	38.6
五星	17.8	18.8	18.2	14.8	16.7

高洪涛对垂直楔形掏槽和水平楔形复式掏槽的效果进行对比研究[171]，表明垂直楔形掏槽的隧道光爆效果较差，断面整体成型差，超欠挖量大；水平楔形复式掏槽的隧道光爆效果较好，轮廓圆顺，断面成型好，平均线性超挖量由原来的10 cm降至7～8 cm，节约了二次衬砌混凝土数量，使隧道超欠挖处于可控范围。

（5）周边眼间距。

周边眼也称周边孔，指在隧道开挖断面上沿断面外缘轮廓线的一圈炮孔。周边眼间距是指在开挖断面外缘轮廓线上相邻两个炮孔之间的距离,它是直接控制开挖面轮廓的平整度和隧道成型质量的重要因素。研究表明[172],其取值原则为:坚硬、破碎的围岩取小值,软弱、完整性好的围岩取大值;开挖面小的取小值,开挖面大时可适当增大。文献研究表明[39,73,109,110,116,130,301,304,318,319],周边眼间距是影响隧道超欠挖的重要因素。

文献对周边孔布置的研究表明[157],在其他因素一定时,超挖高度 h 随周边眼间距 E 的增大而增大;而相对最小抵抗线 W 与超挖高度 h 呈近似抛物线的关系。根据应力波干涉原理[160],适宜的间距应使炮眼间形成贯穿裂缝,以两眼在连线上叠加的切向应力大于岩石的抗拉强度为原则。

文献研究表明[173],在隧道光爆设计时,对于周边眼布置,当周边眼密集系数较大时,则可能产生欠挖,反之,则会产生超挖(见图2-4)。

图 2-4 隧道超欠挖

(6)最小抵抗线。

最小抵抗线也称光爆层厚度,指周边眼至邻近崩落眼的垂直距离,是隧道光爆设计的主要参数。研究表明[39,73,109,110,116,130,160,172,301,304,318,319],最小抵抗线过大,岩石对爆破的抗力就大,如不增加装药量,光爆层就不能爆落,如增加装药量,则虽能爆落光爆层,但破坏了围岩;最小抵抗线过小,会使周边孔之间连线裂缝不能贯通,造成炮孔各自成爆破漏斗,导致两炮孔间留有三角形岩埂。

(7)周边眼密集系数。

周边眼密集系数也称临近系数,或炮孔密集系数,或相对距离。文献研究表明[109,130,160,301],周边眼密集系数过大时,爆破后在光爆眼间的岩壁表面会留下岩埂,造成欠挖现象;周边眼密集系数过小时,在隧道新壁面会造成凹凸现象。实践表明,其应在硬岩中取大值,软岩中取小值,当 $m=0.75\sim1.0$ 时,隧道成型规整,光爆效果较好。

文献研究表明[157],较小的周边眼间距有助于减少超挖和提高隧道轮廓的光滑性;对最小抵抗线,当其处于某一范围时,才能控制隧道超挖处于目标值范围。同时,相关研究对现场的施工实验也进行了统计,认为当 E、W 一定,$L=3.5$ m,$g=0.25$ kg/m 时,E/W 与 h(平均线性超挖)、k(炮痕保存率)有图2-5所示的关系。在Ⅳ类围岩中,合理相对间距为 $0.65\sim1.10$,周边孔间距为 $45\sim80$ cm,最小抵抗线为 $50\sim80$ cm。日本吉见宽一研究表明,装药集中度是影响光爆质

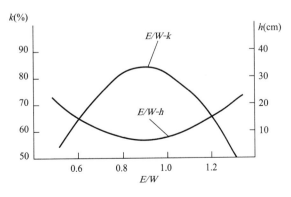

图 2-5 $E\text{-}h$,$W\text{-}h$ 关系图

量的主要因素（见表2-8）。因此，周边眼密集系数对获得较小的超挖和光滑的轮廓至关重要。

光爆影响因素对隧道超欠挖的影响 表2-8

目标变量	q_2	E	V	复相关系数
平均线超挖 h	0.429	0.260	0.124	0.519 6
炮孔保存率 η	0.196	0.196	0.066	0.285 9
超挖面积 s_1	0.429	0.243	0.136	0.509 4
欠挖面积 s_2	0.310	0.357	0.316	0.568 8

（8）周边眼等距性和平行性。

周边眼等距性和平行性对隧道光爆也有影响，王荣生研究表明[174]，周边眼间距不相等时，岩石崩落后会使隧道轮廓凹凸不平，光爆效果较差；当周边眼间距从外到里均相等时，隧道光爆后轮廓平整，成型效果好，光爆质量较佳。因此，隧道光爆设计时必须重视周边眼等距性和平行性。

2.4.2.3 装药参数

（1）装药结构。

目前认为采用小直径、低猛度、爆轰稳定好的低威力专用炸药，用不耦合装药或空气间隔装药结构的光爆质量较好。目前常用的装药方法[160]有：①小直径药包，全孔均匀装药，孔口均用炮泥堵塞；②空气间隔装药；③体积不耦合装药，即药包直径与掘进炮眼药包直径一样，药包集中在孔底部分；④小直径药卷，炮眼、药卷直径不耦合装药，不耦合系数可控制在1.25～2.0之间，但药卷直径不小于炸药的临界直径，以保证稳定传爆，必要时采用导爆索传爆（孔内串联方式）。不同装药结构爆破效果见表2-9。

不同装药结构的爆破效果 表2-9

装药方法	药包直径（mm）	平均超挖（cm）	炮孔保存率（%）	炮孔利用率（%）
集中装药	40、35	14.80	68	92.0
间隔装药	32	12.72	70.5	93.5
连续装药	20～25	10.68	70.1	93.3

由表2-9可知，药包连续装药对控制超挖效果最好，比间隔装药和集中装药分别减少超挖16%和28%。因此，不同的装药结构对隧道光爆质量影响较大。

张福宏[175]对圆梁山隧道的研究表明，在药卷直径为32 mm情况下，当采用整卷药卷间隔装药，炮眼长度为2.3 m，间距依次为5 cm、10 cm、15 cm、20 cm时，隧道光爆质量良好；当采用1/2及1/4药卷间隔装药，炮眼长度为3.5 m，间距为20 cm时，隧道光爆质量很好。

何林生等[161]对隧道砂页岩进行两种不耦合装药结构的对比研究（见表2-10），体积不耦合系数取6.37，直径不耦合系数为1.30，结果表明，两种不耦合装药结构的平均超挖值都在可控范围，但不耦合间隔装药光爆质量较体积不耦合装药更好。

不耦合装药结构光爆质量对比 表2-10

装药方法	平均超挖（cm）	标准偏差	循环组数
体积不耦合	14.8	4.63	24
不耦合间隔	12.7	5.79	24

因此，装药结构对隧道爆破成型效果和围岩损伤至关重要[130,131]，在隧道光爆设计时必须引起重视。

（2）线装药密度。

线装药密度也称装药集中度，指单位长度炮眼中装药量的多少，文献[39,73,109,110,116,130,301,304,318,319]研究认为它是决定光爆质量的关键。如果周边孔线装药密度太小，则炸药爆破能小，使相邻周边孔不能有效地形成贯穿的裂缝，爆破能主要集中于孔壁四周的较小区域，使之对孔壁岩体产生破坏，使该部位出现超挖；如果线装药密度过大，则炸药爆破能较大，增加了岩体的破碎作用并使孔壁岩体更易破碎，但岩体爆破后易出现松落掉块，产生较大超挖[172]。

周边孔线装药密度与隧道超挖量成幂函数关系，与炮孔眼痕率成抛物线相关关系[160]（见图2-6），在相同条件下，最优 g 值为 0.18～0.28 kg/m。但为了控制光爆造成的裂隙发育、保持围岩稳定性，应尽量少装药，保证炮眼连心线的贯通。因此，软岩可取 70～120 g/m，中硬岩可取 100～150 g/m，硬岩可取 150～250 g/m。

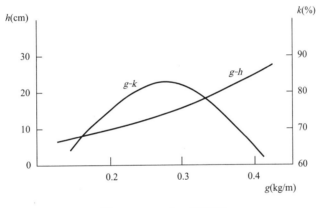

图 2-6 h-g、k-g 关系图

因此，合理的线装药密度对形成贯穿的裂缝同时避免过多地损坏孔壁岩体，对保证隧道光爆的质量至关重要。

（3）装药量。

装药量包括单孔装药量和总装药量，炮眼装药量的多少是影响光爆质量的重要因素。如果装药量不足，则不能对孔壁岩体产生破坏作用，使炮眼利用率低、块度较大；如果装药量过多，则会对隧道围岩带来较大的损伤破坏，使支撑崩坏、抛碴过远，不利于装碴、通风。

有研究[29]在现场对隧道不同围岩进行了 9 次试爆以确定光爆装药量，结果表明，经过试爆调整后的参数使光爆质量明显提高，周边炮孔眼痕率由 52% 提高到 78%，认为单孔最佳装药量为 0.4 kg/m，Ⅳ级围岩为 0.3 kg/m。

因此，合理的装药量应使孔间形成贯穿裂缝，将隧道光爆层岩石破坏，又不造成炮眼壁或围岩的破坏，即利用不耦合空隙作用，使药包对炮眼壁的冲击压力小于岩石的动态抗压强度。其应根据隧道地质条件、选用的炸药性能和质量、炮眼直径、炮眼深度、隧道开挖断面尺寸、临空面数目、爆破质量、安全控制标准等综合确定[160]。

(4) 单位炸药消耗量。

研究结果表明[157]，隧道单位炸药消耗量 q 与平均线性超挖量 h 成线性正相关关系，图 2-7 是平均线性超挖量 h 与炮孔眼痕率 k 及炮孔利用率 η 之间的关系，在Ⅳ级围岩、孔深为 3.0 m、液压钻孔等实验条件下，且 $h_d = 7$ cm，$h = 15$ cm，$k = 0.7$，$\eta = 0.9$ 时，最优的 q 值为 1.05～1.2 kg/m³。因此，单位炸药消耗量过大或过小，都不能获得较好的光爆质量。

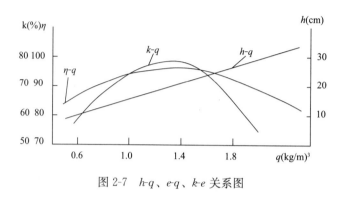

图 2-7　h-q、e-q、k-e 关系图

(5) 不耦合系数。

不耦合系数 B 的大小与炮孔壁上的最大切向应力之间成指数关系[160]，其选取时要遵循作用在炮孔壁上的压力大于抗拉强度而小于抗压强度的原则。当炮眼直径为 32～45 mm 时，取 $B = 1.5 \sim 2.0$；当炮眼直径为 62～200 mm 时，取 $B = 2.0 \sim 4.0$。因此，正确确定不耦合系数，对实现隧道光爆是一个十分重要的因素[4,130]。

(6) 堵塞质量。

对装药炮眼进行堵塞，可延长爆生气体的作用时间，提高炸药能量利用率。如果对装药炮眼不进行堵塞，炸药就仅有冲击波能量和部分爆生气体做功，而其他较多的能量会被浪费[172]，从而影响隧道光爆质量。

文献研究表明[160,176]，隧道光爆作业时常用的炮眼堵塞材料为砂子和黏土的混合物，比例一般为砂子 40%～50%，黏土 50%～60%，堵塞长度视炮眼直径和钻孔深度而定；炮孔在堵塞情况下的爆生气体作用时间是不堵塞情况下的 27 倍；用炮泥堵塞炮孔，可降低每孔的单位用药量，并能获得较好的光爆效果，消除以往爆破中出现的"挂门帘"现象。

(7) 堵塞长度。

为使炸药爆炸能量充分利用，保证隧道光爆的质量，光爆时炮孔应该堵塞。隧道光爆时一般采用不耦合装药结构，研究表明[177]，堵塞长度越大，炮泥位置越不易控制。张齐[177]对光爆炮孔堵塞长度进行研究，表明光爆工程中，保证炮孔的堵塞质量可保证良好的光爆效果，光爆的最小炮孔堵塞长度与岩石性质、堵塞材料、炮孔尺寸和炮孔间距有关，在 40～50 mm 的小直径炮孔的光爆工程中，保证爆炸能量得到充分利用的最小炮孔堵塞长度不超过炮孔间距。

文献研究表明[160]，为保证光爆的质量，当炮眼直径为 32 mm 和 45 mm 时，堵塞长度不能小于 20 cm 和 45 cm，深孔爆破堵塞长度应在 45 cm 以上。

2.4.2.4 起爆方式

(1) 起爆顺序。

正确设计起爆顺序是隧道光爆实施的关键[160]。隧道光爆时，先爆破的炮眼为后续爆破的炮眼创造了更好的爆破条件，增大了临空面，减小了岩石的夹制作用，而同时起爆的一组炮眼起共同作用，使爆炸力更强。

研究表明[160]，正确的起爆顺序是先掏槽眼，后辅助眼，由里向外分层起爆，然后是底板眼、侧壁眼和压顶眼；采用毫秒雷管和1/4秒级雷管能保证准确按设计顺序起爆。因此，正确设计起爆顺序，光爆时就能由里向外、一层一层地准确剥离破碎岩石，达到较高的炮眼利用率和平整的开挖轮廓，保证理想的光爆效果。

(2) 起爆时差。

起爆时差又称起爆延期时间。合理的起爆时差可以避免爆破振动波的叠加，减小振动对围岩的扰动，从而减少隧道的超欠挖。研究表明[160,176]，对贯穿裂缝平整度的效果而言，周边眼同时起爆最好，微差起爆次之，秒延期起爆最差；若周边眼起爆时差超过0.1 s，就等同于各个炮眼单独爆破，不能形成贯通裂缝；若周边眼同时起爆，则会使炮眼间的贯穿裂缝形成较早，一旦裂缝形成，其周围岩体内的应力就会下降，抑制其他方向裂缝的形成和扩展，使光爆壁面较平整。

周边眼相邻炮眼的起爆时差对光爆效果的影响较大。合理的起爆时差，能获得良好的光爆效果。理想的起爆时差应使先发爆破的岩石应力作用尚未完全消失且岩体刚开始断裂移动时，后发爆破立即起爆。在这种状态下，既为后发爆破创造了自由面，又能造成应力叠加，发挥微差爆破的优势。实践证明[160]，起爆时差随炮眼深度的不同而不同，炮眼愈深，起爆时差应愈大，一般在50～100 ms。

文献研究表明[157,176]，各层炮孔间的起爆时差在某个限值内时，爆破效果最好，常采用时差为40～200 ms，成为微差爆破。当相邻段位炮孔起爆时差小于50 ms时，起爆时会形成振动波叠加，加大对围岩的扰动和破坏，使隧道超挖增大，光爆效果较差。何林生等[161]在同一隧道的Ⅳ级围岩中，在其他条件相同时进行了3组不同起爆时差的对比试验（见表2-11），第1组1～7段毫秒雷管与3～10段200毫秒等差雷管组合；第2组1～7段毫秒雷管与半秒级雷管组合；第3组1～15段毫秒雷管。3组试验钻孔深度均为5 m。研究结果表明，采用毫秒与等差雷管组合，爆破振动小，较大程度地减少了超挖量。在钻孔深度为3 m的9个循环试验中，采用毫秒与等差雷管组合爆破，使隧道平均线性超挖降到10.68 cm，与同类围岩58个循环毫秒爆破的平均线性超挖相比，减少了51%。

起爆雷管时差对隧道光爆效果的影响　　表2-11

序号	项目	第1组	第2组	第3组
1	平均线性超挖（cm）	16.5	28.5	31
2	平均线性超挖比较	1.0	1.73	1.88

等差雷管、半秒雷管、毫秒雷管与秒雷管、毫秒雷管的对比实验[157]表明，在相同条件下，等差雷管爆破效果最好、振动最小，采用毫秒雷管跳段使用也可以获得较好的光爆效果。因此，在隧道光爆时应尽可能减小周边眼的起爆时差，选用同段同批次的雷管，以保证隧道光爆质量。

(3) 起爆方法。

起爆网络是隧道光爆成败的关键，它直接影响隧道光爆的质量。根据起爆原理和使用器材的不同，起爆方法可分为两类[160]：非电起爆法和电起爆法。非电起爆法又分为火雷管起爆、导爆索起爆和导爆管起爆。起爆网络必须保证每个药卷按设计起爆时间和顺序起爆。

2.4.2.5 隧道参数

(1) 开挖方式。

开挖方式主要有全断面一次爆破、台阶法爆破、导洞先行扩大爆破和预留光面层爆破等方式。研究表明[157]，不同爆破方式（见表2-12）对隧道光爆质量影响较大，全断面一次爆破台阶法有利于减少爆破重复振动、减少超挖，改善光爆成型效果；预留光爆层法、导洞先行扩大法、方式对光爆效果也较好。

不同爆破方式效果对比 表2-12

爆破方式	超挖值（cm）	欠挖值（cm）	炮孔保存率（%）	备注
全断面一次爆破台阶法	10.8~14.5	3~13	60~80	作业法和地质条件大致相同
预留光爆层法	12.88	2~7	75	
导洞先行扩大法	7.2~10.5	0.3~0.6	81~86	

(2) 爆破方法。

不同的爆破方法对隧道爆破效果也有一定影响。普通爆破和控制爆破对比研究[157]表明（见表2-13），采用控制爆破虽然也有超欠挖，但其与普通爆破相比，超挖约降低47.3%。

爆破方法对比 表2-13

爆破方法	平均超挖（cm）	欠挖（cm）	比较（%）	备注
普通爆破	38.70	无统计	100	最大76 cm
控制爆破	20.40	无统计	52.7	最大37 cm

盘宝怡[178]结合眼深、眼距、抵抗线、爆破效率、炸药消耗量、超挖量等参数对普通爆破和光爆进行对比（见表2-14）研究，表明采用光爆比普通爆破材料消耗低、效率高，隧道无超挖现象。

光爆与普通爆破法对比 表2-14

爆破方法	眼深（m）	眼距（mm）	抵抗线（mm）	爆破效率（%）	炸药消耗量（kg/mm）	雷管消耗（个/m³）	超挖量
光爆	1.8	550	600	97	1.51	3.55	无
普通爆破	1.6	700	750	70	3.47	6.77	有

(3) 隧道埋深。

隧道埋深越深，地质条件越复杂，越容易出现高的地应力，如锦屏二级水电站2号引水隧洞，隧洞平均埋深1 500~2 000 m，最大埋深为2 525 m，爆破方法和爆破参数的确定必须考虑原岩应力的影响，否则会对隧道光爆质量造成影响。董杨等[179]研究了隧道埋深对爆破参数的影响，认为地面节点位移速度峰值均随隧道埋深的增加呈现递减趋势；当隧道埋深小于20 m时，具有明显的地面动力效应，呈递减趋势；当隧道埋深大于20 m时，对地面节点的影响小。

(4) 开挖断面。

隧道开挖断面大小直接关系到光爆炮孔参数、装药参数的设计，具体来说，包括炮孔数目、炮孔深度、周边眼间距、最小抵抗线、周边眼密集系数、线装药密度、装药量等参数。李彪等[180]在石门坳隧道光爆施工中认为，隧道开挖断面大小是引起光爆超挖的原因。龚茂森等[181]对宝中、京九、南昆和滨绥等铁路隧道的爆破超欠挖情况调查研究表明，隧道的断面尺寸、隧道埋深等都是造成超欠挖的人为因素。

2.4.3 施工因素

2.4.3.1 人为因素

（1）钻孔精度。

钻孔精度又称钻眼精度，其对保证炮孔间距和最小抵抗线达到设计要求，保证隧道光爆效果影响很大[39,130,160]。

钻孔精度受开眼的准确度、钻进方向的准确性、钻具的选取是否恰当、量测方向的准确度等影响较大，其主要表现形式为周边炮孔的外插角 θ、开口位置 e 和钻孔深度 L，它们与隧道超欠挖高度 h 具有如下关系[157]：

$$h = e + L\tan\frac{\theta}{2} \qquad (2.2)$$

式（2.2）表明，随外插角 θ 和钻孔深度 L 的增大，隧道超欠挖高度 h 也增大。

研究表明[182]，当钻孔深度 L，外插角 θ 一定时，开口位置 e 对隧道超欠挖的影响有3种方式：①超挖增加一个 e 值，如图 2-8（a）所示，即开孔位置与设计开挖线的距离；②对超欠挖无影响，如图 2-8（b）所示，即开孔位置与设计开挖线重合；③超挖减少一个 e 值，如图 2-8（c）所示。因此，钻孔时应先定位后钻进，并在隧道掌子面上标出周边孔位线，确保 $-3\text{cm} \leqslant e \leqslant 3\text{cm}$。

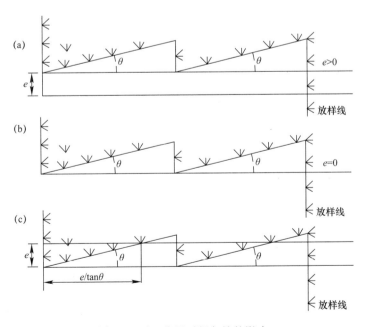

图 2-8　开口位置对超欠挖的影响

傅鹤林等[172]在猫山隧道开展了控制周边孔外插角精度的对比实验，共做了8个开挖循环（见表2-15）。实验表明，当不采用导向仪控制时，外插角试验均值6.02°与控制目标值相差较大；当采用导向仪控制炮孔的外插角时，外插角均值与目标控制值相差较小，引起的超欠挖值在规定范围之内；采用导向仪控制比未采用导向仪控制，其周边孔外插角均值减小了24.4%，隧道平均超挖率减小了39.1%，隧道欠挖率减小了76%。在同隧道、同围岩和同操作工条件下，利用两组不同控制装置来控制周边孔外插角精度的实验，共做146个开挖循环，结果表明，利用激光指向仪控制周边孔钻孔精度，对控制隧道光爆质量有利。

钻孔技术对隧道超欠挖的影响 表2-15

项目	外插角均值（°）	外插角标准差（°）	负外插角率（%）	平均线性超挖（cm）	欠挖率（%）
理论控制目的	3.6	—	—	7~15	0
第一组	6.02	5.39	12.24	23.8	18.6
第二组	4.55	2.89	6.19	14.5	4.5
二组比一组减小（%）	24.4	46.4	49.4	39.1	76

陈小强[183]在周边眼钻孔技术研究中，假设开口位置e为0，钻孔深度L分别取2 m、2.5 m、3 m、3.5 m，外插角的取值范围为2°~5°，得到外插角对超挖高度h的影响曲线见图2-9；假设开口位置e为0，外插角分别取2°、3°、4°、5°，钻孔深度L的取值范围为2~3.5 m，得到钻孔深度L对超挖高度h的影响曲线见图2-10。通过这些试验可知，外插角和钻孔深度与超挖高度具有线性关系。

（2）测量放线。

准确的测量放线对控制隧道超欠挖至关重要[39,130,301]。测量放线时，如果中线和标高产生偏移，将导致断面轮廓线向一侧偏移，引起放线误差，造成开挖断面一侧超挖、一侧欠挖[157]。

有文献分析了96个隧道开挖循环的现场实测资料，认为隧道中线或标高的测量错误、画线误差、人为放大开挖轮廓线等都对隧道的超欠挖有影响（见表2-16）。针对这些偏差，何林生等利用激光指向仪并配合断面放样画线来控制掘进方向，提高测量工的操作水平，共进行64个开挖循环试验（见表2-17），总平均线性超挖值为14.06 cm，表明对测量放线采取措施能有效减少隧道的超欠挖。

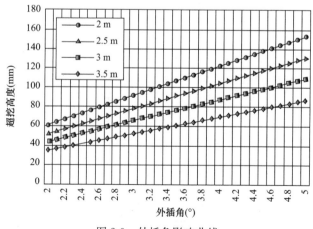

图2-9 外插角影响曲线

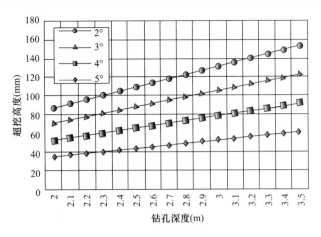

图 2-10 钻孔深度影响曲线

中线或标高偏差对隧道超欠挖影响　　　　　　　　表 2-16

项目	一侧超挖 一侧欠挖	上部超挖（或欠挖） 下部欠挖（或超挖）	合计
开挖循环比例（%）	9.38	4.17	13.55
超挖量比例（%）	6.30	3.14	9.44
欠挖量比例（%）	13.64	2.44	16.08

采取措施后中线或标高偏差对隧道超欠挖影响　　　　　表 2-17

项目	一侧超挖 一侧欠挖	上部超挖（或欠挖） 下部欠挖（或超挖）	合计
开挖循环比例（%）	3.13	1.31	4.44
超挖量比例（%）	1.11	0.56	1.67
欠挖量比例（%）	12.91	1.06	13.97

综合以上分析可知，控制隧道超欠挖，要通过正确的方法来保证轮廓线位置的准确，即采取激光指向仪控制隧道开挖方向，提高中线和标高的精度、提高轮廓线放线精度、提高作业人员的操作水平、增强工作人员的责任心。

（3）人员素质。

赵晓彬[184]对隧道光爆质量影响因素进行分析，认为管理人员思想不重视、没有较强的质量意识必须引起重视，例如工人在施工中未踩碴打眼、打成的孔眼数量和质量不合要求、装药未按要求进行等都会严重影响隧道光爆效果，并绘制了光爆效果因果分析图。

2.4.3.2 管理因素

（1）现场管理制度。

隧道光爆作业时，建立一个完善、系统的质量保证体系，对隧道作业全过程及相关因素实行严格科学的管理是非常重要和必要的[157]。现场管理与组织主要指人员组织、作业安排、技术交底、指导、质量检测、反馈，以及相应规章制度、技术标准的制定等。现场管理的目的就是将光爆设计参数、地质条件等众多影响因素置于可控范围，满足光爆质量的要求。赵晓彬[184]对隧道光爆影响因素的研究也认为，没有制定出严格的管理制度是影响光爆质量的重要因素。

(2) 管理水平。

何林生等[161]在同一隧道、Ⅳ级围岩段，采用相同钻孔机械和爆破器材对管理水平进行了3组对比试验，第1组：一般的正常施工；第2组：不改进第1组的爆破设计，但对重点工序实施管理，加强钻孔质量控制，加强对装药作业的技术指导，严格按设计要求装药，控制画线精度，实行开挖断面检查，但不作及时的信息反馈；第3组：在第2组的基础上，建立比较科学完善的质量监督和保证体系，对爆破设计、钻爆作业实施全面监督管理，对有关人员进行技术培训，建立质量管理责任制、实行质量奖惩制度，并以预先制定的各项作业方法和作业质量标准为基准，对各项作业质量进行经常性检查。结果表明（见表2-18），加强管理可以减少隧道的超欠挖，对建立科学的质量监督和保证体系至关重要。

管理水平对隧道超欠挖的影响　　　　表 2-18

管理方法	试验段长度（m）	平均挖深		标准偏差	
		h (cm)	(%)	s	%
第1组	54	23.8	100	9.03	100
第2组	29	18.9	79.4	6.62	73.3
第3组	36	11.5	48.3	3.52	39.0

(3) 技术标准。

文献认为，制定一个合理的超欠挖指导准则能有效控制隧道光爆质量，使超挖减少了10%～77%。何林生等[161]在同一隧道、Ⅳ级围岩段进行的三组对比试验表明，预先制定的各项作业方法和作业质量标准是减少隧道超欠挖的关键，有利于对信息进行准确反馈，以便及时修正有关设计和施工步骤。赵晓彬[184]的研究也表明，技术人员的方案设计没有针对隧道实际地质情况作相应的调整，导致质量上不能满足要求。因此，技术标准是保证隧道光爆质量的技术基础。

2.5　小结

本章结合炸药的爆炸作用、岩石的破碎机理和光爆周边孔起爆原理等分析了光爆的基本原理，基于质量的定义引入了隧道光爆质量的定义，并从地质条件、钻爆设计、施工因素等3方面对隧道光爆质量影响因素进行全分析。提出影响隧道光爆质量的主要因素有43个，其中，地质条件主要包括地质构造和岩石性质，钻爆设计主要包括炸药性质、炮孔参数、装药参数、起爆方式和隧道参数，施工因素主要包括人为因素和管理因素。

第 3 章 隧道光爆质量控制因素的试验研究

3.1 引言

长期以来，在隧道光爆技术的发展过程中，爆破质量的理论研究和试验研究一直占有特别重要的位置，因为爆破质量不仅直接关系到隧道施工的安全，而且关系到隧道的掘进速度和经济效益。影响隧道光爆质量的因素众多，主要包括地质条件、炮孔参数、装药参数等各种不同类型的因素，它们的优化组合共同作用决定了隧道光爆的质量，这也是隧道光爆最基本、最关键的因素。因此，合理正确地选择和确定这些参数至关重要。然而，由于理论研究与试验研究的目的不同，同时又受爆破复杂性等各种客观条件的限制，不可能将各种影响因素都反映出来，因此，如何简单、可靠、科学地从众多影响因素中确定影响隧道光爆质量的最主要因素，较好地控制隧道爆破质量，已成为隧道光爆理论与应用研究的重要问题。

在这些问题的研究中，最大的困难是缺乏必要的实际数据。这是因为现行的国家有关规范并没有对隧道光爆质量进行分级，且现行的有关规范针对隧道光爆参数给出的建议范围主要是针对炮眼深度小于 3.0 m 的情况，对于炮眼深度大于 3.0 m 的特大断面隧道没有相关的试验资料。这使得大量的拟建大断面隧道在设计、施工中缺乏科学、可靠试验验证的理论来指导，同时也给施工中的大断面隧道光爆质量的评价带来巨大的困难，进而无法对后续隧道的光爆质量进行控制。因此，进行隧道光爆质量控制因素的试验研究是十分必要的。

本研究以成渝高铁大安隧道工程为背景，基于设计的隧道光爆质量控制因素的试验方案和光爆质量数据采集方案，从横断面、纵断面、隧道光爆质量三维可视化数字模型、红外热像等方面，系统研究了基于控制因素的隧道光爆质量与评价指标的关系以及光爆质量各影响因子的分布规律[134]，为分析、确定影响隧道光爆质量的主要影响因素及评价、控制隧道光爆质量提供了基础数据。

3.2 隧道工程背景

3.2.1 地形地貌

本工程测区属丘陵地貌，丘槽相间，地形波状起伏，地面高程 304～424 m，相对高差 20～120 m，自然横坡 5°～30°，局部较陡，达 45°，丘陵上覆土层较薄，基岩部分裸露，地表多旱地，沟槽等低洼地带覆土较厚，多为水田。沿线路两侧村庄民房零星分布，有乡道和线路相通，交通较方便。

3.2.2 地层岩性

上覆第四系全新统坡洪积（Q_4^{dl+pl}）软土（软粉质黏土）、松软土（软塑状粉质黏土）、粉质黏土，坡残积（Q_4^{dl+el}）粉质黏土，坡崩积（Q_4^{dl+col}）块石土；下伏基岩为侏罗纪中统上沙溪组（J_2s）砂岩、泥岩夹砂岩、泥质砂岩。地层岩性分述如下。

<6-2>软土（软粉质黏土）（Q_4^{dl+pl}）：褐黄色，软塑—流塑状，土质较纯，黏性较强，厚2～4 m。

<6-3>松软土（软塑状粉质黏土）（Q_4^{dl+pl}）：褐黄色，软塑状，土质较纯，黏性较强，厚0～4 m。

<6-4>粉质黏土（Q_4^{dl+pl}）：褐红、褐黄色、硬塑状、质较纯，黏性较强，分布于低洼沟槽内，厚1～3 m。

<7-1>粉质黏土（Q_4^{dl+el}）：褐黄色、硬塑状，含少量砂泥质碎石、角砾，厚0～2 m。

<8-5>块石土（Q_4^{dl+col}）：灰白、紫红色，稍密，潮湿～饱和，块石约占50%，石质以砂岩质为主，厚2～6 m。

<27-2>砂岩（J_2s）：灰黄色、青灰色，中～细粒结构，泥钙质胶结，中厚～厚层状，主要矿物成分为长石、石英。全风化带（W_4）厚2～4 m，可见原岩结构，岩体风化呈砂土状；强风化带（W_3）厚5～10 m，节理裂隙发育，质稍软；以下为弱风化带（W_2），属Ⅴ级次坚石。

<27-3>泥岩夹砂岩（J_2s）：泥岩为紫红色，泥质结构，泥质胶结，岩质较软，易风化剥落，具遇水软化崩解、失水收缩开裂等特性；砂岩为长石石英砂岩，浅灰、紫红色，中～细粒结构，泥质胶结，中厚～厚层状，质稍硬。全风化带（W_4）厚2～4 m；强风化带（W_3）厚5～10 m，属Ⅳ级软石；以下为弱风化带（W_2），属Ⅳ级软石。

<27-5>泥质砂岩（J_2s）：浅灰、紫红色，中～细粒结构，泥质胶结，中厚～厚层状，主要矿物成分为长石。全风化带（W_4）厚2～4 m，可见原岩结构，岩体风化呈砂土状；强风化带（W_3）厚5～10 m，节理裂隙发育，质稍软；以下为弱风化带（W_2），属Ⅳ级软石。

3.2.3　地质构造

隧道位于扬子准地台之川中台坳，本段位于华金山断裂以东的褶皱束，由一系列北东—北北东向近于平行的高背斜山脉组成。隧道横穿石庙场向斜，该向斜轴向N9°W，核部地层为J_2s泥岩夹砂岩，两翼出露J_2s泥岩夹砂岩。

3.2.4　水文地质特征

3.2.4.1　地表水类型

隧道地表水体主要为水库水和塘水，分布有七一水库（一级水源保护区）、跃进水库（一级水源保护区）、龙井沟水库、众多鱼塘等。其流量受季节影响明显，雨季水量较大，旱季相对较少。隧址区地表水体发育，不排除部分段落节理、裂隙、岩层层面贯通性较好，隧道施工可能会造成隧道顶部地表水、地下水疏干，导致洞内发生突水、突泥、涌水，并对周边居民生产、生活造成影响。一旦地表水渗漏，对社会和工程的影响将极其严重。

3.2.4.2　地下水类型

地表水质类型属$HCO_3^- $-$Ca^{2+}$·$Mg^{2+}$、$HCO_3^-$·$SO_4^{2-}$-$Ca^{2+}$·$Mg^{2+}$型，根据《铁路混凝土结构耐久性设计规范》TB 10005—2010，在环境作用类别为化学侵蚀环境及氯盐环境时，地表水对混凝土结构无侵蚀性。

隧道深孔水质属SO_4^{2-}·HCO_3^--Ca^{2+}·Mg^{2+}、HCO_3^-·SO_4^{2-}-Ca^{2+}·Mg^{2+}、HCO_3^--

$Ca^{2+} \cdot Na^+$、$HCO_3^- \text{-} Ca^{2+} \cdot Na^+$ 型。根据《铁路混凝土结构耐久性设计规范》TB 10005—2010，在环境作用类别为化学侵蚀环境及氯盐环境时，地表水对混凝土结构无侵蚀性。

根据《区域水文地质普查报告》(内江幅) 侏罗系中统沙溪庙组 J 泥岩中夹有钙质结核及石膏脉，地下水对混凝土结构多具侵蚀性；根据《铁路混凝土结构耐久性设计规范》TB 10005—2010，在环境作用类别为化学侵蚀环境及氯盐环境时，地下水对混凝土结构具硫酸盐侵蚀，环境作用等级为 H1。

3.2.4.3 隧道涌水量

本隧道平常期涌水量 $Q_平=10100 \text{ m}^3/\text{d}$，雨洪期最大涌水量 $Q_{max}=152000 \text{ m}^3/\text{d}$。

3.2.5 有害气体

为评价浅层天然气对隧道的危害，专门对大安隧道进行了浅层天然气检测。该隧道共布置了 4 个钻孔进行浅层天然气测试，现场检测的 4 个孔均有天然气显示，其浓度处于 6 820~20 500 ppm 范围，因而大安隧道存在瓦斯，属于瓦斯隧道。

3.2.6 岩石物理力学指标

岩石的物理力学指标见表 3-1。

岩石物理力学指标　　　　表 3-1

岩层代号	岩土名称	稠度或风化程度	密度 ρ (g/cm³)	黏聚力 c (kPa)	内摩擦角 (°)	摩擦系数 f	基本承载力 δ (kPa)
<6-2>	软土（软粉质黏土）(Q_4^{dl+pl})	流塑	1.72	8.5	5.4	—	60
<6-3>	松软土（软塑状粉质黏土）(Q_4^{dl+pl})	软塑	1.88	12.1	7.6	0.25	100
<6-4>	粉质黏土 (Q_4^{dl+pl})	硬塑	1.94	27.7	12	0.30	150
<7-1>	粉质黏土 (Q_4^{dl+el})	硬塑	1.89	25.1	10.9	0.30	180
<27-2>	砂岩 (J_2s)	W_4	2.00	20	20	0.35	200
		W_3	2.20	—	40	0.50	350
		W_2	2.50	—	50	0.60	500
<27-3>	泥岩夹砂岩 (J_2s)	W_4	1.96	20	18	0.30	200
		W_3	2.10	—	35	0.40	300
		W_2	2.52	—	45	0.45	400
<27-5>	泥质砂岩 (J_2s)	W_4	1.96	20	18	0.30	200
		W_3	2.10	—	35	0.40	300
		W_2	2.52	—	45	0.45	400

3.3 现场试验设计

3.3.1 隧道试验段选取与技术特征

选取成渝高铁大安隧道 DK247+010~DK247+063 段为光爆质量控制试验段。试验段隧道的设计标准断面高 11.08 m，宽 14.90 m，面积 139.42 m²（不考虑隧底和预留量影响）。隧道洞身主要穿越 <27-5> 泥质砂岩 (J_2s)，其岩石物理力学指标见表 3-1，隧道典型工程地质纵横断面见图 3-1，掌子面上部为红褐、黑褐色砂岩，局部存在灰白色砂岩条带；下部为砖红色泥质粉砂岩夹泥岩，局部夹灰绿色粉砂质泥岩条带；局部标段掌子面底部出现青黑色中粗砂岩。上部砂岩与下部泥质粉砂岩之间存在明显灰绿色接触带，接触带中部存在明显褶曲现象，平均产状 N25°E/SE∠11°，多有泉水出露。

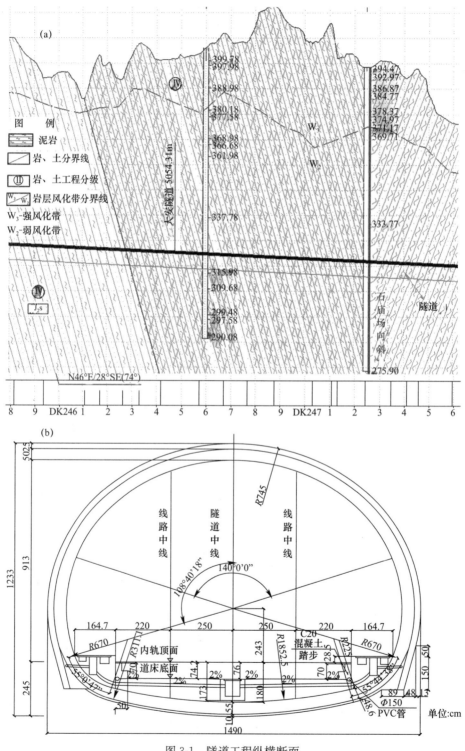

图 3-1　隧道工程纵横断面

3.3.2 隧道光爆设计试验方案

试验段隧道设计断面面积为 139.42 m²（不考虑隧底和预留量影响），根据国际隧道协会对隧道断面的划分，当隧道断面积大于 100 m² 时，属于超大断面，因此，本试验段隧道属于超大断面隧道。针对本试验段隧道断面大的特点，根据岩石特性、断面大小，结合国内外其他相似隧道的爆破试验经验，设计了周边眼、辅助眼、掏槽眼深度分别为 4.0 m、4.5 m、5.0 m 的爆破方案，爆破参数见表 3-2，炮孔布置见图 3-2。

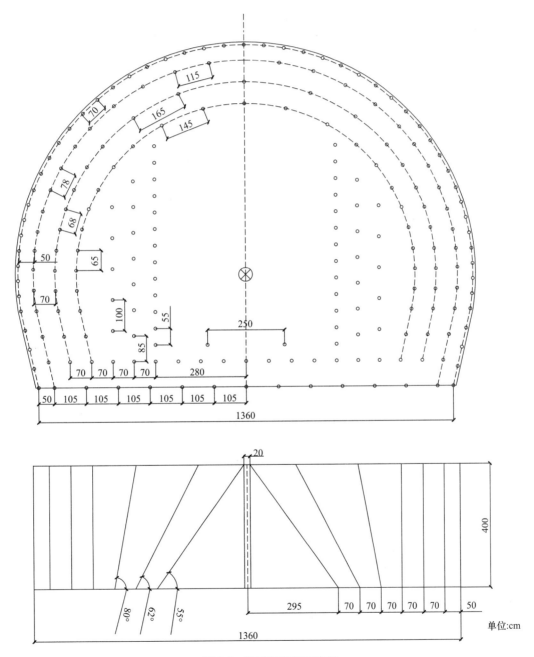

图 3-2 隧道爆破炮眼布置

试验段隧道爆破参数表　　　表 3-2

名称	眼深（m）	眼数（个）	眼距（cm）	装药量（kg/m）	起爆顺序	连接方式
掏槽眼 1	5.0 m	28	55	0.6	1	串联
掏槽眼 2	4.5 m	16	85	0.6	3	
掏槽眼 3	4.2 m	12	100	0.6	3	
辅助眼 1	4.0 m	27	底部 65，顶部 145	0.4	5	
辅助眼 2	4.0 m	27	底部 68，顶部 165	0.4	7	
辅助眼 3	4.0 m	34	底部 78，顶部 115	0.4	9	
周边眼	4.0 m	53	70	0.2	11	
底眼	4.0 m	20	105	0.2	11	

3.3.3 隧道光爆质量数据采集设备

隧道光爆质量数据的采集，采用的设备主要有 ZTSD-3 型隧道断面仪（见图 3-3）、Fluke TiR110 型红外热像仪（见图 3-4）和全站仪。ZTSD-3 型隧道断面仪主要采集隧道光爆质量的评价指标，包括测量断面面积、超挖面积、欠挖面积、最大超挖、最大欠挖、平均线性超挖，共 6 个评价指标。Fluke TiR110 型红外热像仪主要采集掌子面围岩的地质信息并获取红外热像图。全站仪主要用于隧道爆破炮眼定点、确定隧道中轴线和确定断面仪量测断面点位。

图 3-3　隧道断面仪采集数据

ZTSD-3 型隧道断面仪的使用条件主要包括温度处于 $-10\sim+45$℃，湿度≤85%，检测半径 $0.2\sim100$ m，测距精度 ±1 mm，测角精度 $\pm0.01°$。

FlukeTiR110 型红外热像仪是手持式、红外热成像相机，温度范围 $-20\sim+150$ ℃，准确度 ±2 ℃，最小聚焦距离 15 cm，探测器类型为 160×120 焦平面阵列，其成像仪在高清 LCD 屏幕上显示热图像，并可将图像保存到 SD 存储卡。成像仪包括 SmartView® 软件，此软件是用于分析和报告的高性能、专业化的软件。

3.3.4 隧道光爆质量数据采集方案

3.3.4.1 ZTSD-3 型隧道断面仪采集方案

结合试验段隧道断面大的特点，为准确采集隧道光爆质量的数据，隧道断面仪在现场量测时要遵循以下方案。

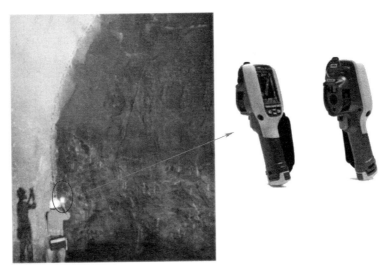

图 3-4　红外热像仪采集数据

（1）编辑设计试验段隧道曲线。

对试验段隧道现场调查，同时综合分析试验段隧道设计图、正洞设计图、双线隧道复合式衬砌施工图等资料，进行试验段隧道曲线设计，主要包括弧段信息、圆心 X、圆心 Z、半径、起始角、终止角、方向等信息。

（2）全站仪定点位。

选取隧道开挖方向作为断面仪量测的正向，利用全站仪确定隧道中轴线，并在其上选取一点（A 点），用来对隧道断面仪进行准确定位，并依此选取 A 点前方 5 m 内隧道中轴线上的一点（B 点），x 正向上的 B_1 点，利用全站仪量测的 A 点高程和隧道设计高程，计算出断面仪的竖向高差。

（3）试验段隧道断面量测控制点。

由于隧道爆破现场条件复杂，量测时间紧，因此，根据隧道爆破作业的流程制定了既不影响现场后续施工作业，又能量测到准确、有价值的量测控制点布设方案，即设计 5 种隧道断面量测控制点，即 51 点、61 点、81 点、91 点、101 点。

（4）测量当前断面和前后方断面。

对当前断面量测，设计断面仪量测的起始角和终止角，并设计偏移量，将设计的断面量测控制点数输入测点数一栏，利用专用掌上电脑进行当前断面量测。

对于前后方断面量测，主要指相对于断面仪所在位置的前方或后方指定距离处隧道轮廓的量测。量测时，首先要载入当前断面文件，偏移量、起始角、终止角、量测点数的设置同当前断面，断面距离的间隔设置为 0.1 m、0.2 m、0.3 m、0.5 m，搜索次数设置为 2 次、3 次两种情况，采用的方法为动态逐次逼近法。

（5）数据后处理。

利用断面仪自带的后处理专用软件，对量测的隧道断面数据进行处理。主要处理的指标包括量测断面面积、超挖面积、欠挖面积、最大超挖、最大欠挖、平均线性超挖等，文件可导出为 AutoCAD 的 DXF、Excel 及文本文件格式。

3.3.4.2 Fluke TiR110 型红外热像仪采集方案

Fluke TiR110 型红外热像仪主要用于采集试验段隧道围岩的红外热像信息，其利用大自然中任何物体都能够辐射红外线的原理，测定被测目标和背景之间的红外线差异并得到红外辐射能量分布图，即被测目标表面温度的分布图像。可利用热传导在隧道围岩内部的差异，判断隧道围岩内部是否存在差异，进而判断隧道围岩的缺陷，为隧道光爆设计提供地质信息。因此，制定了 Fluke TiR110 型红外热像仪采集方案如下。

(1) 准备工作。针对隧道爆破施工作业粉尘多、光线昏暗、爆破动荷载扰动、潮湿等特点，同时为保证采集红外热像数据的准确性，首先利用密封膜将红外仪密封，密封部位包括红外相机镜头、LCD 显示屏等，然后校核红外仪，调整因膜密封而引起的红外仪量测参数的变化。经过室内试验，密封膜透光率为 89%。

(2) 以温度计为主（量程 -30℃～+50℃，湿度 0～100%），红外热像仪量测为辅，对隧道现场的温度进行量测。量测位置包括隧道掌子面、距隧道掌子面 2 m、5 m、8 m、11 m、14 m、17 m、20 m、23 m 位置，每一位置量测 3 次，最后取平均值作为隧道爆破现场环境温度值。

(3) 选择量测部位，主要包括隧道掌子面、围岩突变处、节理裂隙部位。在对围岩进行扫描时，对被测物体用 30 m 盘式皮尺进行量测，确定量测范围。

(4) 红外量测。由于隧道爆破现场光线昏暗，因此利用红外仪进行扫描时，必须打开激光和照明灯，利用激光和 LCD 屏上的标记对被测物体进行定位，确定被测物体范围和位置。定位被测物体后，对红外仪进行对焦，并观测 LCD 屏上的温度中心点温度，待温度值基本稳定后，捕获图像，记录温度值和量测方位。

(5) 利用 SmartView 3.2 软件对红外图像进行处理。主要是透光率矫正、水平和跨度的调节、红外图像融合、图像或温度数据导出等。

3.4 断面量测数据分析

选取试验段隧道 DK247+016～DK247+049 里程，共 10 个循环进尺面，每个循环进尺面量测 3～8 个断面，进而从横断面、纵断面对试验段隧道光爆质量的断面量测数据进行研究，分析基于控制因素的隧道光爆质量与最大超挖、最大欠挖、平均线性超挖、量测断面面积、超挖面积、欠挖面积的关系，探讨它们之间存在的规律。

3.4.1 横断面量测分析

现场试验共采集 4344 组超欠挖数据，采集的超欠挖横断面图如图 3-5～图 3-30 所示，其中 1_1 断面指第 1 开挖循环的第 1 个量测面，依此类推；各开挖循环超欠挖量沿监测控制点对比如图 3-31～图 3-35 所示（限于篇幅，此处仅列出第 1 循环～第 5 循环的横断面超欠挖图和各开挖循环超欠挖量沿监测控制点对比图，其他循环的横断面超欠挖图和各开挖循环超欠挖量沿监测控制点对比见附录 D）；超欠挖在横断面上的概率分布如图 3-36 所示。

第 3 章 隧道光爆质量控制因素的试验研究

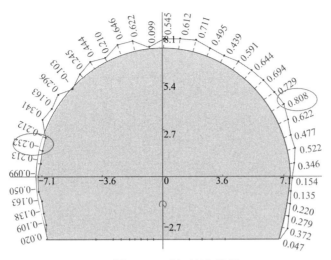

图 3-5 1₁ 断面超欠挖量

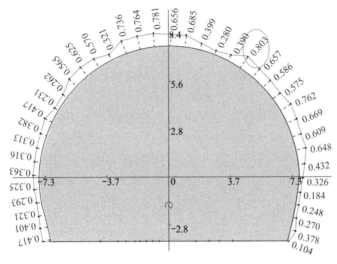

图 3-6 1₂ 断面超欠挖量

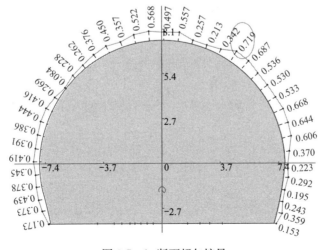

图 3-7 1₃ 断面超欠挖量

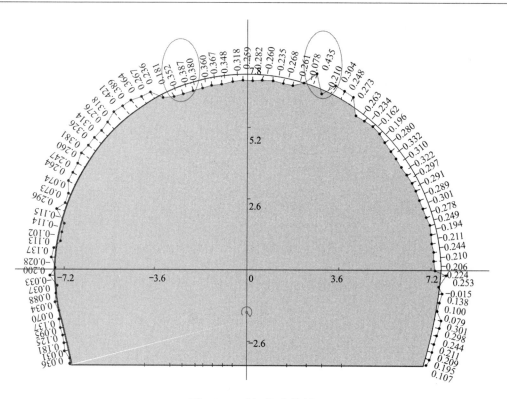

图 3-8　2_1 断面超欠挖量

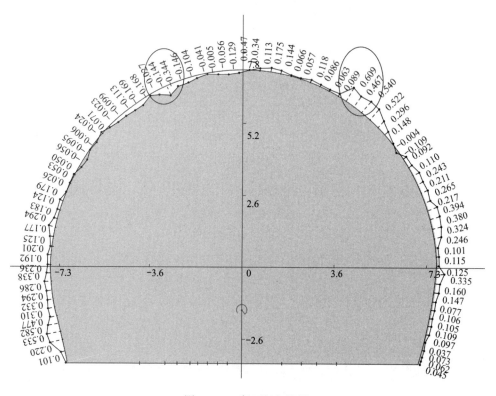

图 3-9　2_2 断面超欠挖量

第3章 隧道光爆质量控制因素的试验研究

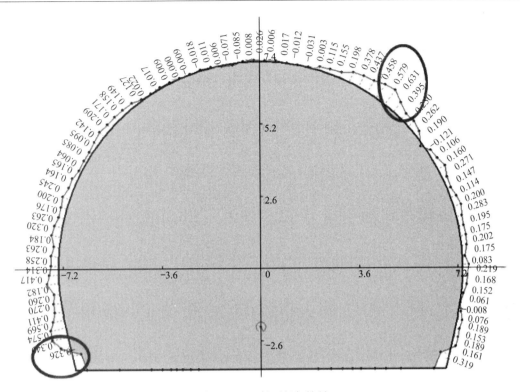

图 3-10　2_3 断面超欠挖量

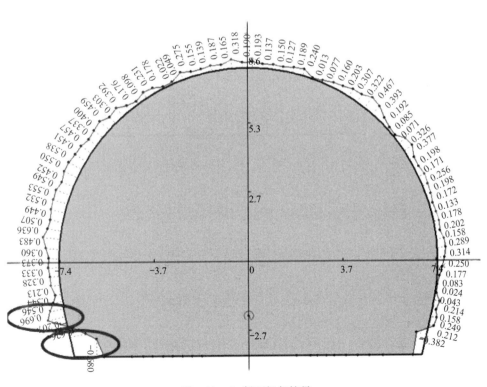

图 3-11　2_4 断面超欠挖量

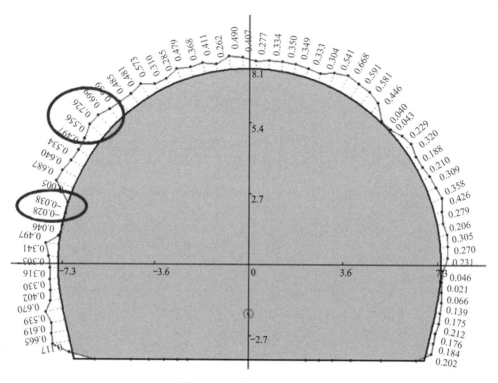

图 3-12 3_1 断面超欠挖量

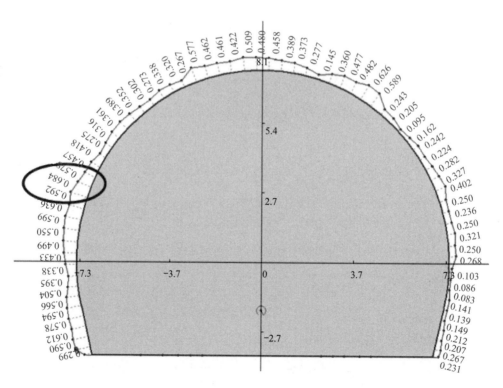

图 3-13 3_2 断面超欠挖量

第 3 章 隧道光爆质量控制因素的试验研究

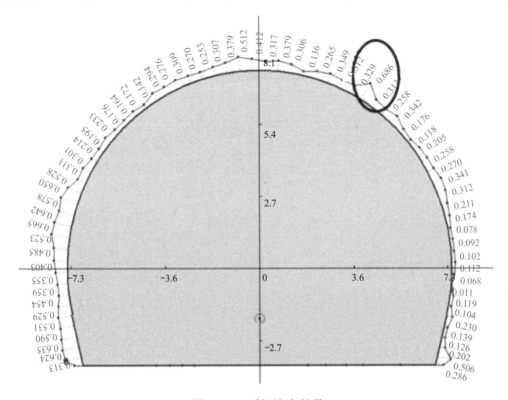

图 3-14 3_3 断面超欠挖量

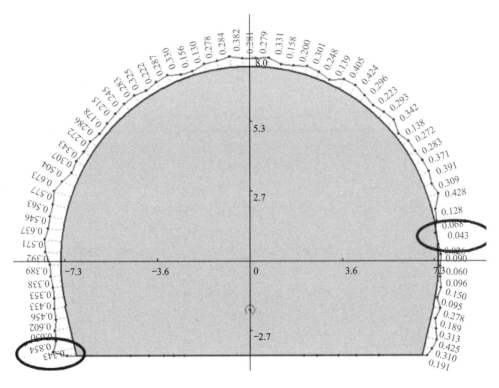

图 3-15 3_4 断面超欠挖量

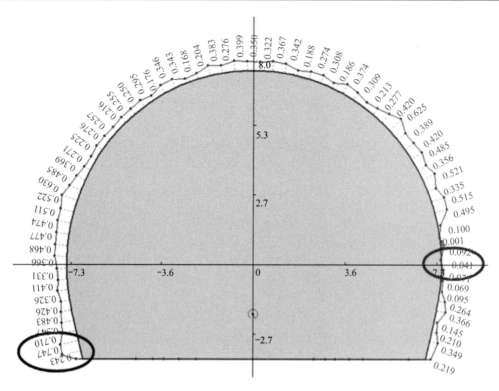

图 3-16　3_5 断面超欠挖量

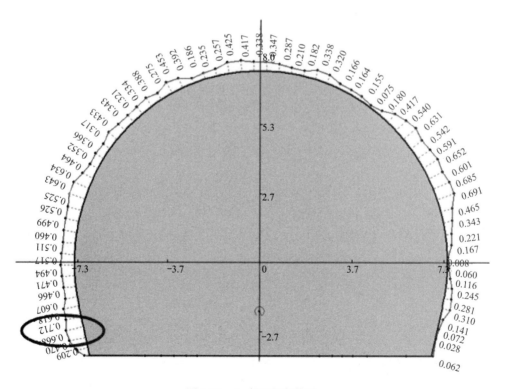

图 3-17　3_6 断面超欠挖量

第 3 章 隧道光爆质量控制因素的试验研究

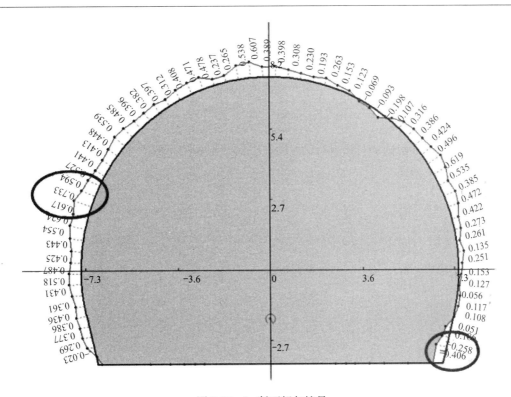

图 3-18 3_7 断面超欠挖量

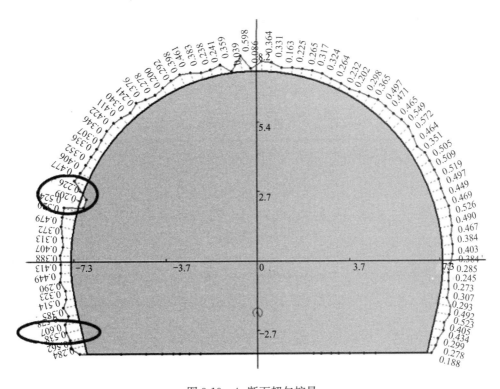

图 3-19 4_1 断面超欠挖量

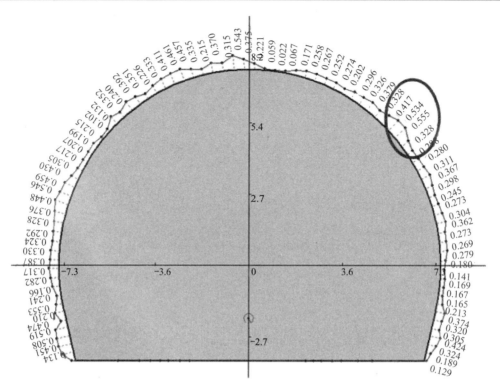

图 3-20　A_2 断面超欠挖量

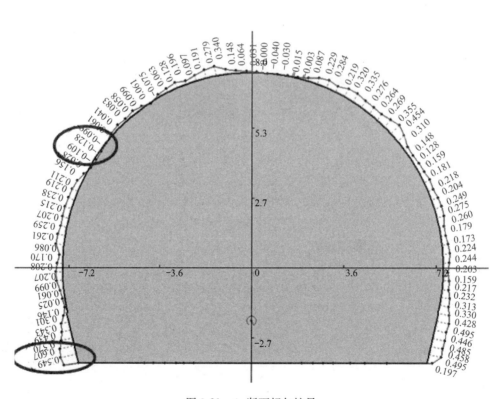

图 3-21　A_3 断面超欠挖量

第 3 章 隧道光爆质量控制因素的试验研究

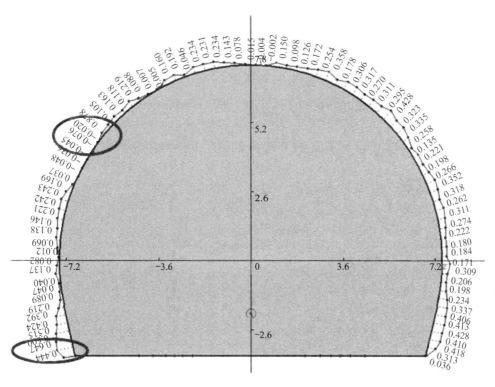

图 3-22 4_4 断面超欠挖量

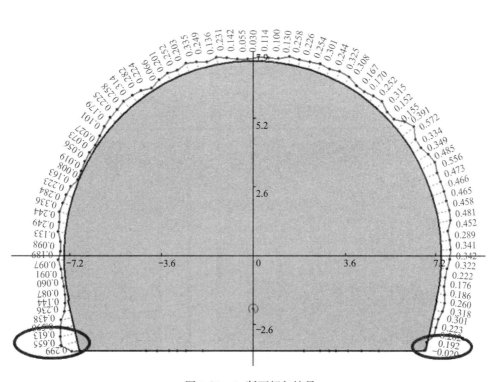

图 3-23 4_5 断面超欠挖量

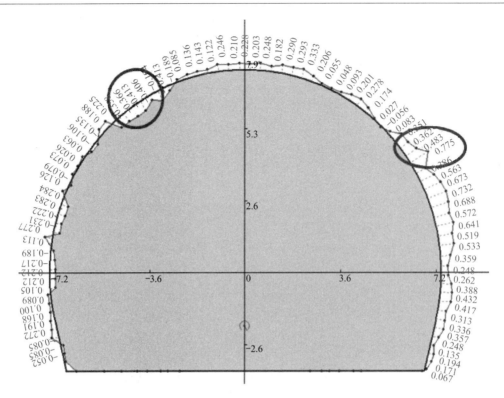

图 3-24 5_1 断面超欠挖量

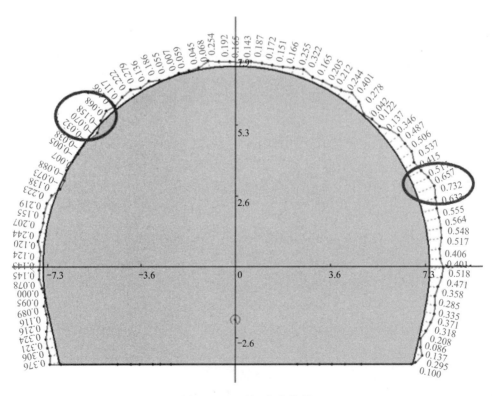

图 3-25 5_2 断面超欠挖量

第 3 章 隧道光爆质量控制因素的试验研究

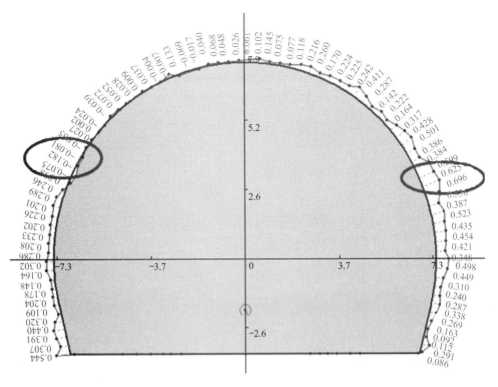

图 3-26 5_3 断面超欠挖量

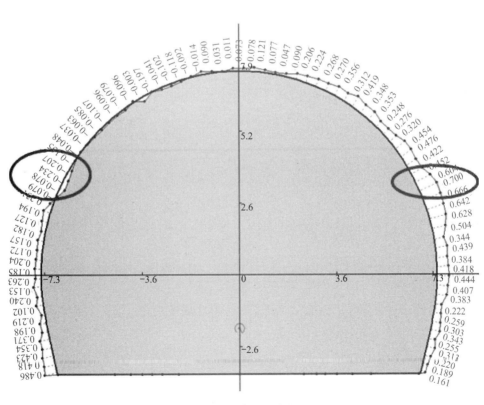

图 3-27 5_4 断面超欠挖量

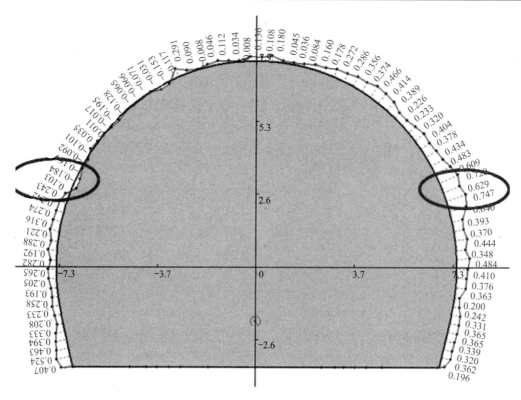

图 3-28　S_5 断面超欠挖量

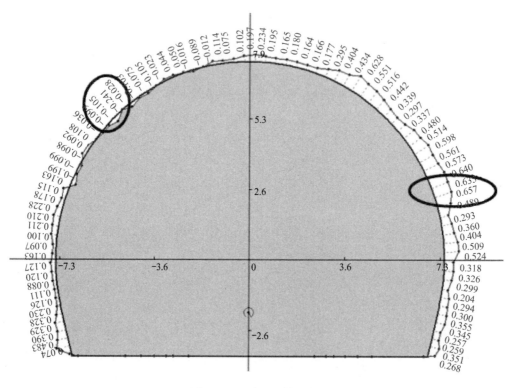

图 3-29　S_6 断面超欠挖量

第 3 章 隧道光爆质量控制因素的试验研究

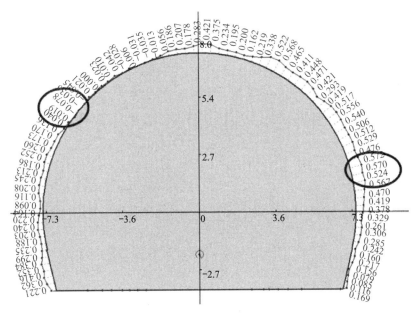

图 3-30 5_7 断面超欠挖量

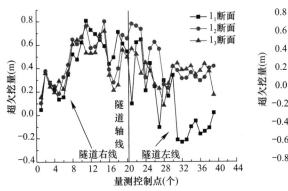

图 3-31 第 1 循环超欠挖量沿监测控制点对比

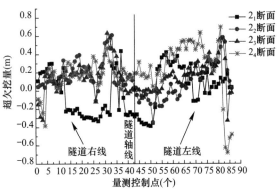

图 3-32 第 2 循环超欠挖量沿监测控制点对比

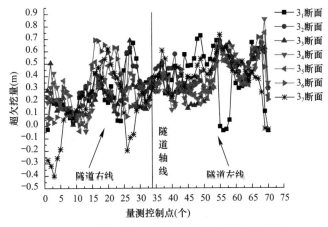

图 3-33 第 3 循环超欠挖量沿监测控制点对比

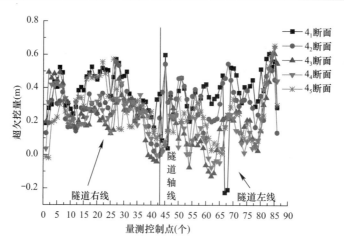

图 3-34 第 4 循环超欠挖量沿监测控制点对比

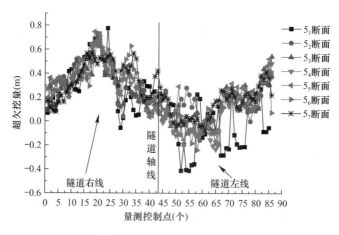

图 3-35 第 5 循环超欠挖量沿监测控制点对比

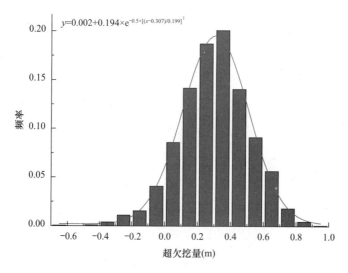

图 3-36 超欠挖量概率分布

通过以上开挖循环可知,1_1、1_2、1_3 断面在隧道右线的超欠挖量总体趋势一致;在隧道左线,1_2、1_3 断面的超欠挖量曲线趋势基本一致,但 1_3 断面在隧道边墙部位出现欠挖。第 2 循环隧道拱顶的超挖量比拱部的超挖量小,隧道轴线两侧超挖量均比拱顶超挖量大。3_1、3_2、3_3、3_4、3_5、3_6 量测断面超欠挖量曲线趋势基本一致,但 3_7 断面在隧道右线的欠挖量大于其他 6 个断面,并出现 2 个欠挖峰值。第 4 循环在隧道右线,除 4_5 断面在边墙处为欠挖外,其余 4 个断面均处于超挖状态;在隧道拱部,4_1、4_2 断面超挖量大于其他 3 个断面;在隧道左线,4_1、4_2 断面的超挖量总体大于其他 3 个断面。第 5 循环在隧道右线,7 个断面的超挖值曲线趋势基本一致,均先后经历了"超挖量由小变大—超挖量由大变小"阶段;在隧道左线,5_1、5_2 断面在隧道拱部超欠挖变化相反,5_2 断面为超挖,5_1 断面为欠挖,而其他 5 个断面超欠挖变化趋势基本一致。

因此,综合分析隧道全部循环进尺面的光爆量测数据,可以得出以下规律。

① 超欠挖在横断面上服从正态分布,其概率分布模型为:

$$y = 0.002 + 0.194 \times e^{-0.5 \times [(x-0.307)/0.199]^2} \tag{3.1}$$

② 最大超挖主要位于左线边墙,其次是右线拱部,再次是左线拱部;最大欠挖主要位于右线边墙,其次是左线拱部;可为隧道光爆质量控制与设计提供参考。

③ 隧道右线的超挖量总体上小于左线,而隧道右线的欠挖量总体上大于左线。

④ 对横断面各量测指标值的最主要分布区间进行统计可知:量测断面面积为 140.00~149.99 m² 的占 50.0%,超挖面积为 10.00~14.99 m² 的占 57.9%,欠挖面积为 0.01~0.09 m² 的占 31.6%,最大超挖为 0.70~0.89 m 的占 53.9%,最大欠挖为 0.01~0.19 m 的占 44.7%,平均线性超挖为 0.30~0.39 m 的占 47.3%。

3.4.2 纵断面量测分析

沿隧道爆破开挖循环方向,隧道光爆后量测断面的最大超挖、平均线性超挖、量测断面面积、超挖面积的概率分布分别如图 3-37~图 3-40 所示。分析可知,最大超挖、平均线性超挖、量测断面面积、超挖面积在纵断面上服从正态分布,据此,建立了最大超挖、平均线性超挖、量测断面面积、超挖面积的概率分布模型。

① 最大超挖概率分布模型为:

$$y = -0.009 + 0.331 \times e^{-0.5 \times [(x-0.723)/0.128]^2} \tag{3.2}$$

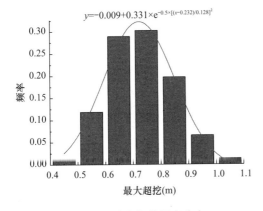

图 3-37 最大超挖概率分布

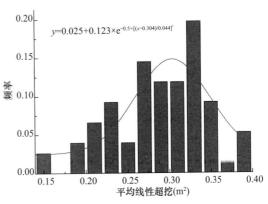

图 3-38 平均线性超挖概率分布

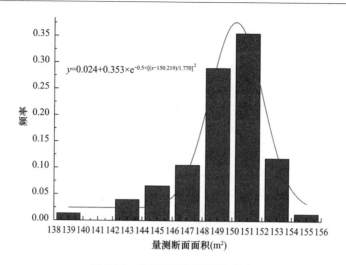

图 3-39 量测断面面积概率分布

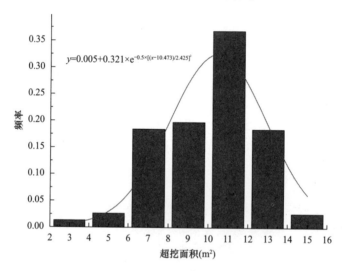

图 3-40 超挖面积概率分布

② 平均线性超挖概率分布模型为：
$$y = 0.025 + 0.123 \times e^{-0.5\times[(x-0.304)/0.044]^2} \tag{3.3}$$

③ 量测断面面积概率分布模型为：
$$y = 0.024 + 0.353 \times e^{-0.5\times[(x-150.219)/1.770]^2} \tag{3.4}$$

④ 超挖面积概率分布模型为：
$$y = 0.005 + 0.321 \times e^{-0.5\times[(x-10.473)/2.425]^2} \tag{3.5}$$

为进一步研究最大超挖、最大欠挖、平均线性超挖、量测断面面积、超挖面积、欠挖面积等指标之间的内在规律，基于多元回归模型[185-188]，对其进行综合交互式回归试验。

以平均线性超挖为例，令其为因变量 y，量测断面面积、超挖面积、欠挖面积、最大超挖、最大欠挖分别为 x_1、x_2、x_3、x_4、x_5 时，对模型进行汇总与回归系数分析，可知最大超挖的 Sig. 为 0.072，最大欠挖的 Sig. 为 0.068，因此剔除这两项指标，利用剩余的指标进行回归分析，见表 3-3～表 3-5。

第3章 隧道光爆质量控制因素的试验研究

模 型 汇 总　　　　　　　　　　　表 3-3

模型	R	R 方	调整 R 方	标准估计的误差
1	0.985	0.970	0.969	0.010

a. 预测变量：(常量)，欠挖面积，超挖面积，量测断面面积
b. 因变量：平均线性超挖

由表 3-3 可知，复相关系数为 0.985，可绝系数为 0.970，调整的可绝系数为 0.969。由于调整的可绝系数非常接近于 1.000，故该方程的拟合优度高，被解释变量可被回归模型解释的部分较多，未被解释的部分很少。

方 差 分 析　　　　　　　　　　　表 3-4

模型		平方和	df	均方	F	Sig.
	回归	0.223	3.000	0.074	770.191	0.000
1	残差	0.007	72.000	0.000	—	—
	总计	0.230	75.000	—	—	—

a. 预测变量：(常量)，欠挖面积，超挖面积，量测断面面积
b. 因变量：平均线性超挖

由表 3-4 可知，F 检验统计量对应的概率为 0.000 小于 0.05，说明拒绝回归系数为 0 的原假设，表明 y 与 x_1，x_2，x_3 之间的线性回归关系显著。

回 归 系 数　　　　　　　　　　　表 3-5

模型		非标准化系数		标准系数	t	Sig.
		B	标准误差	试用版		
	(常量)	−9.783	2.813	—	−3.478	0.001
1	量测断面面积	0.070	0.020	3.384	3.488	0.001
	超挖面积	−0.045	0.020	−1.938	−2.252	0.027
	欠挖面积	0.092	0.021	0.832	4.401	0.000

a. 因变量：平均线性超挖

由表 3-5 可知，T 检验的 p 值中，量测断面面积的 Sig. 为 0.001，超挖面积的 Sig. 为 0.027，欠挖面积的 Sig. 为 0.000，均小于 0.05，表明模型相关性非常明显。因此，可以建立平均线性超挖与量测断面面积、超挖面积、欠挖面积的多元线性回归模型，即

$$y = -9.783 + 0.070x_1 - 0.045x_2 + 0.092x_3 \tag{3.6}$$

同理，建立的量测断面面积与超挖面积、欠挖面积、平均线性超挖的多元线性回归模型为

$$y = 139.395 + 0.946x_1 - 1.067x_2 + 2.054x_3 \tag{3.7}$$

建立的超挖面积与量测断面面积、欠挖面积、平均线性超挖的多元线性回归模型为

$$y = -144.784 + 1.039x_1 + 1.093x_2 - 1.453x_3 \tag{3.8}$$

建立的欠挖面积与量测断面面积、超挖面积、平均线性超挖的多元线性回归模型为

$$y = 127.961 - 0.918x_1 + 0.856x_2 + 2.308x_3 \tag{3.9}$$

综合分析以上回归模型可知，平均线性超挖与量测断面面积、欠挖面积成正相关，量测断面面积与超挖面积正相关，超挖面积与欠挖面积正相关。

3.5 隧道光爆质量三维可视化数字模型

利用隧道断面仪量测的光爆超挖、欠挖、超挖面积、欠挖面积、量测断面面积等数据，基于 Geomagic Studio 软件，建立隧道光爆质量三维可视化数字模型（见图 3-41~图 3-43），再现隧道光爆超欠挖的真实结构特性。

基于 Geomagic Studio 软件提供的量测工具，可对建立的隧道光爆三维可视化模型进行面积、体积量测。以第 4 循环里程 28.45 m 为例（见图 3-44），横截面为 S1，其量测断面面积为 142.7 m^2，总体积 123.17 m^3。也可在可视化模型的基础上进行距离量测、超欠挖点定位等操作，实现隧道光爆围岩超欠挖和爆破施工过程相互结合，让使用者非常方便地得到指定隧道开挖断面的超挖、欠挖、平整度等直观信息，同时可不断地将现场采集的超挖、欠挖等最新信息录入，利用反馈的信息，实时进行可视化显示，及时为后续隧道光爆设计、质量控制、质量评价提供最新动态并作为决策的参考依据。

图 3-41　隧道光爆质量三维可视化右视模型

图 3-42　隧道光爆质量三维可视化左视模型

图 3-43　隧道光爆质量三维可视化正视模型

图 3-44　三维可视化模型量测示意

3.6 红外热像扫描分析

隧道在爆破荷载作用下围岩的断裂扩展过程非常复杂。炸药爆炸后，爆炸冲击波或应力波迅速向外传播,炮眼周围的岩石因受到强烈的压缩而破碎,这一过程虽然获得了需要的隧道线型,但是却对隧道围岩造成扰动。炸药在极短的时间内爆炸,温度达2 000~5 000 ℃,当岩石破碎后温度又迅速降低,这种温度变化使围岩遭受爆破温度应力集中效应,从而造成围岩结构损伤,产生缺陷,加之围岩自身结构的缺陷,往往使隧道光爆达不到理想的效果,产生大量的超挖和欠挖,严重影响隧道光爆成型的质量。因此,应基于红外热像原理[189,190],分析隧道掌子面、节理裂隙等不同部位的红外温度异常区域的温度分布、温度变化范围,进而对围岩缺陷进行判断,分析其分布规律。

隧道光爆掌子面全红外图像与全可见光图像对比见图3-45~图3-47。分析可知,隧道上部主要为砂岩,下部主要为泥岩,由于不同岩性其密实性与均匀性不同,在热交换过程中会对掌子面表面温度产生影响,进而在对应的掌子面表面位置形成与周围岩石表面有差异的温度区域,因此,隧道岩层分界处红外温差十分明显,隧道掌子面底部的红外温度最低,中部的红外温度次之,上部的红外温度最高。

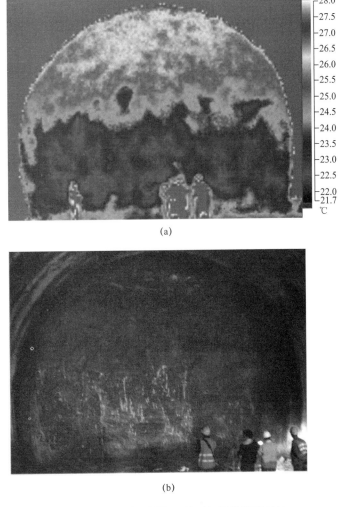

图3-45 隧道光爆第3循环红外热像图对比
(a) 全红外图;(b) 全可见光图

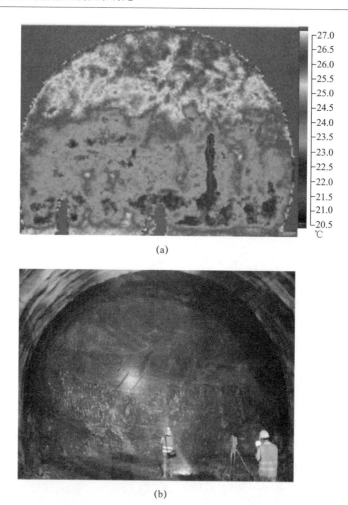

图 3-46 隧道光爆第 5 循环红外热像图对比
(a) 全红外图；(b) 全可见光图

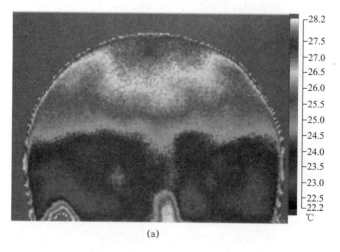

图 3-47 隧道光爆第 9 循环红外热像图对比（一）
(a) 全红外图

图 3-47 隧道光爆第 9 循环红外热像图对比（二）
(b) 全可见光图

选取有代表性的隧道光爆掌子面节理裂隙红外热像对比见图 3-48～图 3-51。综合分析可知，在隧道光爆施工过程中，由于隧道围岩受爆炸荷载、岩石本身节理裂隙等众多因素影响，导致围岩局部结构的密实性不足、厚薄不均匀，因此岩石节理裂隙部位和岩石破碎部位红外温度低，如图 3-48 中点 P2、P4、P6、P7 的红外温度分别为 23.1℃、22.8℃、22.7℃、22.8℃，图 3-49 中点 P0、P4 红外温度分别为 22.7℃、22.3℃，图 3-50 中点 P0、P2、P3、P4、P5、P6 的红外温度分别为 24.1℃、25.0℃、24.8℃、25.0℃、24.2℃、25.0℃，图 3-51 中点 P0、P1、P2、P3、P4、P5 的红外温度分别为 23.8℃、23.6℃、23.8℃、23.7℃、23.5℃、23.9℃；岩石突出部位红外温度高，在全红外图中可以看到明显的高对比度颜色，如图 3-48 中点 P0、P1、P3、P5 的红外温度分别为 23.7℃、

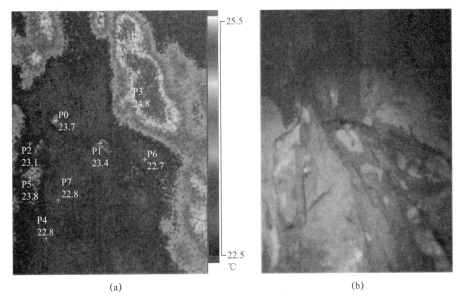

图 3-48 隧道光爆第 4 循环节理裂隙红外对比
(a) 全红外图；(b) 全可见光图

23.4℃、24.8℃、23.8℃，图 3-49 中点 P1、P2、P3 的红外温度分别为 26.6℃、25.9℃、23.5℃，图 3-50 中点 P1、P7、P8 的红外温度分别为 26.0℃、26.5℃、25.9℃，图 3-51 中点 P6、P7、P8、P9、P10、P11 的红外温度分别为 24.6℃、25.0℃、25.1℃、25.4℃、25.0℃、25.0℃，表明在爆炸荷载作用下，其内部结构产生损伤，使结构密实性降低，存在缺陷，其与密实性较好的岩石相比，热流传入受到阻碍，造成结构表面温度较高。

因此，红外热像仪能大范围、快速、连续地对隧道光爆掌子面围岩内部的缺陷进行检测，并能准确判断隧道掌子面围岩内部缺陷的位置，为隧道光爆炮眼布置、装药参数确定提供重要的地质信息，避免围岩缺陷对隧道光爆成型质量的影响。

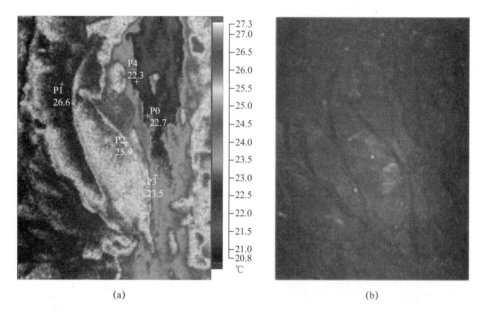

图 3-49　隧道光爆第 5 循环节理裂隙红外对比 1
（a）全红外图；（b）全可见光图

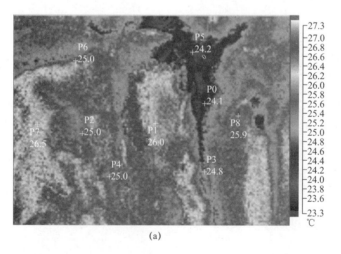

图 3-50　隧道光爆第 5 循环节理裂隙红外对比 2（一）
（a）全红外图

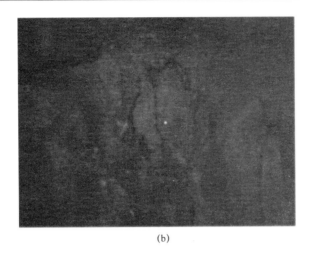

(b)

图 3-50　隧道光爆第 5 循环节理裂隙红外对比 2（二）

(b) 全可见光图

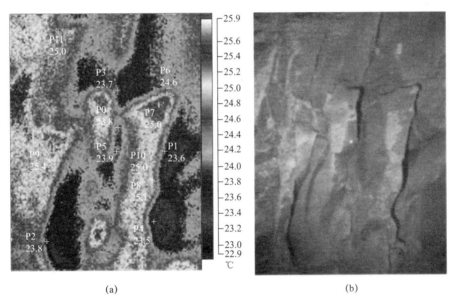

图 3-51　隧道光爆第 6 循环节理裂隙红外对比

(a) 全红外图；(b) 全可见光图

3.7　小结

本研究以成渝高铁大安隧道工程为背景，基于设计的隧道光爆质量控制因素试验方案和光爆质量数据采集方案，从横断面、纵断面、隧道光爆质量三维可视化数字模型、红外热像等方面系统研究了基于控制因素的隧道光爆质量与评价指标的关系以及光爆质量各影响因子的分布规律，为分析、确定影响隧道光爆质量的主要影响因素以及评价、控制隧道光爆质量提供了基础数据。其主要研究结论如下。

（1）超欠挖在横断面上服从正态分布，建立了超欠挖概率分布模型。

（2）最大超挖主要位于左线边墙，其次是右线拱部，再次是左线拱部；最大欠挖主要位于右线边墙，其次是左线拱部；隧道右线的超挖量总体上小于左线，而隧道右线的欠挖量总体上大于左线。

（3）最大超挖、平均线性超挖、量测断面面积、超挖面积在纵断面上均服从正态分布，并分别建立了最大超挖、平均线性超挖、量测断面面积、超挖面积的概率分布模型。

（4）基于多元回归模型，分别建立了平均线性超挖、量测断面面积、超挖面积、欠挖面积的多元线性回归模型，揭示了平均线性超挖与量测断面面积、欠挖面积正相关，量测断面面积与超挖面积正相关，超挖面积与欠挖面积正相关。

（5）建立了隧道光爆质量三维可视化数字模型，能再现隧道光爆超欠挖的真实结构特性。

（6）红外热像仪能大范围、快速、连续地对隧道光爆掌子面围岩内部的缺陷进行检测，并能准确判断隧道掌子面围岩内部缺陷的位置，可为隧道光爆炮眼布置、装药参数确定提供重要的地质信息。研究表明，隧道岩层分界处红外温差十分明显，隧道掌子面底部的红外温度最低，中部的红外温度次之，上部的红外温度最高；岩石节理裂隙部位和岩石破碎部位红外温度低，岩石突出部位红外温度高。

第4章 基于岩石动力响应的隧道光爆质量控制因素数值试验

4.1 引言

岩石爆破破碎受力情况极为复杂,加之岩石性质的复杂性、爆破条件的多变性,使隧道光爆质量控制较为困难,往往达不到理想的效果,产生大量的超挖和欠挖。目前,评定隧道光爆质量国内外尚无统一的标准[6,162],如何定量、分级评定隧道光爆质量是亟待解决的重要课题。如果完全采用试验的方法对其进行研究,则需要耗费大量的人力、物力和财力,同时受具体试验条件限制,缺乏普遍性,不能做到细致、完整、全面地认识岩石光爆成型的过程和精确地量测隧道光爆造成的超挖、欠挖。而数值试验相比试验法而言更具有优越性,其可不受具体试验条件的限制,可以通过建立任意宏观模型或微观模型对试验中不易观察的物理过程进行模拟与计算,达到定性、定量解决问题的目的,以节约材料,降低工程造价。

目前,常用的爆破数值试验方法有:有限元法、有限差分法、离散元法、不连续变形分析法,有限元法主要程序有 LS-DYNA、AUTODYN、PRONTO、ABAQUS,有限差分法主要程序有 SHALE-3D,离散元法主要程序有 DMC、不连续变形分析法主要有DDA,但就其应用的广泛性和实用性而言,使用最多的还是有限元法。有限元法是将连续介质离散化、把定解区域分割成若干个小单元体集合的近似解法[191]。它适用于特别复杂的结构或构造,可以把它们离散为由单元组合体表示的有限元模型,同时适用于各种动力、线弹性、弹塑性、黏弹性、流体力学、热传导等物理问题,能够保证有限元方程求解的可靠性。

LS-DYNA 是著名的显示非线性动力分析通用有限元程序,能够模拟现实世界中各种复杂的几何非线性、材料非线性和接触非线性等问题,已广泛应用于求解各种二维、三维非线性结构的爆炸、高速碰撞等大变形动力响应[45,192,193]。虽然 LS-DYNA 具有强大的计算分析功能,但在其前处理功能相对较弱[194],只能建立相对简单的数值模型。1997年,美国 ANSYS 公司购买了 LS-DYNA3D 的使用权,形成了 ANSYS/LS-DYNA,相对弥补了其建模存在的不足。但在使用过程中,LS-DYNA3D 的某些功能并不能直接在 ANSYS/LS-DYNA 中使用,如某些特殊材料模型、特殊边界条件、特殊算法等只能在 LS-DYNA3D 关键字中进行修改,然后再提交 LS-DYNA3D 进行计算。因此,引入 HYPERMESH,利用其高质量高效率的有限元前处理程序[195]对 LS-DYNA3D 进行前处理,包括几何模型修改、网格划分、网格检查与优化等,可大大提高前处理的效率和质量。本章基于 HYPERMESH 和 LS-DYNAN 联合建模求解技术,建立三维隧道光爆有限元模型对隧道光爆质量进行研究。

4.2 程序算法

4.2.1 LS-DYNA 程序算法

LS-DYNA 程序算法[13,182,196]主要包括控制方程、空间有限元离散化、沙漏问题、应力计算、时间积分和时间步长控制。

（1）控制方程。

设初始时刻的质点坐标为 $X_i(i=1,2,3)$，在 t 时刻该质点的坐标为 $x_i(i=1,2,3)$，则该质点的运动方程是

$$x_i = x_i(X_j,t)(i=1,2,3) \tag{4.1}$$

当 $t=0$ 时，初始条件是

$$x_i(X_j,0) = X_i \tag{4.2}$$

$$\dot{x}_i(X_j,0) = V_i(X_j,0) \tag{4.3}$$

式中，V_i 为质点 X_j 的初始速度。

① 动量方程。

$$\sigma_{ij,j} + \rho f_i = \rho \ddot{x}_i \tag{4.4}$$

式中，σ_{ij} 为 Cauchy 应力；ρ 为当前密度；f_i 为单位质量体积力；$\ddot{x}_i$ 为质点加速度。动量方程必须满足面力边界、位移边界和间断接触界面条件，见图 4-1。

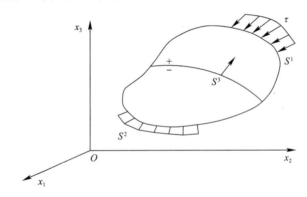

图 4-1 边界条件示意

在面力边界 S^1 上满足

$$\sigma_{ij} n_j = t_i(t) \tag{4.5}$$

式中，$n_j(j=1,2,3)$ 为边界 S^1 外法线方向余弦；$t_i(i=1,2,3)$ 为面力载荷。

在位移约束边界 S^2 上满足

$$x_i(X_j,t) = D_i(t) \tag{4.6}$$

式中，$D_i(t)(i=1,2,3)$ 为位移约束。

在间断接触交界面 S^3 上满足

$$(\sigma_{ij}^+ - \sigma_{ij}^-) n_j = 0 \tag{4.7}$$

② 质量方程。

$$\rho V = \rho_0 \tag{4.8}$$

式中，ρ_0 为初始密度；$V=|F_{ij}|$ 为相对体积，$F_{ij}=\dfrac{\partial x_i}{\partial X_j}$ 为变形梯度。

③ 能量方程。

$$\dot{E}=VS_{ij}\dot{\varepsilon}_{ij}-(p+q)\dot{V} \tag{4.9}$$

$$S_{ij}=\sigma_{ij}+(p+q)\delta_{ij} \tag{4.10}$$

$$p=-\dfrac{1}{3}\delta_{kk}-q \tag{4.11}$$

式中，V 为现时构型体积；S_{ij} 为偏应力；$\dot{\varepsilon}_{ij}$ 为应变率张量；p 为压力；q 为体积黏性；δ_{ij} 为 Kronecker 记号（当 $i=j$ 时，$\delta'_{ij}=1$，否则 $\delta_{ij}=0$）。

④ 虚功方程。

守恒方程的弱解形式为

$$\int_V(\rho\ddot{x}_i-\sigma_{ij,j}-\rho f_i)\delta x_i\mathrm{d}V+\int_{S^1}(\sigma_{ij}n_j-t_i)\delta x_i\mathrm{d}S+\int_{S^3}(\sigma_{ij}^+-\sigma_{ij}^-)n_j\delta x_i\mathrm{d}S=0 \tag{4.12}$$

式中，V 为现时构型体积；δx_i 在 S^2 上满足位移边界条件。

通过散度定理，可知

$$\int_V(\sigma_{ij}\delta x_i)_{,j}\mathrm{d}V=\int_{S^1}\sigma_{ij}n_j\delta x_i\mathrm{d}S+\int_{S^3}(\sigma_{ij}^+-\sigma_{ij}^-)n_j\delta x_i\mathrm{d}S=0 \tag{4.13}$$

$$(\sigma_{ij}\delta x_i)_{,j}-\sigma_{ij,j}\delta x_i=\sigma_{ij}\delta x_{i,j} \tag{4.14}$$

因此，对上式进行改写，可得虚功方程为

$$\delta\prod=\int_V\rho\ddot{x}_i\delta x_i\mathrm{d}V+\int_V\sigma_{ij}\delta x_{i,j}\mathrm{d}V-\int_V\rho f_i\delta x_i\mathrm{d}V-\int_{S^i}t_i\delta x_i\mathrm{d}S=0 \tag{4.15}$$

(2) 空间有限元离散化。

以 8 节点六面体实体单元为例，单元体内任一点的固定坐标可表示为

$$x_i(X_j,t)=x_i(X_j(\xi,\eta,\zeta),t)=\sum_{k=1}^{8}\phi_k(\xi,\eta,\zeta)x_i^k(t) \quad i=1,2,3 \tag{4.16}$$

式中，ξ，η，ζ 为自然坐标；$x_i^k(t)$ 为 t 时刻第 k 节点的坐标值；ϕ_k 为形状函数。

$$\phi_k(\xi,\eta,\zeta)=\dfrac{1}{8}(1+\xi\xi_k)(1+\eta\eta_k)(1+\zeta\zeta_k) \quad k=1,2,3,\cdots,8 \tag{4.17}$$

设整个构型离散化为 N 个单元，则

$$\delta\prod=\sum_{m=1}^{N}\delta\prod{}_m=0$$

故有

$$\sum_{m=1}^{N}\left\{\int_{V_m}\rho\ddot{x}_i\phi_i^m\mathrm{d}V+\int_{V_m}\sigma_{ij}^m\phi_{ij}^m\mathrm{d}V-\int_{V_m}\rho f_i\phi_i^m\mathrm{d}V-\int_{S_1^m}t_i\phi_i^m\mathrm{d}S\right\}=0 \tag{4.18}$$

式中，$\phi_i^m=(\phi_1,\phi_2,\cdots,\phi_8)_i^m$，记为矩阵形式，有

$$\sum_{m=1}^{N}\left\{\int_{V_m}\rho N^TN\mathrm{d}Va+\int_{V_m}B^T\sigma\mathrm{d}V-\int_{V_m}\rho N^Tb\mathrm{d}V-\int_{S_1^m}N^Tt\mathrm{d}S\right\} \tag{4.19}$$

插值矩阵为

$$[N(\xi,\eta,\zeta)]=\begin{bmatrix}\phi_1 & 0 & 0 & \cdots & \phi_8 & 0 & 0\\ 0 & \phi_1 & 0 & \cdots & 0 & \phi_8 & 0\\ 0 & 0 & \phi_1 & \cdots & 0 & 0 & \phi_8\end{bmatrix}_{3\times 24} \tag{4.20}$$

Cauchy 应力矢量为

$$\sigma = (\sigma_{xx}, \sigma_{yy}, \sigma_{zz}, \sigma_{xy}, \sigma_{yz}, \sigma_{zx})^T$$

则应变位移矩阵 B 为

$$B = \begin{bmatrix} \phi_{1,1} \\ \phi_{2,2} \\ \phi_{3,3} \\ \phi_{1,2} \\ \phi_{2,3} \\ \phi_{3,1} \end{bmatrix} = \begin{bmatrix} \dfrac{\partial}{\partial x} & 0 & 0 \\ 0 & \dfrac{\partial}{\partial y} & 0 \\ 0 & 0 & \dfrac{\partial}{\partial z} \\ \dfrac{\partial}{\partial y} & \dfrac{\partial}{\partial x} & 0 \\ 0 & \dfrac{\partial}{\partial z} & \dfrac{\partial}{\partial y} \\ \dfrac{\partial}{\partial z} & 0 & \dfrac{\partial}{\partial x} \end{bmatrix} N \quad (4.21)$$

a 代表节点加速度，b 为体力矢量，t 为面力矢量，有

$$B = \begin{bmatrix} \ddot{x}_1 \\ \ddot{x}_2 \\ \ddot{x}_3 \end{bmatrix} = N \begin{bmatrix} a_{x_1} \\ \vdots \\ a_{y_2} \\ \vdots \\ a_{y_8} \\ a_{z_8} \end{bmatrix} = Na \quad (4.22)$$

$$b = \begin{bmatrix} f_x \\ f_y \\ f_z \end{bmatrix}, \quad t = \begin{bmatrix} t_x \\ t_y \\ t_z \end{bmatrix} \quad (4.23)$$

用 LS-DYNA3D 程序将单元质量矩阵 $m = \int_{V_m} \rho N^T N dV$ 的同一行矩阵都合并到对角元素项，形成集中质量矩阵。经过单元计算并组集后，可表达为

$$\delta x^T [M\ddot{x}(t) + F(x, \dot{x}) - P(x, t)] = 0 \quad (4.24)$$

或

$$M\ddot{x}(t) = P(x, t) - F(x, \dot{x}) \quad (4.25)$$

式中，M 为总体质量矩阵；$\ddot{x}(t)$ 为总体节点加速度矢量；P 为总体载荷矢量，由节点荷载、面力、体力等组成；F 为单元应力场的等效节点矢量，即

$$F = \sum_{m=1}^{n} \int_{V_m} B^T \sigma dV \quad (4.26)$$

（3）沙漏问题。

程序主要采用沙漏黏性阻尼控制零能模式，主要算法为 Standard 算法。

单元各节点处沿 x_i 轴方向引入沙漏黏性阻尼力为

$$f_{ik} = -a_k \sum_{j=1}^{4} h_{ij} \Gamma_{jk} \quad i = 1, 2, 3 \quad k = 1, 2, \cdots, 8 \quad (4.27)$$

式中，h_{ij} 为沙漏模态的模，$h_{ij} = \sum_{k=1}^{8} \dot{x}_i^k \Gamma_{jk}$；负号表示沙漏阻尼力分量 f_{ik} 的方向与沙漏模态 Γ_{jk} 的变形方向相反；$a_k = Q_{hg}\rho V_e^{2/3}C/4$，$V_e$ 为单元体积，C 为材料声速，Q_{hg} 为常系数，通常取 $0.05\sim 0.15$。

将各单元节点沙漏阻尼力组集成总体结构沙漏黏性阻尼力 H，则非线性运动方程（4.25）应改写为

$$M\ddot{x}(t) = P(x,t) - F(x,\dot{x}) + H \tag{4.28}$$

高速碰撞在结构内部产生应力波，形成密度、压力、质点加速度和能量的跳跃，造成动力学微分方程组求解困难。因此，引进人工体积黏性控制以消除冲击波间断，即

$$q = \begin{cases} \rho l (c_0 l |\dot{\varepsilon}_{kk}|^2 - c_1 a |\dot{\varepsilon}_{kk}|) & \dot{\varepsilon}_{kk} < 0 \\ 0 & \dot{\varepsilon}_{kk} \geqslant 0 \end{cases} \tag{4.29}$$

式中，l 为特征长度，$l = \sqrt[3]{V}$；a 为局部声速；$|\dot{\varepsilon}_{kk}|$ 为应变率张量，即 $|\dot{\varepsilon}_{11} + \dot{\varepsilon}_{22} + \dot{\varepsilon}_{33}|$；$c_0$、$c_1$ 为无量纲常数。

引入 q 后，应力计算公式为

$$\sigma_{ij} = S_{ij} + (p+q)\delta_{ij} \tag{4.30}$$

式中，p 为压力；S_{ij} 为偏应力张量。

（4）应力计算。

应力计算按时间增量进行积分，有

$$\sigma_{ij}(t+dt) = \sigma_{ij}(t) + \dot{\sigma}_{ij}dt \tag{4.31}$$

若不考虑体积黏性对应力张量的影响，则有

$$\dot{\sigma}_{ij} = \overset{\nabla}{\sigma} + \sigma_{ik}\Omega_{kj} + \sigma_{jk}\Omega_{ki} \tag{4.32}$$

式中，$\Omega_{ij} = \frac{1}{2}\left(\frac{\partial v_j}{\partial x_i} - \frac{\partial v_i}{\partial x_j}\right)$ 为旋转张量；$\overset{\nabla}{\sigma}_{ij} = C_{ijkl}\dot{\varepsilon}_{kl}$ 为 Jaumann 应力率，C_{ijkl} 为与应力相关的本构矩阵，$\dot{\varepsilon}_{kl}$ 为应变率张量，$\dot{\varepsilon}_{kl} = \frac{1}{2}\left(\frac{\partial v_i}{\partial x_j} + \frac{\partial v_j}{\partial x_i}\right)$。

对于 $\dot{\varepsilon}_{kl}$ 和 Ω_{ij}，利用应变—位移矩阵 $\frac{\partial v_i}{\partial x_j} = \sum_{k=1}^{8}\frac{\partial \phi_k}{\partial x_j}v_i^k$ 在单元中心取值，应力为

$$\sigma_{ij}^{n+1} = \sigma_{ij}^n + (\sigma_{ip}^n \Omega_{pj}^{n+\frac{1}{2}} + \sigma_{jp}^n \Omega_{pi}^{n+\frac{1}{2}})\Delta t^{n+\frac{1}{2}} + C_{ijkl}\dot{\varepsilon}_{ij}^{n+\frac{1}{2}}\Delta t^{n+\frac{1}{2}} \tag{4.33}$$

（5）时间积分和时步长控制。

对于非线性运动方程（4.28）考虑阻尼影响后，有

$$M\ddot{x}(t) = P - F + H - C\dot{x} \tag{4.34}$$

其时间积分采用显示中心差分法，算式为

$$\ddot{x}(t_n) = M^{-1}\left[P(t_n) - F(t_n) + H(t_n) - C\dot{x}(t_{n-\frac{1}{2}})\right]$$

$$\dot{x}(t_{n+\frac{1}{2}}) = \dot{x}(t_{n-\frac{1}{2}}) + \frac{1}{2}(\Delta t_{n-1} + \Delta t_n)\ddot{x}(t_n) \tag{4.35}$$

$$x(t_{n+1}) = x(t_n) + \Delta t_n \dot{x}(t_{n+\frac{1}{2}})$$

式中，$t_{n-\frac{1}{2}} = \frac{1}{2}(t_n + t_{n-1})$；$t_{n+\frac{1}{2}} = \frac{1}{2}(t_{n+1} + t_n)$；$\Delta t_{n-1} = (t_n - t_{n-1})$；$\Delta t_n = (t_{n+1} - t_n)$；$\ddot{x}(t_n)$、$\dot{x}(t_{n+\frac{1}{2}})$、$x(t_{n+1})$ 分别是 t_n、$t_{n+\frac{1}{2}}$、t_{n+1} 时刻的节点加速度矢量。

时步长控制的主要算法为：先计算每一个单元的极限时步长 $\Delta t_{ei}, i=1,2,\cdots$ 则下一时步长 Δt 取其极小值，即

$$\Delta t = \min(\Delta t_{e1}, \Delta t_{e2}, \cdots, \Delta t_{em}) \tag{4.36}$$

式中，Δt_{ei} 为第 i 个单元的极限时步长；m 是单元数目。

对于三维实体单元的极限步长 Δt_e 为

$$\Delta t_e = \frac{\alpha L_e}{\left[Q + (Q^2 + c^2)^{\frac{1}{2}}\right]} \tag{4.37}$$

式中，$Q = \begin{cases} C_1 c + C_0 L_e |\dot{\varepsilon}_{kk}| & \dot{\varepsilon}_{kk} < 0 \\ 0 & \dot{\varepsilon}_{kk} \geq 0 \end{cases}$，$L_e$ 是特征长度，C_0、C_1 为无量纲常数；c 为材料的声速。

4.2.2　HyperMesh 程序算法

HyperMesh 是一个针对有限元主流求解器的高性能有限元前后处理软件[195,197]，是 Altair HyperWorks 中的模块之一，它可与大多数有限元分析软件搭配使用，如 LS-DYNA、ANSYS 等。通过此模块，工程设计人员可以在一个高度交互式的可视化环境中建立有限元模型、划分高质量的网格等，其主要优越性如下。

① 可直接输入已有的三维 CAD 几何模型和有限元模型，能保证导入模型的质量和导入的效益，避免重复工作，节约前处理建模时间和减少建模费用。

② 具有强大的几何处理能力，能对导入的几何模型和有限元模型进行几何清理，通过专用工具修补复杂曲面、消除各种缝隙以及去除小孔、相贯倒角等。

③ 具有强大的网格划分功能，包括 1D、2D、3D 等多种网格单元的划分，特别是能划分高质量的六面体网格，并能对每一个平面进行网格参数的调整，例如单元密度、网格划分算法等，能实时控制单元质量，确保计算结果的精确度。

④ 可直接在 HyperMesh 中建立材料卡片、几何与单元集，并能通过专用工具实时检查材料卡片、几何和单元集属性赋予的正确性。

利用 HyperMesh 进行前后处理，主要算法如下。

（1）几何清理。

HyperMesh 可以实现从三维模型创建、编辑以及进行已有模型几何清理的多种操作。几何清理主要指通过恰当的拓扑关系、模型简化和清除无关顶点的方式对几何数据进行修复。主要通过 autocleanup 面板，对模型进行拓扑渲染，观察模型的自由边、共享边、T 形边，找到模型连接不正确的位置，并对模型进行几何修复，包括删除圆角处突出的面、创建面填补模型中较大的间隙、缝合自由边、删除重合面等，其算法操作见图 4-2。

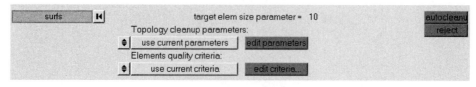

图 4-2　几何清理

（2）3D 网格划分。

在 HyperMesh 中，3D 实体网格划分主要是指六面体和五面体单元的划分。HyperMesh 实体网格划分功能强大，主要算法由 solid map、linear solid、solid mesh、drag、spin、line drag 等面板实现（见图 4-3）。针对不同的实体单元，可选用不同的算法，对于六面体单元网格划分，可选用 solid map 进行划分，solid map 算法共包括 general、line drag、linear solid、ends only、one volume、multi solids 等 6 种子算法（见图 4-4），网格生成算法可根据需要选择 mixed、quads、trias、R-trias、quads only 等算法，单元尺寸大小可由 elem size 和 density 实现。

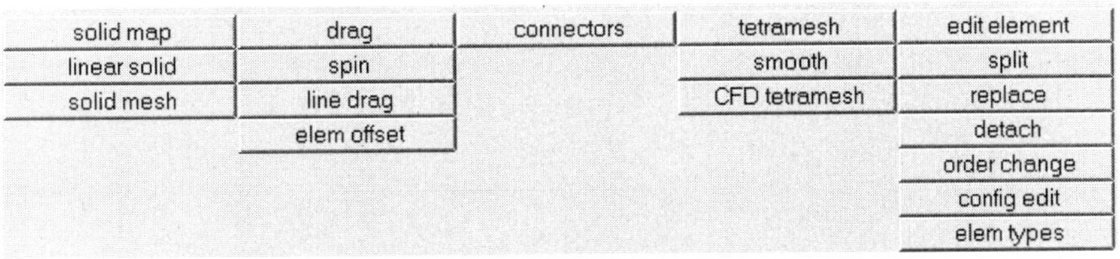

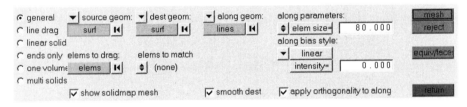

图 4-3　3D 网格划分

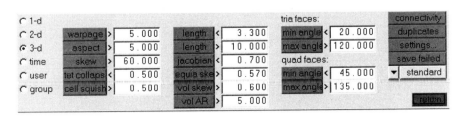

图 4-4　solid map 算法

（3）网格光顺。

HyperMesh 中有 3 种光滑算法，即 autodeciding、size correcting、shape correcting。autodeciding 光滑算法，默认情况下，HyperMesh 横贯区域的周长是在单元边长长度中寻找变化，并在 size correcting 和 shape correcting 光滑算法中选择；size correcting 光滑算法尝试使单元尺寸边平坦，HyperMesh 使用一个超松弛的拉普拉斯算子正确处理四边形与三角形单元的混合；shape correcting 光滑算法尝试修正单元的形状，允许单元尺寸上的各种变化，HyperMesh 使用超松弛的等参重心算子正确处理四边形单元和三角形单元的混合。

（4）网格质量检查。

对创建的六面体、五面体等网格单元进行质量检查，关系到有限元模型计算的精确度。HyperMesh 具有强大的网格质量检查功能，可对 1D、2D、3D 网格进行系统的检查（见图 4-5），可由 check elems 算法完成网格质量检查，主要包括 jacobian、skew、warpage 等算法。

图 4-5　check elems 算法

4.3 隧道光爆质量 3D 数值模型构建

4.3.1 三维数值试验的目的

大断面隧道光爆质量现场试验实施的难度和危险性均较大,且试验费用高并缺乏普遍性,而三维数值试验采用最接近实际的数学物理模型,可以最少的费用和可靠的结论解决现场试验中不易解决的问题。同时,隧道光爆质量受众多因素影响,全面地考虑这些影响因素将使计算方法非常复杂,并难以在隧道光爆实践中得到普遍应用,因此,采用试验设计的优化方法开展数值试验,即正交试验法研究隧道光爆质量控制因素的敏感性。试验设计优化法是一种有限元数值试验与数理统计相结合的实用优化方法,其可通过对隧道光爆质量控制指标的有机结合,形成有限个光爆试验设计方案,计算岩石动力响应,得到控制指标与评价指标的关系以及控制指标对评价指标的影响程度,确定光爆质量最优控制指标体系与光爆设计方案。

本章以成渝高铁大安隧道工程为原型,基于岩石动力响应,利用 HyperMesh 和 LS-DYNAN 建立隧道光爆质量 3D 有限元模型,对光爆质量控制指标的敏感性进行分析,进而优化控制指标,确定最优隧道光爆质量设计方案[64]。

4.3.2 隧道光爆质量 3D 数值试验方案

隧道光爆质量控制的影响因素较多,包括周边眼间距、最小抵抗线、相对距离等,这些因素并非单调影响隧道光爆的质量,各个因素之间可能存在相互作用。因此,为获取可靠的隧道光爆质量数据、减少试验工作量,分析各因素的敏感性、合理安排隧道光爆试验非常必要。

本章基于归纳总结的隧道光爆质量主要控制指标,利用正交试验法进行数值试验,使各影响因素的水平能均匀搭配,既不要重复也不遗漏,从而以较少的试验次数获得较多的光爆质量信息。光爆质量正交试验设计因素和水平见表 4-1。

隧道光爆质量正交试验设计因素和水平　　　　　　　　表 4-1

水平	因素						
	周边眼间距 E(cm)	最小抵抗线 W(cm)	相对距离 E/W	线装药密度 D(kg/m)	围岩级别 R	爆速 V(m/s)	测量放线 M
1	50	55	0.93	0.15	Ⅲ	3 200	合格
2	60	60	1	0.25	Ⅳ	5 200	差
3	70	65	1.07	0.35	—	—	—
4	80	70	1.14	0.45	—	—	—

表 4-1 中,围岩类别 R 的正交实验设计水平 1 和水平 2 覆盖了Ⅲ级和Ⅳ级围岩的物理力学参数,见表 4-2。

围岩类别正交试验设计水平　　　　　　　　表 4-2

水平	围岩类别的物理力学参数						
	类别	密度 (g/cm³)	内摩擦角 (°)	黏聚力 (MPa)	弹性模量 (GPa)	泊松比	节理发育 (组)
1	Ⅲ	2.45	33	0.6	10	0.28	0
2	Ⅳ	2.15	15	0.05	1.2	0.4	2

正交试验设计中,主要研究的因素包括周边眼间距、最小抵抗线、相对距离、线装药密度、围岩类别、爆速、测量放线等 7 个因素。其中,周边眼间距、最小抵抗线、相对距离、线装药密度等 4 个因素每个因素均取 4 个水平,围岩类别、爆速、测量放线等 3 个因素每个因素均取 2 个水平。若不考虑各因素间的交互作用,选用正交表 $L_{16}(4^4 \times 2^3)$ 进行正交试验设计,则共进行 16 次试验,是全面试验次数的 0.78%,试验方案见表 4-3。

隧道光爆质量正交试验设计方案 表 4-3

工况	因素						
	周边眼间距 E(cm)	最小抵抗线 W(cm)	相对距离 H(E/W)	线装药密度 D(kg/m)	围岩类别 R	爆速 V(m/s)	测量放线 M
1	50	55	0.93	0.15	1	3 200	1
2	50	60	1	0.25	1	5 200	2
3	50	65	1.07	0.35	2	3 200	2
4	50	70	1.14	0.45	2	5 200	1
5	60	55	1	0.35	2	5 200	1
6	60	60	0.93	0.45	2	3 200	2
7	60	65	1.14	0.15	1	5 200	2
8	60	70	1.07	0.25	1	3 200	1
9	70	55	1.07	0.45	1	5 200	2
10	70	60	1.14	0.35	1	3 200	1
11	70	65	0.93	0.25	2	5 200	1
12	70	70	1	0.15	2	3 200	2
13	80	55	1.14	0.25	2	3 200	2
14	80	60	1.07	0.15	2	5 200	1
15	80	65	1	0.45	1	3 200	1
16	80	70	0.93	0.35	1	5 200	2

4.3.3 材料本构模型与参数

隧道光爆质量数值试验主要的材料本构模型包括岩石、节理、炸药和空气等 4 种材料,其中岩石采用 JHC 爆破损伤模型,节理采用弹塑性材料模型,炸药采用岩石乳化炸药,空气采用空物质材料模型。

4.3.3.1 岩石材料本构模型与参数

采用岩石爆破损伤模型模拟岩石的动力学行为。岩石爆破损伤模型是目前最先进的岩石爆破理论模型[45],相比岩石爆破弹性模型和断裂模型,更关注缺陷的群体效应,更能体现岩石的非均质性,更接近爆破的实际。在 LS-DYNA3D 材料模型中,JHC 模型(JOHNSON_HOLMQUST_CONCRETE)是用于高应变率、大变形下的岩石与混凝土模型,其材料编号为 111,模型定义方式为 *Mat_JOHNSON_HOLMQUST_CONCRETE。此模型综合考虑了高应变率、大应变、高压效应,其等效屈服强度为压力、应变率与损伤的函数,而压力为体积应变的函数,损伤积累为塑性体积应变、等效塑性应和压力的函数[194,198,199]。

JHC 模型的表达式为

$$\sigma^* = [A(1-D) + BP^{*N}](1 + C\ln\dot{\varepsilon}^*) \quad (4.38)$$

式中，$\sigma^* = \sigma/f_c$，σ 为等效应力，f_c 为静单轴抗压强度；A 为归一化内聚力强度；D 为损伤因子；B 为无量纲压力硬化系数；$P^* = P/f_c$，为无量纲压力，P 为单元静水压力；C 为应变率系数；N 为压力硬化指数；$\dot{\varepsilon}^* = \dot{\varepsilon}/\dot{\varepsilon}_0$，为无量纲应变率，$\dot{\varepsilon}$ 为真实应变率，$\dot{\varepsilon}_0$ 为参考应变率。

损伤因子 D（$0 \leqslant D \leqslant 1$）由等效塑性应变和塑性体积应变累加得到，即

$$D = \sum \frac{\Delta \varepsilon_p + \Delta \mu_p}{\varepsilon_p^f + \mu_p^f} \quad (4.39)$$

式中，$\Delta \varepsilon_p$ 为等效塑性应变增量；$\Delta \mu_p$ 为等效体积应变增量；$\varepsilon_p^f + \mu_p^f = D_1(P^* + T^*)^{D_2} = f(P)$ 为常压 P 下材料断裂时的塑性应变，ε_p^f 为等效塑性应变，μ_p^f 为等效体积应变，P^* 和 T^* 为归一化压力与材料所能承受的归一化最大拉伸静水压力，$T^* = T/f_c$，T 为材料的最大拉伸强度，D_1、D_2 为损伤常数。

JHC 模型由于适应岩石和混凝土在爆炸荷载作用下出现的大应变、高应变率、高压强等情况，克服了早期岩石和混凝土本构模型大多仅适用于小应变、低应变率和低压强的情况，较真实地反映了爆炸荷载作用下岩石和混凝土的动力响应，且计算结果与试验数据比较吻合，因此在计算中被广泛应用[50,191,200-204]。本章采用 JHC 模型模拟岩石，由于 JHC 模型材料参数较多，故为准确获取模型中的每一个参数❶，并结合成渝高铁大安隧道室内试验，对模型的材料参数进行综合确定，模型材料参数见表 4-4。材料参数确定过程为：对于 C 值，文献[210]认为其是不依赖混凝土初始抗压强度的量，即 C 值是不变量，取 0.007，式（4.38）是一个无量纲的表达式，根据假设参数 A、B、N、C 只与材料的静态抗压强度有关，文献[209]认为这些参数对于不同的混凝土抗压强度是不变量，可依据文献[50]、文献[191]、文献[194]、文献[196]和文献[198-208]取值，即 A、B、N 分别取 0.79、1.6 和 0.61，对于损伤参数 D_2 可延续文献[198-208]中的给定值，取 1.0，D_1 可按照式（4.40）进行计算，其余参数如材料弹性体积 K、剪切模量 G 的计算参见文献[209]。

$$D_1 = 0.01/(1/6 + T^*) \quad (4.40)$$

式中，$T^* = T/f_c$，$T = 0.62(f_c)^{1/2}$。

JHC 模型材料参数　　　　　　　　表 4-4

密度（g/cm³）	黏聚力（MPa）	弹性模量（GPa）	泊松比	A	B	C
2.45/2.15	0.6/0.05	10/1.2	0.28/0.4	0.79	1.6	0.007
D_1	D_2	N	T	K_1	K_2	K_3
0.04	1.00	0.61	3.15×10^{-5}	0.174	0.388	0.298

4.3.3.2 节理材料本构模型与参数

节理材料本构模型采用与应变率无关的双线性随动硬化模型，用弹性和塑性两个斜率来表示材料的应力应变特性[194,196]。在 LS-DYNA3D 中，本构模型的定义方式为

---

❶ 基于文献[50]、文献[191]、文献[194]、文献[196]和文献[198-210]。

*MAT_PLASTIC_KINEMATIC，材料编号为003。此本构模型关系简单，参数较少，能消除爆破数值试验过程中的不确定性因素，因而得到了广泛应用[211-213]，其本构模型参数见表4-5。

节理材料模型参数　　表4-5

密度（g/cm³）	弹性模量（10^5 MPa）	泊松比	抗压强度（10^5 MPa）	剪切模型（10^5 MPa）	硬化参数
2.4	0.45	0.27	6.00×10^{-3}	0.177	0

4.3.3.3 炸药材料本构模型与参数

炸药材料本构模型选用高性能炸药及JWL状态方程进行描述[191,200,201,206,208,211-219]。JWL状态方程主要用于模拟炸药爆轰过程中的压力和比容的关系，即

$$P = A\left(1-\frac{\omega}{R_1 V}\right)\mathrm{e}^{-R_1 V} + B\left(1-\frac{\omega}{R_2 V}\right)\mathrm{e}^{-R_2 V} + \frac{\omega E_0}{V} \quad (4.41)$$

式中，P为压力；V为相对体积；E_0为初始比内能；A，B，R_1，R_2，ω为材料常数。

当描述炸药爆轰过程时，通常将JWL状态方程与燃烧模型连用。爆轰过程化学能释放用燃烧反应率和高性能炸药状态方程进行控制，有

$$P = F \cdot P_{\mathrm{EOS}} \quad (4.42)$$

$$F = \max(F_1, F_2) \quad (4.43)$$

$$F_1 = \begin{cases} \dfrac{2(t-t_1)D}{3(V_e - A_{e\max})} & t > t_1 \\ 0 & t \leqslant t_1 \end{cases} \quad (4.44)$$

$$F_2 = \frac{1-V}{1-V_{\mathrm{CJ}}} \quad (4.45)$$

式中，F为单元燃烧反应率；D为爆速；V_e为单元体积；$A_{e\max}$为单元最大表面积；V为单元当前相对体积；t为当前计算时间；V_{CJ}为Chapman-Jouguent相对体积。

在LS-DYNA3D中，高性能炸药材料模型的定义方式为*MAT_HIGH_EXPLOSIVE_BURN，材料编号为008，其JWL状态方程定义方式为*EOS_JEL。本章采用2号岩石乳化炸药❶，并结合隧道光爆试验情况，综合确定的炸药材料模型及其状态方程参数见表4-6。

炸药材料模型及其状态方程参数　　表4-6

密度（g/cm³）	爆速（cm/us）	CJ压力（10^5 MPa）	A（10^5 MPa）	B（10^5 MPa）	R_1	R_2	OMEG	E_0（10^5 MPa）
1.3	0.4	0.106	2.144	0.001 82	4.2	0.9	0.15	0.041 92

4.3.3.4 空气材料本构模型与参数

本章炮孔装药结构采用空气径向不耦合装药结构，采用Null空材料模型和线性多项式状态方程。在LS-DYNA3D中，Null空材料模型的定义方式为*MAT_NULL，材料编号为009；线性多项式状态方程的定义方式为*EOS_LINEAR_POLYNOMIAL。Null空材料模型的线性多项式状态方程可由压力进行表达[208,211-219]，即

---

❶ 根据文献[191]、文献[200，201]、文献[206]、文献[208，211-219]。

$$P = C_0 + C_1\mu + C_2\mu^2 + C_3\mu^3 + (C_4 + C_5\mu + C_6\mu^2)E_0 \tag{4.46}$$

式中，C_0，C_1，C_2，…，C_6 为状态方程的输入系数；$\mu = \dfrac{\rho_{\text{current}}}{\rho_{\text{initial}}} - 1$，为体积参数；$E_0 = \dfrac{P_{\text{initial}}}{\mu_{\text{initial}}}$，为内能参数。

根据隧道现场试验数据❶，综合考虑可得 Null 空材料模型及其状态方程参数，见表 4-7。

Null 空材料模型及其状态方程参数　　　表 4-7

密度（g/cm³）	C_0	C_1	C_2	C_3	C_4	C_5	C_6	E_0（10^5 MPa）
1.54×10^{-3}	0	0	0	0	0.4	0.4	0	2.50E-06

4.3.4　岩石强度破坏准则

岩石在爆炸荷载作用下发生变形，当应力及应变增大到一定程度时，岩石就会被破坏。这种用于表征岩石破坏条件的应力—应变函数称为破坏判据或强度准则。在爆炸荷载作用下，岩石的破坏准则取决于岩石的性质和实际的受力状况[220-222]。本章在选取岩石的强度破坏准则时，主要根据岩石的破坏特征，考虑岩石爆炸后产生的压碎区和破裂区而综合确定。在岩石爆破压碎区，炸药爆炸后产生的高压爆轰产物远远大于岩石的动态抗压强度而使岩石受压破坏，采用 Mises 破坏准则[50,55,220-224]；在岩石破裂区，由于冲击波和爆炸产物的共同作用，压碎区周围岩体中形成相互交错的径向裂隙和环状裂隙，故岩体以受拉破坏为主，岩体破坏准则[220-224]为

$$\begin{cases} \sigma_i > \sigma_{\text{yd}} \\ \sigma_l > \sigma_{\text{ld}} \end{cases} \tag{4.47}$$

$$\sigma_i = \sqrt{\dfrac{(\sigma_1 - \sigma_2)^2 + (\sigma_2 - \sigma_3)^2 + (\sigma_3 - \sigma_1)^2}{2}} \tag{4.48}$$

式中，σ_i 为等效应力；σ_l 为拉应力；σ_{yd} 为压碎区岩体的单轴动态抗压强度；σ_{ld} 为裂隙区岩体的单轴动态抗拉强度。

4.3.5　Erosion 算法

为模拟隧道爆破后设计轮廓线以内岩石的破碎和设计轮廓线之外岩石的保存情况，引入 Erosion 算法[194,200,225,226]。Erosion 算法可针对隧道光爆数值试验分析时采用的岩石、节理等材料模型，确定多种破坏标准，主要包括压力失效准则、等效应力失效准则、应变失效准则、剪应变失效准则等。本章在应用中主要使用等效应力失效准则。在 LS-DYNA3D 中，通过关键字 *MAT_ADD_EROSION 来实现有限单元的破坏。在数值试验分析时，假如某一个单元的应力或应变状态达到 Erosion 算法中确定的破坏准则，则该单元失效，有限元计算模型中将删除该单元，使其不再参与计算。

---

❶ 结合文献 [73]、文献 [206]、文献 [208，211-219]。

4.3.6 无反射边界条件

隧道光爆质量数值计算时，由于真实的围岩尺寸在长宽高方向上均远远大于数值试验的围岩尺寸，如果将边界节点进行简化，即用有限区域代替无限或半无限区域，将边界节点简化为固定边界来处理人为的离散问题，将会使爆炸应力波在该简化的边界处产生波的反射，而反射波与入射波的相互叠加会使隧道光爆数值求解存在较大误差[200,212,227,228]，因此，为减少求解误差，提高计算精度，本章采用无反射边界对隧道光爆质量进行数值试验，即在隧道数值模型相关面上设置无反射边界来模拟无限围岩区域。在 LS-DYNA3D 中，实现无反射边界条件的关键字定义为 ∗BOUNDARY_NON_REFLECTING。在 HYPERMESH 中，利用关键字 ∗SET_SEGMENT 删除或添加节点以定义卡片，实现无反射边界条件的定义。

4.3.7 隧道光爆质量 3D 数值模型的建立

三维数值试验以成渝高铁大安隧道为原型，隧道开挖半径 745 cm，隧道开挖高度 1 108 cm，隧道建筑限界高度为 725 cm，线间距为 5 m，周边眼深度 400 cm。数值试验工况见表 4-3。为减小边界效应对隧道爆破振动反应的影响，隧道模型边界取 3 倍开挖宽度以外，模型沿 X、Y、Z 方向的尺寸为 10 430 cm×10 448 cm×8 944 cm，掌子面前方边界取自由边界，其他边界均设为无反射边界，见图 4-6。以方案 15 为例，周边眼间距为 80 cm，最小抵抗线为 65 cm，炮孔直径为 4 cm，装药直径为 3.2 cm，采用不耦合装药，隧道掌子面共布设炮眼 157 个，其中，周边眼 39 个，光爆层炮孔 31 个（见图 4-6）。为简化计算，根据变形等效原理，将圆形炮孔等效为方形炮孔[229]，对炮孔周围的单元划分较密，远离炮孔单元划分较疏，见图 4-7。模型采用 Mappable 网格划分，单元采用 8 节点三维六面体网格，模型共创建了 4 434 655 个节点，4 253 586 个单元。

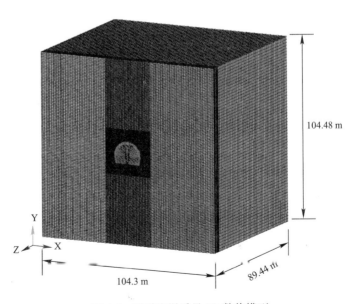

图 4-6　隧道光爆质量 3D 数值模型

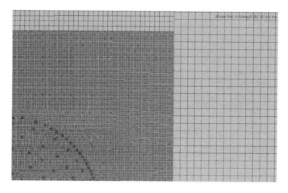

图 4-7　炮孔周边及远离炮孔部位网格划分细部

当试验方案中含有节理时，3D 数值模型必须考虑节理的影响。[230]当节理倾角为 0°时，隧道破裂面对称分布于两侧；当节理倾角为 90°时，隧道在洞顶正中形成了贯通的塑性破裂面，对隧道破坏的影响大。本章根据成渝高铁大安隧道现场试验与统计，隧道最大超挖主要位于左线边墙与右线拱部。由于本章建立的 3D 模型尺寸大、网格节点多，故限于计算机性能而对其进行简化计算，在隧道边墙和拱部各取 1 条节理，节理只考虑与隧道设计轮廓线相交部分，而隧道掌子面内的节理不予考虑，节理宽度取 3 cm，节理与炮眼连线夹角取 0°和 90°。以方案 14 为例，含节理的隧道光爆 3D 数值模型掌子面炮眼布置见图 4-8，隧道左边墙节理长度为 300 cm，该节理共创建了 91 204 个节点，67 500 个单元；隧道拱部节理长度为 200 cm，该节理共创建了 61 004 个节点，45 000 个单元。

利用 LS-DYNA3D 中的关键字 *INITIAL_DETONATION 定义炸药起爆点，本章以炸药底部中心点为起爆点，采用分段微差起爆技术，在隧道爆破数值模型中将各段炮眼的起爆时差设为 100 μs，为建模方便，掏槽孔、辅助孔、底板孔于 0 μs 起爆，周边孔于 100 μs 起爆，总共计算时间为 800 μs。

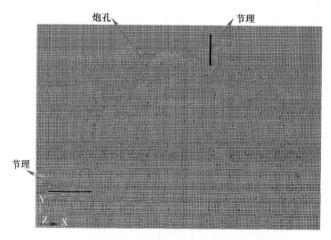

图 4-8　含节理隧道光爆 3D 数值模型炮眼布置示意

4.4　数值试验结果与光爆参数敏感性分析

4.4.1　隧道光爆过程动态模拟

因为隧道数值模型尺寸大，所以为更好地反映隧道光爆效果，截取隧道掌子面附近围岩在不同时刻爆破的超欠挖形成过程进行研究。以方案 15 为例，如图 4-9(a) 所示，掏槽孔和辅助孔起爆后，冲击波和高温高压气体迅速膨胀均作用在孔壁上，在 $t=33\ \mu s$

时，炮孔周围的岩石因受到强烈的压缩而开始产生破碎，此时岩体单元的等效应力最大值为 68.38 MPa；随着冲击波和高温高压爆炸气体的进一步迅速膨胀，爆轰产物的压力高达 1 000～10 000 MPa，其值远远大于围岩的动态抗压强度，致使受超高压冲击荷载的围岩呈流动状态，使掏槽孔和辅助孔内的炸药周围的围岩产生粉碎性破坏，与此同时，形成的压缩应力波沿径向在围岩中传播，在冲击波和爆炸产物的共同作用下，使掏槽孔和辅助孔粉碎性破坏区周围的围岩形成相互交错的径向裂隙和环状裂隙，致使掏槽孔和辅助孔之间形成破碎区，这一过程在周边孔起爆前已完成；当 $t=111~\mu s$ 时，如图 4-9(b) 所示，周边孔已完成同时起爆，周边孔周围的岩石开始破碎，此时岩体单元的等效应力最大值为 225.4 MPa，与此同时，周边孔各孔产生的爆轰波同时在岩石中引起向四周传播的应力波，而岩石破碎范围进一步扩大，如图 4-9(c) 所示；当 $t=181~\mu s$ 时，如图 4-9(d) 所示，周边孔各相邻炮孔产生应力波相遇，产生波的干涉，致使垂直于两孔中心的连线部位出现拉应力集中，形成贯通裂缝，此时岩体单元的等效应力最大值为 217.1 MPa，隧道爆破轮廓面基本成型，但炸药的爆炸能量还没有完全消耗，应力波继续向四周传播，超挖量继续增大，如图 4-9(e)～(i) 所示，而岩体单元的等效应力最大值呈减小趋势，等效应力最大值分别为 177.6 MPa、138.8 MPa、103.6 MPa、73.8 MPa、53.02 MPa；当 $t=608~\mu s$ 时，如图 4-9(j) 所示，应力波的径向压应力值低于围岩的动态抗压强度而不再直接引起围岩的压碎破坏，此时岩体单元的等效应力最大值为 43.39 MPa，隧道爆破超挖量稳定，隧道爆破轮廓面已成型；当计算时间终止时（如图 4-9 (k) 所示），隧道爆破超挖量稳定，此时岩体单元的等效应力最大值为 51.23 MPa。

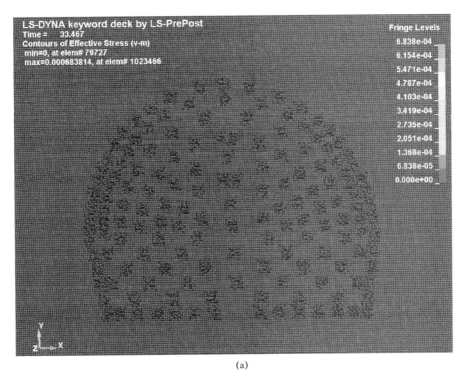

(a)

图 4-9 隧道光爆不同时刻超欠挖形成过程（一）

(a) $t=33~\mu s$

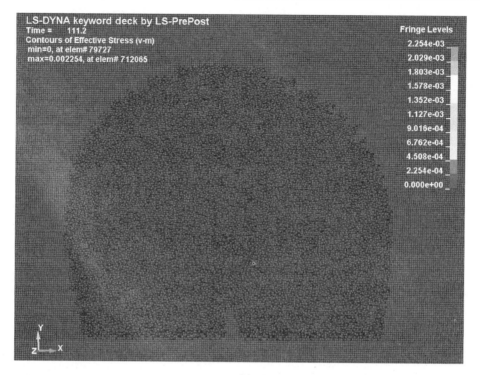

(b)

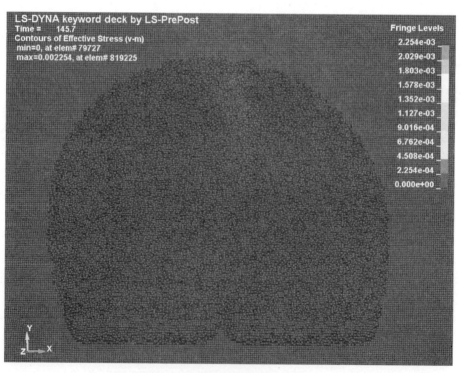

(c)

图 4-9 隧道光爆不同时刻超欠挖形成过程（二）

(b) $t=111~\mu s$；(c) $t=146~\mu s$

第4章 基于岩石动力响应的隧道光爆质量控制因素数值试验

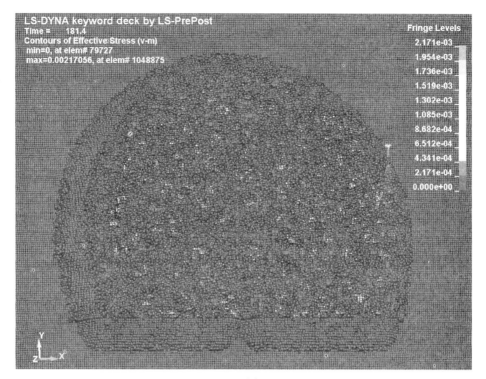

(d)

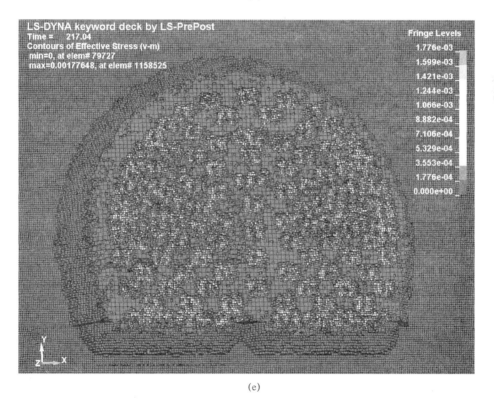

(e)

图 4-9 隧道光爆不同时刻超欠挖形成过程（三）

(d) $t=181\ \mu s$；(e) $t=217\ \mu s$

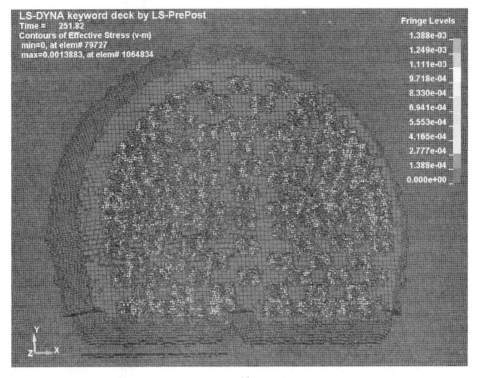

(f)

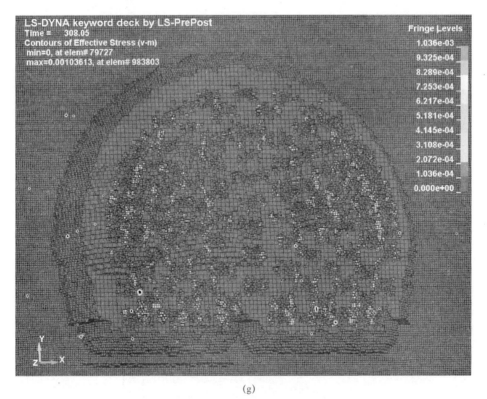

(g)

图 4-9 隧道光爆不同时刻超欠挖形成过程（四）

(f) $t=252~\mu s$；(g) $t=308~\mu s$

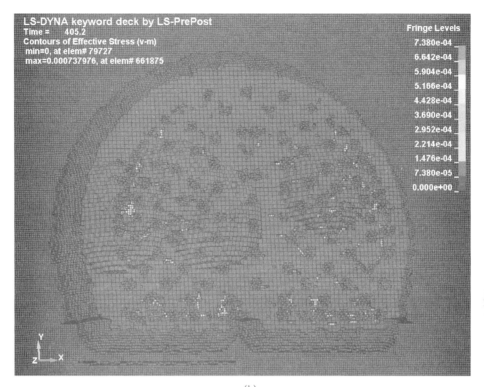

(h)

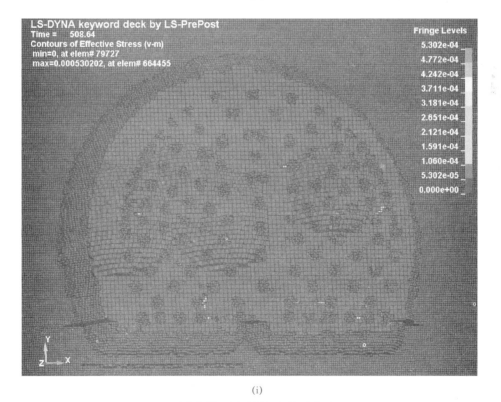

(i)

图 4-9 隧道光爆不同时刻超欠挖形成过程（五）

(h) $t=405~\mu s$；(i) $t=508~\mu s$

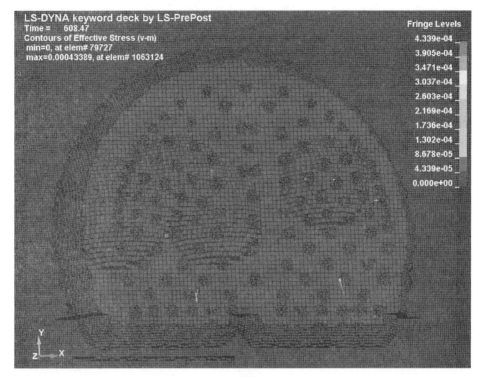

(j)

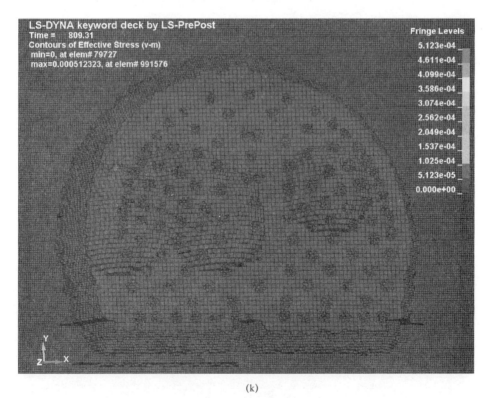

(k)

图 4-9 隧道光爆不同时刻超欠挖形成过程（六）

(j) $t=608~\mu s$；(k) $t=809~\mu s$

利用切片功能获取的隧道光爆最终轮廓 3D 效果如图 4-10 所示,隧道边墙和拱部光爆成型规整,表面光滑,但隧底出现欠挖,隧道拱顶超挖较大。

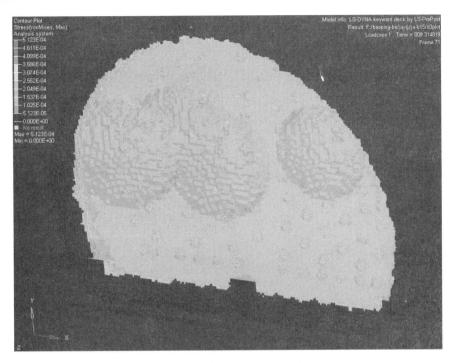

图 4-10　隧道光爆最终轮廓效果(方案 15)

其他方案隧道光爆不同时刻超欠挖形成过程与方案 15 相同,但隧道光爆最终轮廓不同,限于篇幅,本文仅给出隧道光爆最终轮廓的 3D 效果图,见图 4-11~图 4-25。

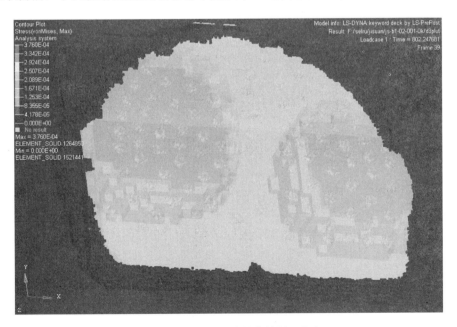

图 4-11　隧道光爆最终轮廓效果(方案 1)

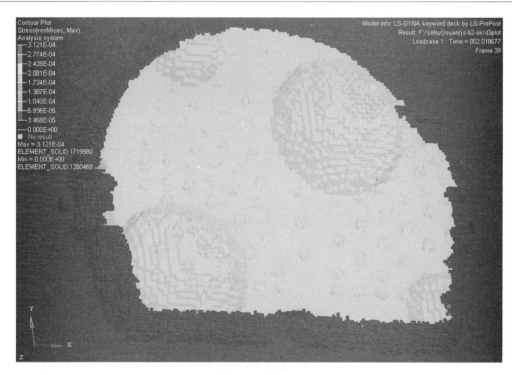

图 4-12 隧道光爆最终轮廓效果（方案 2）

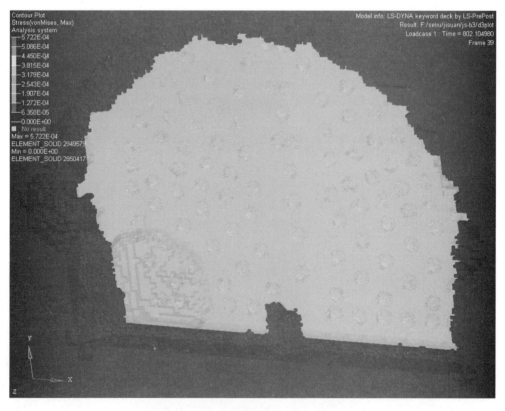

图 4-13 隧道光爆最终轮廓效果（方案 3）

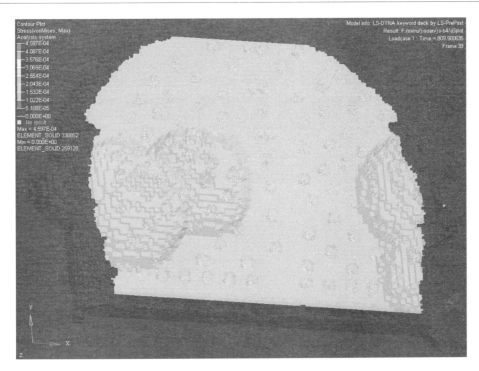

图 4-14　隧道光爆最终轮廓效果（方案 4）

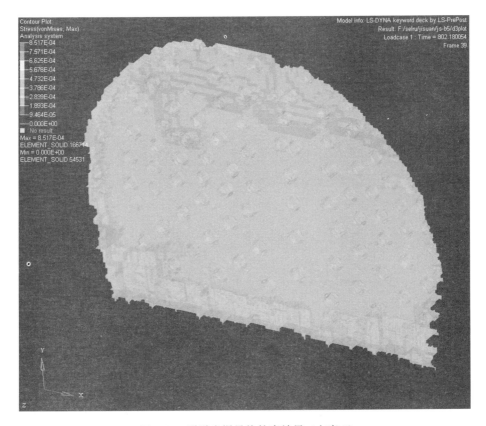

图 4-15　隧道光爆最终轮廓效果（方案 5）

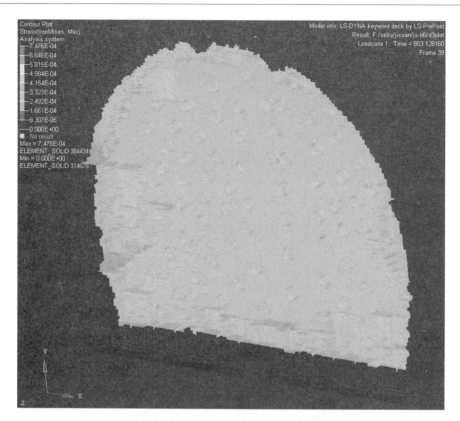

图 4-16　隧道光爆最终轮廓效果（方案 6）

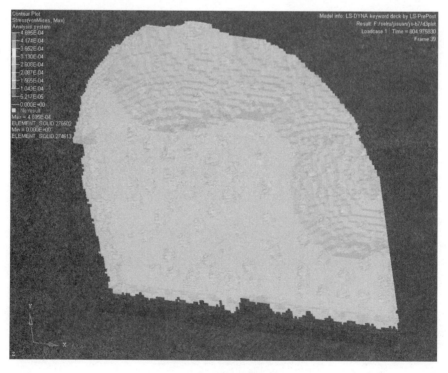

图 4-17　隧道光爆最终轮廓效果（方案 7）

第 4 章　基于岩石动力响应的隧道光爆质量控制因素数值试验

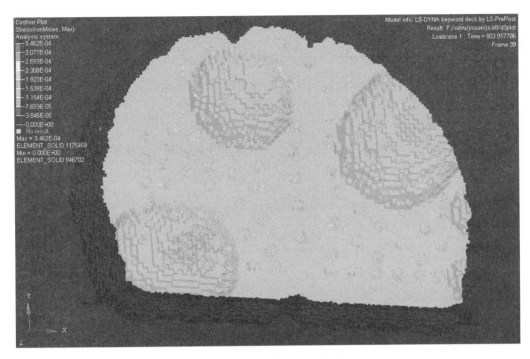

图 4-18　隧道光爆最终轮廓效果（方案 8）

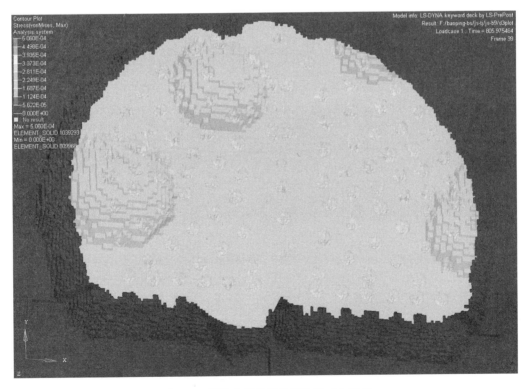

图 4-19　隧道光爆最终轮廓效果（方案 9）

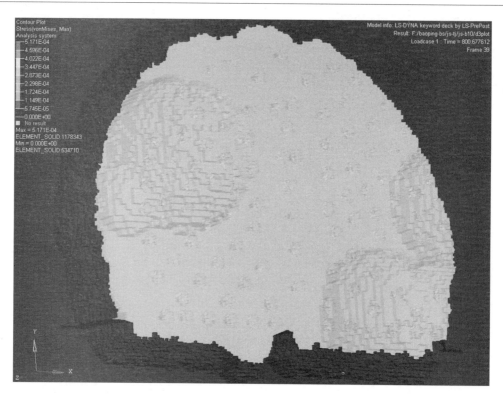

图 4-20 隧道光爆最终轮廓效果（方案 10）

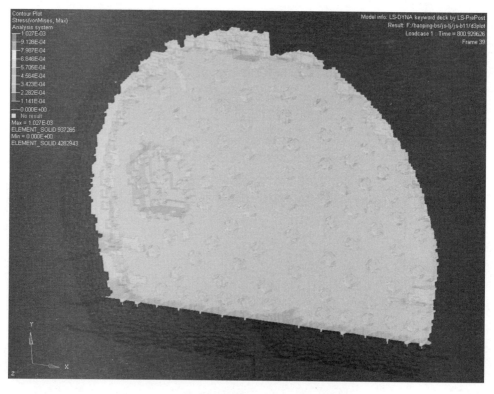

图 4-21 隧道光爆最终轮廓效果（方案 11）

第4章 基于岩石动力响应的隧道光爆质量控制因素数值试验

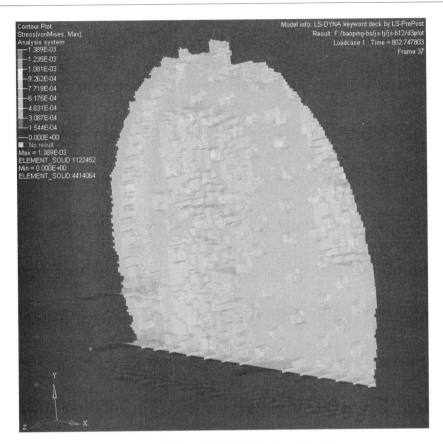

图 4-22 隧道光爆最终轮廓效果（方案 12）

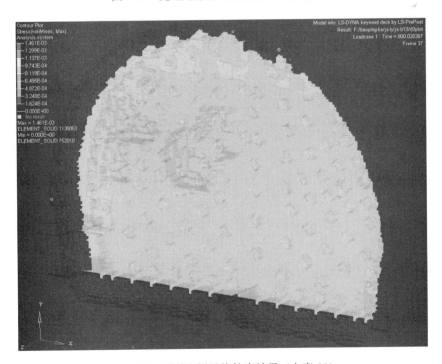

图 4-23 隧道光爆最终轮廓效果（方案 13）

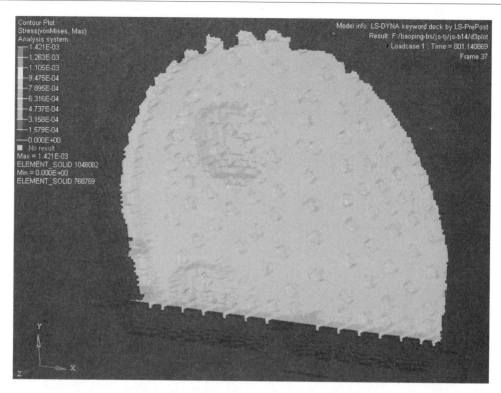

图 4-24 隧道光爆最终轮廓效果（方案 14）

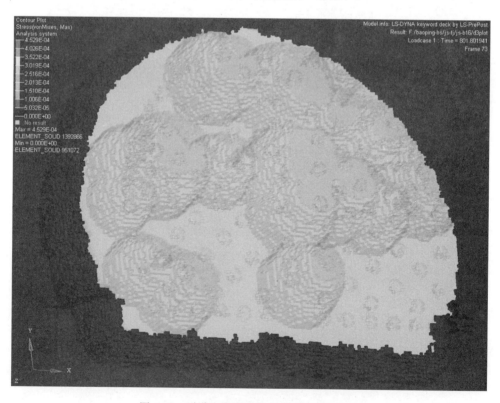

图 4-25 隧道光爆最终轮廓效果（方案 15）

对以上 16 个光爆方案进行综合分析可知，隧道光爆成型规整，表面光滑，隧道在拱部范围、左右线边墙等部位均不同程度出现超挖、欠挖现象，这与第 3.4 节得出的试验结论相吻合，表明隧道拱部范围、左右线边墙等部位是隧道光爆质量控制的重点部位。

4.4.2 隧道光爆质量定量分析

为定量分析隧道光爆的质量，基于隧道光爆过程动态模拟，提取隧道爆破实际开挖进尺面的中点，即开挖进尺面为 1.8 m 时的隧道爆破轮廓面，主要提取参数包括量测断面面积、欠挖面积、超挖面积、最大超挖、最大欠挖等，分析隧道光爆控制参数的敏感性。以方案 15 为例，隧道光爆质量定量分析流程为：首先确定隧道设计断面，隧道设计轮廓线除满足隧道建筑限界要求外，还必须预留适当的围岩变形量，根据本工程为高铁隧道的特点，同时结合本工程围岩级别、隧道宽度、试验段埋置深度、施工方法、支护情况、施工误差、补强等，考虑的预留变形量为 20 cm，同时不考虑隧底超欠挖影响，因此，本次数值试验确定的隧道设计断面为 145.1 m^2；其次，提取隧道开挖进尺面为 1.8 m 时的爆破轮廓面上的各超欠挖点坐标，再将其导入相关后处理软件进行处理，可得确定的隧道爆破轮廓线，从而求得隧道爆破轮廓面的面积为 166.69 m^2；最后，利用量测工具对隧道的最大超挖、最大欠挖、超挖面积、欠挖面积等参数进行量测，如图 4-26 所示，可知方案 15 的隧道量测断面面积为 166.69 m^2，超挖面积为 21.59 m^2，最大超挖为 0.91 m，不存在欠挖。

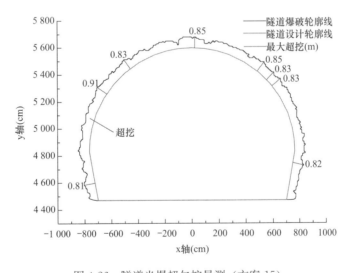

图 4-26 隧道光爆超欠挖量测（方案 15）

其他 15 种方案光爆超欠挖量测流程与方案 15 相同，获得的隧道光爆超欠挖试验量测值见图 4-27～图 4-41 和表 4-8。对比分析全部方案可知，量测断面面积最大的是方案 10，为 167.48 m^2，量测断面面积最小的是方案 6，为 145 m^2；超挖面积最大的是方案 10，为 22.38 m^2，超挖面积最小的是方案 6，为 2.61 m^2；欠挖面积最大的是方案 6，为 2.71 m^2，欠挖面积最小的是方案 10 和方案 15，为 0.00 m^2，即未出现欠挖；最大超挖最大的是方案 3，为 1.18 m，最大超挖最小的是方案 5，为 0.42 m；最大欠挖最大的是方案 3，为 0.56 m，最大欠挖最小的是方案 10 和方案 15，为 0.00 m，即未出现欠挖。

总之，量测断面面积主要为 145.00～167.48 m², 欠挖面积为 0.00～3.90 m², 超挖面积为 2.61～22.38 m², 最大超挖为 0.42～1.18 m, 最大欠挖为 0.00～0.56 m, 这表明数值试验结果与 3.4 节试验结果的吻合性较好，验证了基于岩石动力响应的隧道光爆质量控制因素数值试验方法的可信性和有效性，并为数值试验方法在一定程度上较好地代替造价较高的现场或模型试验打下了一定的基础。

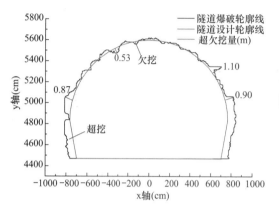

图 4-27 隧道光爆超欠挖量测（方案 1）

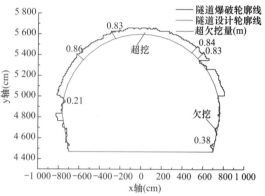

图 4-28 隧道光爆超欠挖量测（方案 2）

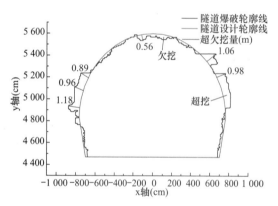

图 4-29 隧道光爆超欠挖量测（方案 3）

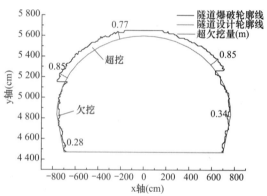

图 4-30 隧道光爆超欠挖量测（方案 4）

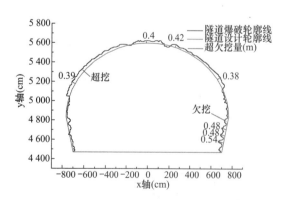

图 4-31 隧道光爆超欠挖量测（方案 5）

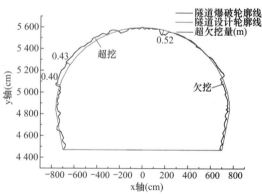

图 4-32 隧道光爆超欠挖量测（方案 6）

第 4 章 基于岩石动力响应的隧道光爆质量控制因素数值试验

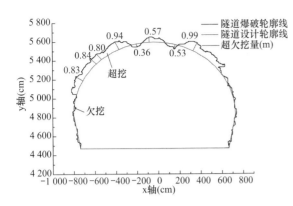

图 4-33 隧道光爆超欠挖量测（方案 7）

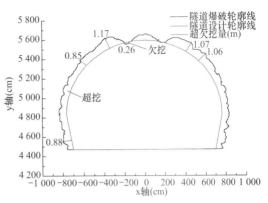

图 4-34 隧道光爆超欠挖量测（方案 8）

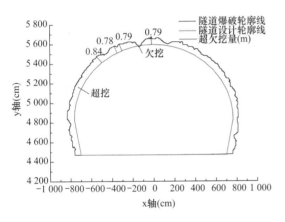

图 4-35 隧道光爆超欠挖量测（方案 9）

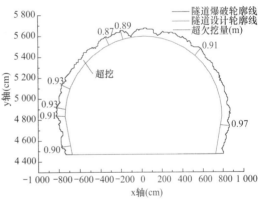

图 4-36 隧道光爆超欠挖量测（方案 10）

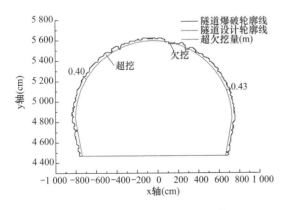

图 4-37 隧道光爆超欠挖量测（方案 11）

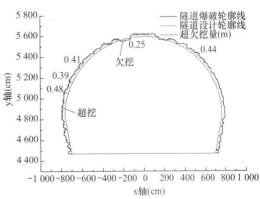

图 4-38 隧道光爆超欠挖量测（方案 12）

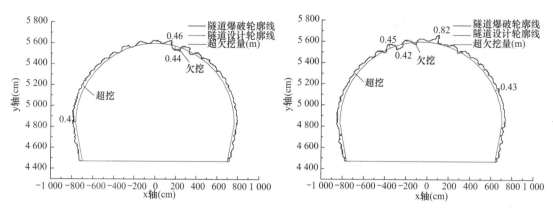

图 4-39　隧道光爆超欠挖量测（方案 13）　　　图 4-40　隧道光爆超欠挖量测（方案 14）

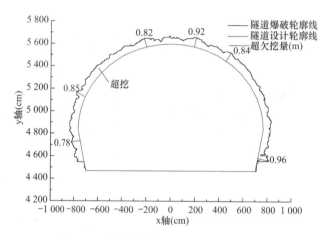

图 4-41　隧道光爆超欠挖量测（方案 16）

隧道光爆超欠挖试验结果　　　　　　　　　表 4-8

方案	量测断面面积（m²）	欠挖面积（m²）	超挖面积（m²）	最大超挖（m）	最大欠挖（m）
1	154.29	0.78	9.97	1.1	0.53
2	158.45	0.57	13.92	0.86	0.38
3	148.32	3.9	7.12	1.18	0.56
4	154.55	1.63	11.08	0.85	0.34
5	147.4	2.04	4.34	0.42	0.54
6	145	2.71	2.61	0.43	0.52
7	153.77	0.94	9.61	0.99	0.53
8	165.94	0.11	20.95	1.17	0.26
9	163.79	0.02	18.71	0.84	0.13
10	167.48	0.00	22.38	0.97	0.00
11	152.46	0.15	7.51	0.43	0.23
12	152.18	0.27	7.35	0.48	0.25
13	151.81	0.44	7.15	0.46	0.44
14	151.76	0.39	7.05	0.82	0.42
15	166.69	0.00	21.59	0.91	0.00
16	163.89	0.01	18.8	0.96	0.04

4.4.3 隧道光爆参数敏感性分析

隧道光爆涉及的参数很多，不同的参数均可直接影响光爆的质量，根据数值试验正交结论可以得出不同的隧道光爆控制因素对光爆评价指标的影响程度，这对隧道光爆设计和施工具有指导作用。根据数值试验结果，采用极差分析法，分别研究量测断面面积、超挖面积、欠挖面积、最大超挖、最大欠挖等因素对隧道光爆控制指标的敏感程度。

隧道光爆各控制指标，即周边眼间距 E（cm）、最小抵抗线 W（cm）、相对距离 H（E/W）、线装药密度 D（kg/m）、围岩级别 R、爆速 V（m/s）、测量放线 M 等对量测断面面积、超挖面积、欠挖面积、最大超挖、最大欠挖等因素的极差分析见表 4-9～表 4-13。

量测断面面积极差分析　　　　　　　　　　　　　　表 4-9

因素	E	W	H	D	R	V	M
k_{1j}	153.90	154.32	153.91	153.00	161.79	156.46	157.57
k_{2j}	153.03	155.67	156.18	157.17	150.44	155.76	154.65
k_{3j}	158.98	155.31	157.45	156.77	—	—	—
k_{4j}	158.54	159.14	156.90	157.51	—	—	—
R_j	5.95	3.83	3.54	4.51	11.35	0.71	2.92

超挖面积极差分析　　　　　　　　　　　　　　表 4-10

因素	E	W	H	D	R	V	M
k_{1j}	10.52	10.04	9.72	8.50	16.99	12.39	13.11
k_{2j}	9.38	11.49	11.80	12.38	6.78	11.38	10.66
k_{3j}	13.99	11.46	13.46	13.16	—	—	—
k_{4j}	13.65	14.55	12.56	13.50	—	—	—
R_j	4.61	4.50	3.74	5.00	10.22	1.01	2.45

欠挖面积极差分析　　　　　　　　　　　　　　表 4-11

因素	E	W	H	D	R	V	M
k_{1j}	1.72	0.82	0.91	0.60	0.30	1.03	0.64
k_{2j}	1.45	0.92	0.72	0.32	1.44	0.72	1.11
k_{3j}	0.11	1.25	1.11	1.49	—	—	—
k_{4j}	0.21	0.51	0.75	1.09	—	—	—
R_j	1.61	0.74	0.39	1.17	1.14	0.31	0.47

最大超挖极差分析　　　　　　　　　　　　　　表 4-12

因素	E	W	H	D	R	V	M
k_{1j}	0.998	0.705	0.730	0.848	0.975	0.838	0.834
k_{2j}	0.753	0.770	0.668	0.730	0.634	0.771	0.775
k_{3j}	0.680	0.878	1.003	0.883	—	—	—
k_{4j}	0.788	0.865	0.818	0.758	—	—	—
R_j	0.318	0.173	0.335	0.153	0.341	0.066	0.059

最大欠挖极差分析　　　　　　　　　　表 4-13

因素	E	W	H	D	R	V	M
k_{1j}	0.453	0.410	0.330	0.433	0.234	0.320	0.290
k_{2j}	0.463	0.330	0.293	0.328	0.413	0.326	0.356
k_{3j}	0.153	0.330	0.343	0.285			
k_{4j}	0.225	0.223	0.328	0.248			
R_j	0.238	0.188	0.050	0.185	0.179	0.006	0.066

由表 4-9 可知，当以量测断面面积为评价指标时，隧道光爆各控制因素的敏感性排序从高到低依次为：围岩级别 R、周边眼间距 E、线装药密度 D、最小抵抗线 W、相对距离 H、测量放线 M、爆速 V。

由表 4-10 可知，当以超挖面积为评价指标时，隧道光爆各控制因素的敏感性排序从高到低依次为：围岩级别 R、线装药密度 D、周边眼间距 E、最小抵抗线 W、相对距离 H、测量放线 M、爆速 V。

由表 4-11 可知，当以欠挖面积为评价指标时，隧道光爆各控制因素的敏感性排序从高到低依次为：周边眼间距 E、线装药密度 D、围岩级别 R、最小抵抗线 W、测量放线 M、相对距离 H、爆速 V。

由表 4-12 可知，当以最大超挖为评价指标时，隧道光爆各控制因素的敏感性排序从高到低依次为：围岩级别 R、相对距离 H、周边眼间距 E、最小抵抗线 W、线装药密度 D、爆速 V、测量放线 M。

由表 4-13 可知，当以最大欠挖为评价指标时，隧道光爆各控制因素的敏感性排序从高到低依次为：周边眼间距 E、最小抵抗线 W、线装药密度 D、围岩级别 R、测量放线 M、相对距离 H、爆速 V。

图 4-42～图 4-46 分别为隧道光爆过程中，各控制因素对量测断面面积、超挖面积、欠挖面积、最大超挖、最大欠挖的影响程度及影响趋势。

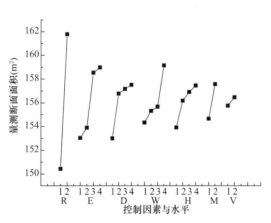

图 4-42　各控制因素对量测断面面积的影响趋势

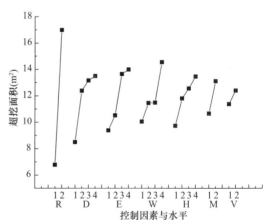

图 4-43　各控制因素对超挖面积的影响趋势

由图 4-42～图 4-46 可知，量测断面面积对围岩级别 R、周边眼间距 E、线装药密度 D、最小抵抗线 W 等参数的变化是显著敏感的；超挖面积对围岩级别 R、线装药密度 D、周边眼间距 E、最小抵抗线 W 等参数的变化是显著敏感的；欠挖面积对周边眼间距 E、线装药密度 D、围岩级别 R、最小抵抗线 W 等参数的变化是显著敏感;最大超挖对围岩级别 R、相对距离 H、周边眼间距 E 等参数的变化是显著敏感的;最大欠挖对周边眼间距 E、最小抵抗线 W、线装药密度 D、围岩级别 R 等参数的变化是显著敏感的。

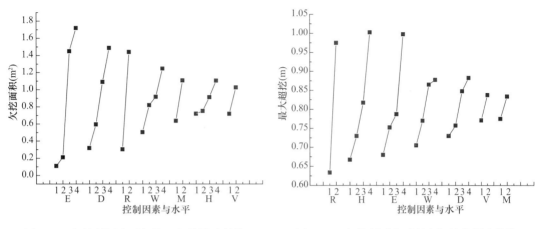

图 4-44　各控制因素对欠挖面积的影响趋势　　图 4-45　各控制因素对最大超挖的影响趋势

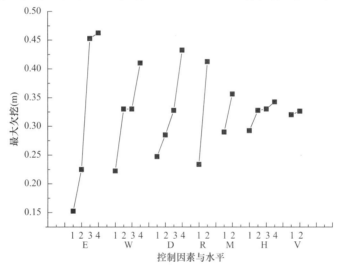

图 4-46　各控制因素对最大欠挖的影响趋势

综合以上隧道光爆各控制因素对量测断面面积、超挖面积等各单因素评价指标的敏感性排序和各控制因素对量测断面面积、超挖面积等评价指标的影响趋势,确定对隧道光爆质量具有显著敏感性的主要控制因素依次是:围岩类别、周边眼间距、线装药密度、最小抵抗线。

4.5　小结

本研究总结归纳并选取了隧道光爆质量数值试验所需的材料本构模型与参数、岩石强度破坏准则、无反射边界条件,并引入 Erosion 算法,采用正交试验优化法,利用 HyperMesh 和 LS-DYNAN 联合建模求解技术,建立了以成渝高铁大安隧道为原型的隧道光爆质量 3D 有限元模型，进行了隧道光爆过程动态模拟，对隧道光爆质量进行定性、定量分析，进而采用极差分析法对隧道光爆质量控制指标的敏感性进行研究，分析各控制因素对光爆质量的敏感性。其主要研究结论如下。

（1）隧道光爆过程动态模拟后的定性分析表明，隧道成型规整，表面光滑，隧道在拱部范围、左右线边墙等部位均不同程度出现超挖、欠挖现象。

（2）对隧道光爆过程动态模拟进行了定量化研究，突破了以往以定性评价研究为主的局面。定量研究表明，量测断面面积主要为 145.00～167.48 m^2，欠挖面积主要为 0.00～3.90 m^2，超挖面积主要为 2.61～22.38 m^2，最大超挖主要为 0.42～1.18 m，最大欠挖主要为 0.00～0.56 m。

（3）综合极差分析研究隧道光爆各控制因素对量测断面面积、超挖面积等各单因素评价指标的敏感性排序和各控制因素对量测断面面积、超挖面积等评价指标的影响趋势，确定对隧道光爆质量具有显著敏感性的主要控制因素依次是：围岩级别、周边眼间距、线装药密度、最小抵抗线。

第 5 章 隧道光爆质量评价体系研究

5.1 引言

隧道光爆质量综合评价指标体系及计算模型是判断隧道光爆质量的关键。在进行隧道爆破作业时，隧道毛洞不理想，经常出现超挖、欠挖，隧道爆后成型不规整、不光滑，不符合设计轮廓线要求，严重影响隧道围岩稳定，均不利于降低工程造价，且易引发工程质量、安全问题。目前有关隧道光爆质量的评价一般都是定性的，缺乏统一的隧道光爆质量评价标准，没有一套完整而系统的指标评价体系和定量计算的依据[162]，如铁路隧道光爆质量评定标准、煤炭部标准、冶金部标准、西安矿院标准、国家建委二局标准等。因而，建立一套定量评价隧道光爆质量的综合评价指标体系是当代隧道光爆质量评价的发展方向。

本研究根据隧道等地下工程施工设计标准规范、科技文献、现场调研、专家咨询等先验知识和工程实践经验，总结归纳隧道光爆质量评价影响因素，从点、线、面、体等方面构建隧道光爆质量评价指标，建立隧道光爆质量评价指标体系，开展隧道光爆质量评价体系研究[135,136]。

5.2 隧道光爆质量评价因素

根据国内外目前铁路、公路、煤矿、水电等隧道及地下工程在光爆质量评价时所采用的指标、现行各类规范、科技文献等先验知识和工程实践经验，对隧道光爆质量评价因素采用率进行统计，共采集国内案例 83 例，见附录 A1，指标采用率统计见图 5-1；国内规范 16 本，见附录 A2，指标采用率见图 5-2；国外案例 20 例，见附录 A3，指标采用率见图 5-3。

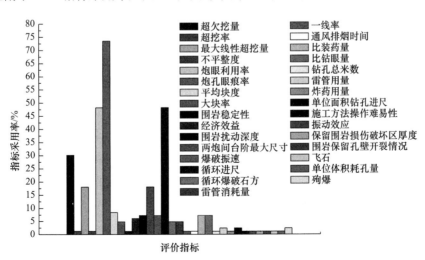

图 5-1 国内隧道工程光爆质量评价分级指标采用率统计

如图 5-1 所示，目前隧道及地下工程现场对光爆质量评价研究中，指标采用率大于 20% 的指标有 4 个，即炮孔眼痕率的指标采用率为 73.49%，炮眼利用率和循环进尺的指标采用率为 48.19%，超欠挖量的指标采用率为 30.12%。

如图 5-2 所示，我国现行各类规范中，指标采用率大于 20% 的指标有 8 个，即炮眼痕迹保存率的指标采用率为 81.25%，超欠挖量的指标采用率为 75%，平均线性超挖的指标采用率为 56.25%，最大超挖的指标采用率为 50%，开挖轮廓的指标采用率为 43.75%，两炮衔接台阶的指标采用率为 37.5%，开挖面平整度的指标采用率为 31.25%，渣块块度的指标采用率为 31.25%。

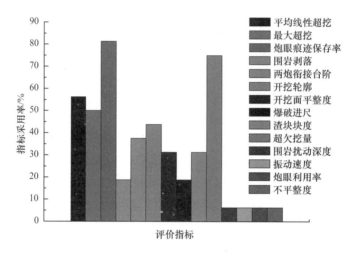

图 5-2 现行规范隧道及地下工程光爆质量评价分级指标采用率统计

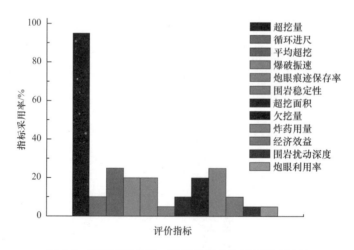

图 5-3 国外隧道爆破工程质量评价指标采用率统计

如图 5-3 所示，国外爆破工程质量评价时，指标采用率大于 20% 的指标有 6 个，即超挖量的指标采用率为 95%，平均超挖的指标采用率为 25%，炸药用量的指标采用率为 25%，炮眼痕迹保存率的指标采用率为 20%，欠挖量的指标采用率为 20%，爆破振速的指标采用率为 20%。

综合以上分析，现有的隧道光爆质量评价影响因素有 32 个，见表 5-1。

现有隧道光爆质量评价影响因素　　　　　表 5-1

编号	指标	编号	指标	编号	指标
1	超挖量	12	超挖率	23	爆破振速
2	欠挖量	13	大块率	24	比钻眼量
3	平均线性超挖量	14	一线率	25	炮眼利用率
4	最大线性超挖量	15	围岩扰动深度	26	循环进尺
5	炮孔眼痕率	16	通风排烟时间	27	钻孔总米数
6	循环爆破石方	17	两炮间台阶最大尺寸	28	炸药用量
7	平均块度	18	比装药量	29	殉爆距离
8	雷管消耗量（或雷管用量）	19	不平整度	30	经济效益
9	单位面积钻孔进尺	20	飞石影响	31	围岩稳定性
10	保留围岩损伤破坏区厚度	21	支护因素	32	振动效应
11	围岩保留孔壁开裂情况	22	施工方法操作难易性		

5.3 隧道光爆质量评价体系构建原则

选择适用的隧道光爆质量评价指标来构建隧道光爆质量评价指标体系是保证评价效果的关键。在分析隧道光爆质量时，涉及的质量影响因素非常多，如果将所有反映隧道光爆质量的影响因素都纳入潜在的质量评价分析，将是非常复杂的。因此，隧道光爆质量评价指标的选取应从以下几个方面考虑。

（1）科学性。

隧道光爆质量的影响因素多且各因素间联系紧密，评价指标体系要客观、真实地反映各影响因素的本质内涵，尽可能科学地反映评价目标的整体概况，使评价指标体系成为一个有机整体，达到较好地度量隧道光爆质量的目的。

（2）可操作性和实用性。

建立隧道光爆质量评价指标体系的目的是通过评价隧道光爆施工造成的围岩稳定性状况和超欠挖程度，最大程度地减少光爆炮振造成的围岩扰动和超欠挖，保证工程、人员安全，降低工程造价，直接服务于隧道爆破施工。因此，评价指标体系应方便工程技术人员在隧道施工现场短时间内快速对每一个指标进行获取并赋值量化，所构建的评价指标体系必须简单、明确，尽可能用尽量少的评价指标反映隧道光爆的整体质量。

（3）定性与定量相结合。

目前对隧道光爆质量等级的评定还停留在定性表述阶段，如何将隧道光爆质量等级评定中的指标量化，一直是科研工作的重点和难点。所以选取隧道光爆质量评定影响因素时要兼顾定性与定量指标相结合，尽量选择可量化的指标，对于量化较难的指标可采用定性描述的方式。

（4）代表性和全面性。

隧道光爆质量评价指标体系中的指标要具有代表性，能够充分考虑光爆质量评价对象的具体特征，选择评价对象最具典型的指标。同时，指标体系作为一个有机的整体，要考虑到全面性，尽量从不同的角度全方位反映和量测隧道光爆质量的优劣程度，不要出现指标遗漏和偏差。

（5）层次性。

隧道光爆质量评价影响因素是多方面的，包括超欠挖量、炮眼利用率等，而超挖量又包括最大超挖、平均线性超挖等，即每一个子系统又包含多个指标，这些指标之间均存在一定的层次和隶属关系。因此，所选的隧道光爆质量评价指标要能兼顾单项指标效果与综合指标效果，同时也要兼顾局部效果与整体效果。

5.4 隧道光爆质量评价体系框架结构设计

评价指标是隧道光爆质量评价的核心问题，利用不同的评价指标体系进行评价的结果也不同。隧道光爆质量评价中，并非评价指标越多越好，关键是各评价指标在质量评价中所起的作用大小。因此，为全面准确地反映隧道光爆的质量，需要从整体上建立统一的指标框架。根据隧道光爆质量评价原则，借鉴 AHP 法思想，利用层次递进系统结构能解决复杂决策问题的能力，综合隧道光爆施工的实际情况，建立了隧道光爆质量评价指标体系的递进层次结构模型（见图 5-4）。其能够清晰地反映隧道光爆质量各相关因素的彼此关系，使决策者能够在复杂的光爆质量指标中分层次理顺主次关系，进而逐一比较、判断，优选出最佳评价指标，保证最终评价指标体系的完整性和有效性。

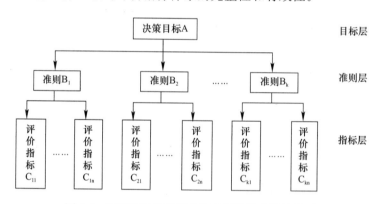

图 5-4　隧道光爆质量评价体系递进层次结构模型

由图 5-4 可知，目标层、准则层、指标层三个部分相互联系，相互制约。首先是确定隧道光爆质量评价的总体目标，即评价研究的方向，明确研究目标，更清楚地指导质量评价工作；其次，确定质量评价的准则，即质量评价要有所依据，而不是仅凭主观臆断，根据前期制定的研究目标，就能更容易找到质量评价的准则；最后，确定质量评价的指标，其作为评价指标框架模型的最低层，同时也是其他部分的基础，是评价工作的主体部分。只有通过对质量评价指标进行衡量，根据评价准则，才能实现质量评价的目标。因而，目标层、准则层、指标层相互作用，缺一不可，只有它们协同作用，才能最大限度地发挥质量评价体系的作用。

5.5 评价指标数据采集

评价指标采集主要包括定性数据采集与定量数据采集。采用的方法主要有现场调查、专家咨询和试验研究。指标量化[306]运用定性描述光爆质量等级和定量分值方法对光爆质量评价指标进行定量转化,避免评价时受知识、经验、判断能力的影响。对采集的定量指标,由于各指标值的实际意义存在较大差别,其表现形式也不一样,因此需要进行去量纲化处理,而不是直接用来进行评价。

5.5.1 定性指标采集

采用现场调查和专家咨询法对定性指标进行采集,针对定性指标的重要性等级进行评估,共分5级,其中:1代表非常重要(5分),2代表比较重要(4分),3代表一般重要(3分),4代表不太重要(2分),5代表很不重要(1分)。主要采集的定性指标有:经济效益、围岩稳定性、飞石影响、支护因素、振动效应、围岩保留孔壁开裂情况、施工方法操作难易性(见图5-5~图5-11)。根据评价的科学性、有效性,仅列出对光爆质量影响为非常重要、比较重要的指标(指标采用率≥50%),见图5-12。比较重要的指标只有一个,为飞石影响(指标采用率为50%)。

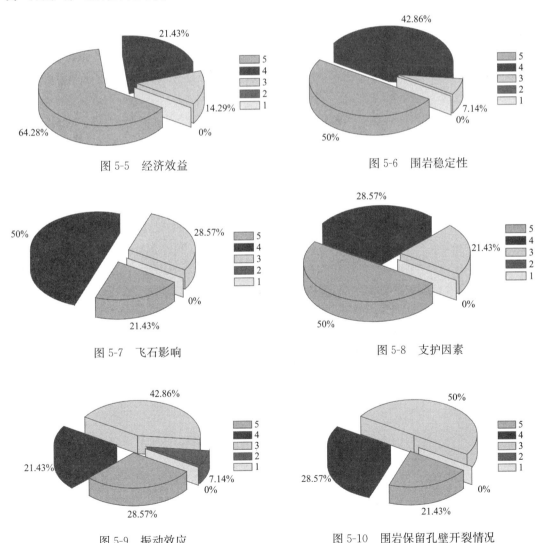

图5-5 经济效益　　　　　　　图5-6 围岩稳定性

图5-7 飞石影响　　　　　　　图5-8 支护因素

图5-9 振动效应　　　　　　　图5-10 围岩保留孔壁开裂情况

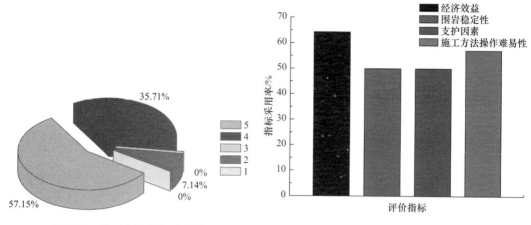

图 5-11　施工方法操作难易性　　　　图 5-12　定性指标统计（5 分）

5.5.2　定量指标采集

定量指标采集方法主要包括现场调查、专家咨询和试验研究。

（1）现场调查、专家咨询。

基于现场调查和专家咨询，指标采集主要指除定性指标外的 25 个指标（见表 5-1），包括超挖量、欠挖量、平均线性超挖量等（见图 5-13～图 5-38）。根据评价的科学性、有效性，仅列出对光爆质量影响为非常重要、比较重要的指标（指标采用率≥50%），见图 5-39、图 5-40。

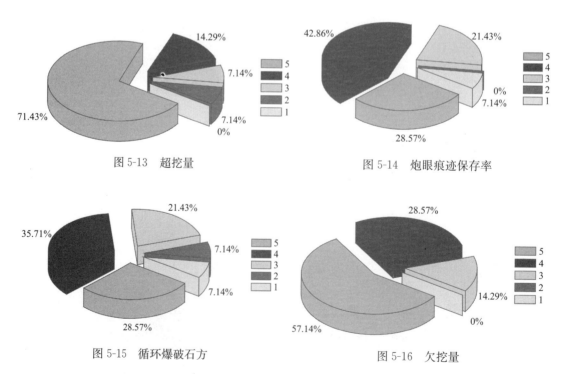

图 5-13　超挖量　　　　图 5-14　炮眼痕迹保存率

图 5-15　循环爆破石方　　　　图 5-16　欠挖量

第5章 隧道光爆质量评价体系研究

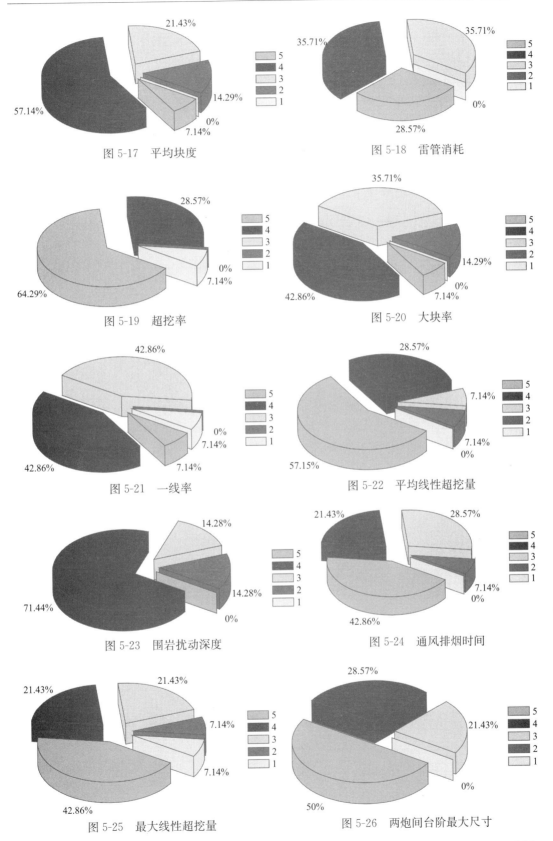

图 5-17　平均块度

图 5-18　雷管消耗

图 5-19　超挖率

图 5-20　大块率

图 5-21　一线率

图 5-22　平均线性超挖量

图 5-23　围岩扰动深度

图 5-24　通风排烟时间

图 5-25　最大线性超挖量

图 5-26　两炮间台阶最大尺寸

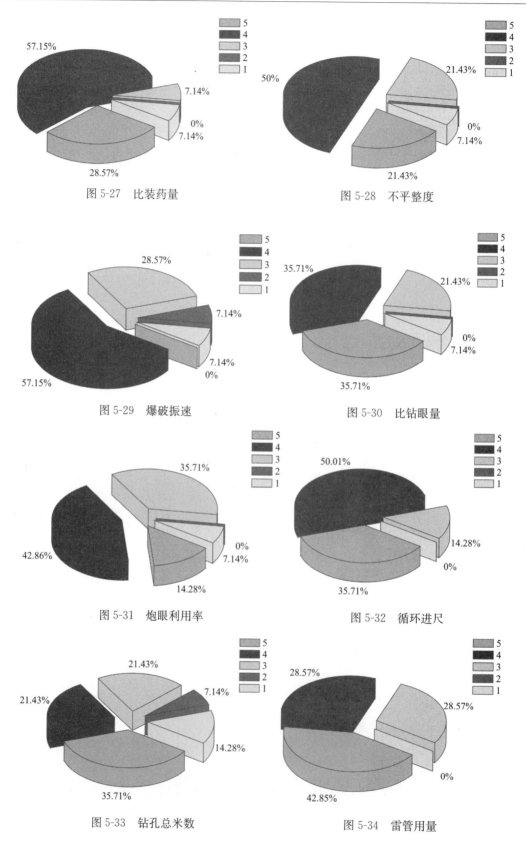

图 5-27 比装药量　　　　　　　图 5-28 不平整度

图 5-29 爆破振速　　　　　　　图 5-30 比钻眼量

图 5-31 炮眼利用率　　　　　　图 5-32 循环进尺

图 5-33 钻孔总米数　　　　　　图 5-34 雷管用量

第 5 章 隧道光爆质量评价体系研究

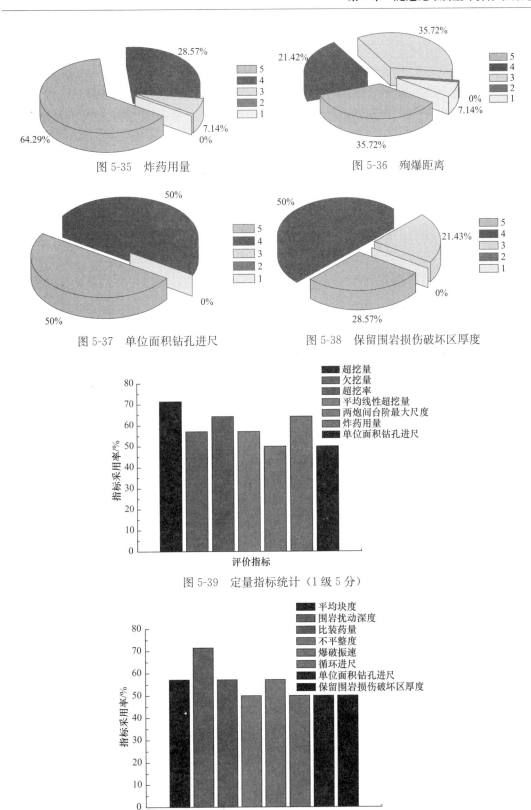

图 5-35 炸药用量　　　　图 5-36 殉爆距离

图 5-37 单位面积钻孔进尺　　　图 5-38 保留围岩损伤破坏区厚度

图 5-39 定量指标统计（1 级 5 分）

图 5-40 定量指标统计（2 级 4 分）

(2) 试验研究。

试验研究主要以成渝高铁大安隧道为依托，利用现场试验和数值试验采集定量数据，现场试验主要利用 ZTSD-3 型隧道断面仪采集数据，采集的主要指标有量测断面面积、超挖面积、欠挖面积、最大超挖、最大欠挖、平均线性超挖等 6 个指标；数值试验采集的指标主要有量测断面面积、欠挖面积、超挖面积、最大超挖、最大欠挖等 5 个指标。

5.6 隧道光爆质量评价指标体系的建立

5.6.1 隧道光爆质量评价指标体系构建方法

隧道光爆质量评价指标体系建立流程见图 5-41。

（1）对国内外现行的隧道光爆质量评价方法进行对比分析，总结隧道光爆质量评价方法所采用的相同或类似的指标，认为这些评价方法都采用的评价指标是能够较全面反映隧道光爆质量本质的指标，同时也是现场光爆施工中应用较广、操作简单、使用方便、容易获取的指标。因此，以此对光爆质量评价指标体系进行筛选。

（2）基于指标采用率法，同时考虑指标评价的先进性原则，利用主成分分析[307]、灰色关联分析[308,309]，从每个变量组中优选出对光爆质量评价最有贡献的变量，按照共性提升的原则，选取其作为该组的光爆质量评价指标。

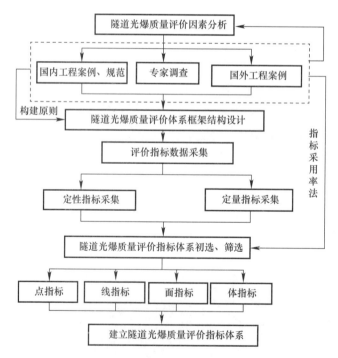

图 5-41 隧道光爆质量评价体系构建流程

5.6.2 隧道光爆质量评价指标体系初选

在现有 32 个评价指标的基础上，经过现场调研、专家咨询以及试验研究，认为有关隧道光爆质量的评定国内尚无统一标准[162]，且现有评定（检验）标准均存在局限性，如评价线性超挖量、最大线性超挖量等指标仅能表征一个点的超挖量或平均超挖量，但不能表征超挖面积，也不能体现超挖的三维分布情况。因此，为全面、客观地评价隧道光爆的质量，其在评价时还应考虑最大欠挖、平均线性欠挖、量测断面面积、欠挖面积、欠挖率、超挖体积、欠挖体积，共7个指标。

在以上39个评价指标的基础上，基于国内外工程案例、专家调查、现行规范和现场调研，从点指标、线指标、面指标、体指标等4个方面初步构建隧道光爆质量评价指标体系，见表5-2。其中，点指标主要表征隧道光爆质量超欠挖的量值，线指标表征隧道光爆不同超欠挖点之间的差异和线性展布规律，面指标表征隧道光爆超欠挖在平面上的量值及其展布规律，体指标表征隧道光爆超欠挖的三维计算量值及其三维特征。

隧道光爆质量评价指标体系初选　　　　　表5-2

目标层	准则层	指标层（单位）
隧道光爆质量评价指标体系	点指标	最大超挖（m）
		最大欠挖（m）
		平均线性超挖（m）
		平均线性欠挖（m）
	线指标	围岩扰动深度（m）
		两炮间台阶最大尺寸（cm）
		不平整度（cm）
		平均块度（cm）
		循环进尺（m）
	面指标	量测断面面积（m²）
		超挖面积（m²）
		欠挖面积（m²）
		超挖率（%）
		欠挖率（%）
		炮眼痕迹保存率（%）
	体指标	超挖体积（m³）
		欠挖体积（m³）
		炮眼利用率（%）
		炸药用量（kg）
		经济效益
		围岩稳定性

注：隧道光爆质量评价指标体系指标解释见附录B。

5.6.3 隧道光爆质量评价指标体系筛选

初选的隧道光爆质量评价指标必须经过一定的筛选，除去不适合的质量评价指标，减小评价指标冗余现象。因此，在隧道光爆质量初选指标的基础上，综合利用灰色关联分析、主成分分析，从每个变量组中优选出对隧道光爆质量评价最有贡献的变量。

评价指标筛选的原则：按照共性提升的方法，以第1入选和第2入选变量选择为主，同时兼顾第3入选或第4入选变量的原则进行变量剔除，选取该组的最优光爆质量评价指标。即当第 1 入选和第 2 入选变量具有共性指标时选取；当第 1 入选和第 2 入选变量不具有共性指标时，则考虑第 3 入选或第 4 入选变量，如果第 3 入选或第 4 入选变量具有同第 1 入选和第 2 入选变量相同的指标时则选取，否则不选取。为定量表示隧道超欠挖，本研究选用最大超挖、最大欠挖、平均线性超挖、平均线性欠挖表示。

5.6.3.1 点指标

$X_1 \sim X_4$ 依次表示最大超挖、最大欠挖、平均线性超挖、平均线性欠挖。利用灰色关联分析计算的点指标的关联序见表 5-3，关联度见表 5-4。

点指标关联序　　　　　　　　　　　　　　　　　　　表 5-3

X_1 和其他指标的关联序		X_2 和其他指标的关联序		X_3 和其他指标的关联序		X_4 和其他指标的关联序	
指标	关联系数	指标	关联系数	指标	关联系数	指标	关联系数
X_3	0.956 2	X_4	0.820 9	X_1	0.956 3	X_2	0.825 9
X_2	0.802 2	X_1	0.796 2	X_2	0.792 8	X_1	0.758 3
X_4	0.757 7	X_3	0.786 1	X_4	0.751 1	X_3	0.751 1

点指标关联度　　　　　　　　　　　　　　　　　　　表 5-4

指标	关联度	指标	关联度
最大超挖	0.586 0	平均线性超挖	0.583 4
最大欠挖	0.567 2	平均线性欠挖	0.555 9

分析可知，点指标中各指标因素与隧道光爆质量之间的关联度第 1 位是 X_1，第 2 位是 X_3，第 3 位是 X_2。

利用主成分分析计算的点指标的规格化特征向量见表 5-5，特征值见表 5-6。

点指标规格化特征向量　　　　　　　　　　　　　　　　表 5-5

	因子 1	因子 2	因子 3	因子 4
X_1	0.514 5	0.571	−0.020 8	−0.639 4
X_2	−0.377 4	0.694 6	−0.513 8	0.333 3
X_3	0.605	0.237 2	0.322 8	0.688 1
X_4	−0.476 3	0.367 7	0.794 6	−0.080 8

点指标特征值　　　　　　　　　　　　　　　　　　　表 5-6

序号	特征值	百分率（%）	累计百分率（%）
1	1.979 1	49.47	49.47
2	1.065 2	26.62	76.10
3	0.641 3	16.03	92.13
4	0.314 5	7.86	100

分析表明，前 3 个主分量所构成的信息量为总信息量的 92.13%，第 1 主分量代表 X_3 和 X_1，第 2 主分量代表 X_2，第 3 主分量代表 X_4。

按照评价指标筛选确立的原则，点指标筛选结果汇总见表 5-7。

5.6.3.2 线指标

$X_1 \sim X_5$ 依次表示围岩扰动深度、两炮间台阶最大尺寸、不平整度、平均块度、循环进尺。利用灰色关联分析计算的线指标的关联序见表 5-8，关联度见表 5-9。

第5章 隧道光爆质量评价体系研究

点指标筛选结果汇总   表5-7

编号	优选方法	入选变量			选取的最优特征指标
		第1入选	第2入选	第3入选	
1	灰色关联分析	X1	X3	X2	X1、X3、X2
2	主成分分析	X3、X1	X2	X4	

线指标关联序   表5-8

X1和其他指标的关联序		X2和其他指标的关联序		X3和其他指标的关联序		X4和其他指标的关联序		X5和其他指标的关联序	
指标	关联系数	指标	关联系数	指标	关联系数	指标	关联系数	指标	关联系数
X2	0.6526	X4	0.6771	X4	0.6485	X2	0.664	X4	0.6304
X5	0.6107	X1	0.6525	X5	0.6067	X3	0.6577	X3	0.628
X4	0.6013	X5	0.6112	X2	0.5536	X5	0.6182	X2	0.6113
X3	0.5644	X3	0.5777	X1	0.5412	X1	0.5877	X1	0.6107

线指标关联度   表5-9

指标	关联度	指标	关联度
围岩扰动深度	0.6856	平均块度	0.7032
两炮间台阶最大尺寸	0.7036	循环进尺	0.6963
不平整度	0.6682		

分析可知,线指标中各指标因素与隧道光爆质量之间的关联度第1位是X2,第2位是X4,第3位是X5,第4位是X1。

利用主成分分析计算的线指标的规格化特征向量见表5-10,特征值见表5-11。

线指标规格化特征向量   表5-10

	因子1	因子2	因子3	因子4	因子5
X1	0.3899	−0.4877	−0.2162	0.6353	0.3998
X2	0.6045	0.3143	0.3548	−0.3474	0.5377
X3	−0.4306	0.5849	−0.3433	0.2591	0.5361
X4	0.4272	0.5655	0.0164	0.4942	−0.5027
X5	−0.3385	−0.0302	0.8422	0.4054	0.1044

线指标特征值   表5-11

序号	特征值	百分率(%)	累计百分率(%)
1	1.5613	31.22	31.22
2	1.3803	27.60	58.83
3	0.95	19.00	77.83
4	0.8731	17.46	95.29
5	0.2354	4.70	100

分析表明,前4个主分量所构成的信息量为总信息量的95.29%,第1主分量代表X2,第2主分量代表X3,第3主分量代表X5,第4主分量代表X1。

按照评价指标筛选确立的原则,线指标筛选结果汇总见表5-12。

线指标筛选结果汇总　　　　　　　　　　　表 5-12

编号	优选方法	入选变量				选取的最优特征指标
		第1入选	第2入选	第3入选	第4入选	
1	灰色关联分析	X2	X4	X5	X1	X2
2	主成分分析	X2	X3	X5	X1	

5.6.3.3　面指标

X1~X6 依次表示量测断面面积、超挖面积、欠挖面积、超挖率、欠挖率、炮眼痕迹保存率。利用灰色关联分析计算的面指标关联序见表 5-13，关联度见表 5-14。

面指标关联序　　　　　　　　　　　　表 5-13

X1 和其他指标的关联序		X2 和其他指标的关联序		X3 和其他指标的关联序		X4 和其他指标的关联序		X5 和其他指标的关联序		X6 和其他指标的关联序	
指标	关联系数	指标	关联系数	指标	关联系数	指标	关联系数	指标	关联系数	指标	关联系数
X6	0.891 0	X4	0.999 6	X5	0.992 8	X2	0.999 6	X3	0.992 8	X1	0.891 9
X2	0.836 9	X1	0.846 3	X6	0.547 2	X1	0.846 3	X6	0.546 9	X2	0.811 5
X4	0.836 9	X6	0.820 7	X1	0.545 4	X6	0.820 7	X1	0.544 7	X4	0.811 5
X3	0.528 6	X3	0.531 4	X2	0.531 4	X3	0.531 4	X2	0.531 2	X3	0.532 4
X5	0.527 9	X5	0.531 4	X4	0.531 4	X5	0.531 2	X4	0.531 2	X5	0.532 1

面指标关联度　　　　　　　　　　　　表 5-14

指标	关联度	指标	关联度
量测断面面积	0.420 1	超挖率	0.429 9
超挖面积	0.429 9	欠挖率	0.377 0
欠挖面积	0.377 1	炮眼痕迹保存率	0.416 3

从以上分析可知，面指标中各指标因素与隧道光爆质量之间的关联度第 1 位是 X2、X4，第 2 位是 X1。

利用主成分分析计算的面指标的规格化特征向量见表 5-15，特征值见表 5-16。

面指标规格化特征向量　　　　　　　　　　表 5-15

序号	因子1	因子2	因子3	因子4	因子5	因子6
X1	0.482	−0.052 9	0.204 2	0.850 3	0.008 1	0.006
X2	0.455 5	−0.097 4	0.393	−0.353 7	0.001 3	−0.709 6
X3	−0.420 1	−0.131 1	0.544 2	0.092 4	0.708 3	0.005
X4	0.455 5	−0.097 5	0.392 9	−0.363 5	−0.007 2	0.704 6
X5	−0.419 8	−0.130 8	0.545 3	0.105 6	−0.705 8	−0.003 4
X6	0.004 4	0.971 6	0.236 8	0.001	0.000 4	0.000 1

面指标特征值　　　　　　　　　　　　表 5-16

序号	特征值	百分率（%）	累计百分率（%）
1	4.138 7	68.97	68.97
2	1.008 7	16.81	85.79
3	0.852 3	14.20	99.99
4	0.000 2	0.00	99.99
5	0	0.00	100

第5章 隧道光爆质量评价体系研究

通过以上分析可知，前2个主分量所构成的信息量为总信息量的85.79%，第1主分量代表X1、X2和X4，第2主分量代表X6。

按照评价指标筛选确立的原则，面指标筛选结果汇总见表5-17。

面指标筛选结果汇总 表5-17

编号	优选方法	入选变量		选取的最优特征指标
		第1入选	第2入选	
1	灰色关联分析	X2、X4	X1	X2、X1、X4
2	主成分分析	X1、X2、X4	X6	

5.6.3.4 体指标

X1~X6依次表示超挖体积、欠挖体积、炮眼利用率、炸药用量、经济效益、围岩稳定性。利用灰色关联分析计算的体指标关联序见表5-18，关联度见表5-19。

体指标关联序 表5-18

X1和其他指标的关联序		X2和其他指标的关联序		X3和其他指标的关联序		X4和其他指标的关联序		X5和其他指标的关联序		X6和其他指标的关联序	
指标	关联系数	指标	关联系数	指标	关联系数	指标	关联系数	指标	关联系数	指标	关联系数
X4	0.9143	X1	0.7884	X4	0.9802	X3	0.9803	X6	0.9032	X3	0.9715
X6	0.9118	X5	0.7772	X6	0.9715	X6	0.9677	X3	0.9023	X4	0.9677
X3	0.9111	X4	0.7772	X1	0.9137	X1	0.9169	X4	0.9022	X1	0.9143
X5	0.8544	X6	0.7769	X5	0.9015	X5	0.9016	X1	0.8591	X5	0.9024
X2	0.7821	X3	0.7761	X2	0.7747	X2	0.7761	X2	0.7777	X2	0.7754

体指标关联度 表5-19

指标	关联度	指标	关联度	指标	关联度
超挖体积	0.6717	炮眼利用率	0.6927	经济效益	0.6680
欠挖体积	0.6120	炸药用量	0.6928	围岩稳定性	0.6914

通过以上分析可知，体指标中各指标因素与隧道光爆质量之间的关联度第1位是X4，第2位是X3，第3位是X6，第4位是X1。

利用主成分分析计算的体指标的规格化特征向量见表5-20，特征值见表5-21。

体指标规格化特征向量 表5-20

序号	因子1	因子2	因子3	因子4	因子5	因子6
X1	0.6803	0.1677	−0.0382	0.0401	−0.1835	0.6872
X2	0.2804	0.2529	0.8621	−0.193	0.1285	−0.2459
X3	−0.1596	0.5908	−0.2297	−0.2879	0.6715	0.1972
X4	0.1689	−0.5876	0.1288	0.3222	0.6952	0.1502
X5	−0.6354	−0.0343	0.430	0.076	−0.1243	0.6236
X6	−0.0288	0.4609	0.0315	0.8768	0.0125	−0.13

以上分析表明，前4个主分量所构成的信息量为总信息量的84.74%，第1主分量代表X1，第2主分量代表X3，第3主分量代表X2，第4主分量代表X6。

按照评价指标筛选确立的原则，体指标筛选结果汇总见表5-22。

体指标特征值　　　　　　　　表 5-21

序号	特征值	百分率（%）	累计百分率（%）
1	1.742 7	29.04	29.04
2	1.519 9	25.33	54.37
3	0.950 6	15.84	70.21
4	0.871 8	14.52	84.74
5	0.648 2	10.80	95.55
6	0.266 9	4.44	100

体指标筛选结果汇总　　　　　　　　表 5-22

编号	优选方法	入选变量				选取的最优特征指标
		第1入选	第2入选	第3入选	第4入选	
1	灰色关联分析	X4	X3	X6	X1	X1、X3
2	主成分分析	X1	X3	X2	X6	

5.6.4　隧道光爆质量评价指标体系建立

通过对隧道光爆质量各评价指标进行初选、筛选，舍弃不符合要求的指标，将保留的评价指标按照所设计的评价体系框架结构，建立隧道光爆质量评价指标体系。该指标体系共分3个层次，目标层为隧道光爆质量评价指标，准则层包括点指标、线指标、面指标、体指标，指标层共包括9个指标，见表5-23。

建立的隧道光爆质量评价指标体系　　　　　　　　表 5-23

目标层	准则层	指标层（单位）
隧道光爆质量评价指标体系 A	点指标 B_1	最大超挖 C_{11}(m)
		平均线性超挖 C_{12}(m)
		最大欠挖 C_{13}(m)
	线指标 B_2	两炮间台阶最大尺寸 C_{21}(cm)
	面指标 B_3	超挖面积 C_{31}(m^2)
		量测断面面积 C_{32}(m^2)
		超挖率 C_{33}(%)
	体指标 B_4	超挖体积 C_{41}(m^3)
		炮眼利用率 C_{42}(%)

注：隧道光爆质量评价指标体系指标解释见附录 B。

5.7　隧道光爆质量评价指标权重计算

隧道光爆质量是一个多属性、多目标的综合评价问题，其指标体系中各评价指标的作用及重要程度均不同，需要对各评价指标赋予不同的权重系数。在各类评价指标权重的计算方法中，大多数研究仅单一地运用主观权重计算法或客观权重计算法，不能全面反映评价者在评价时的主观能动性和各指标客观的属性对评价结论的整体影响。权重赋值是否合理，关系到整个隧道光爆质量评价的科学性、合理性。因此，权重的赋值必须做到科学、客观、合理，因而需要寻求最佳的权重系数计算方法。本研究建立的隧道光爆质量评价指标权重主要依据国内外案例以及现场调查、专家咨询和试验研究而采集的数据,是综合集成赋权,选取的典型隧道类型主要包括铁路隧道、公路隧道、城市地下隧道等。

5.7.1 指标权重计算方法

指标权重计算主要基于主观权重计算法和客观权重计算法进行综合集成赋权,其中,主观权重计算包括改进的 AHP 法[310],客观权重计算包括灰色关联分析[308,309]、因子分析[185]和变异系数分析[311]。

5.7.1.1 基于单位化约束条件的综合集成赋权法

记由主观权重法计算的权重向量为:$l_i = (l_{i1}, l_{i2}, \cdots, l_{in})$,且满足 $0 \leqslant l_{ij} \leqslant 1$,$\sum_{j=1}^{n} l_{ij} = 1$;

由客观赋权法计算得出的权重向量为:$m_i = (m_{i1}, m_{i2}, \cdots, m_{in})$,且满足 $0 \leqslant m_{ij} \leqslant 1$,$\sum_{j=1}^{n} m_{ij} = 1$;

记 λ_1、λ_2 分别为主观权重、客观权重的权重待定系数,其要满足单位化约束条件,即 $\lambda_1^2 + \lambda_2^2 = 1$,$\lambda_1 \geqslant 0$,$\lambda_2 \geqslant 0$,将主观权重向量和客观权重向量进行综合,则有权重计算公式:

$$\omega_i = \lambda_1 l_i + \lambda_2 m_i \tag{5.1}$$

式中,ω_i 指第 i 项指标的权重;λ_1、λ_2 分别各取 0.5;l_i 指第 i 项指标的主观权重;m_i 指第 i 项指标的客观权重,其计算公式如下:

$$m_i = \frac{p_i + q_i + r_i}{3} \tag{5.2}$$

式中,p_i 指第 i 项指标灰色关联分析的权重;q_i 指第 i 项主成分分析的权重;r_i 指第 i 项指标变异系数法的权重。

5.7.1.2 基于博弈论的综合集成赋权法

记 p 个权重向量 $F_i^T (F_i^T = (F_{i1}, F_{i2}, \cdots, F_{in}))$ 的线性组合是

$$F = \sum_{i=1}^{p} \partial_i F_i^T \tag{5.3}$$

式中,F 是基于权重集的一种可能权重向量,即 $\left(F \mid F = \sum_{i=1}^{p} \alpha_i F_i^T, \alpha_i > 0\right)$ 表示可能的权重向量集。

对式(5.3)中的 p 个线性组合系数 α_i 进行优化以寻求最佳的权向量,即使 F 与每一个 F_i 的离差极小化,由此可得对策模型:

$$Min \left\| \sum_{i=1}^{p} \alpha_i F_i^T - F_j^T \right\|_2 \quad j = 1, 2, \cdots, p \tag{5.4}$$

利用矩阵的微分性质对上式进行求解,有

$$\sum_{i=1}^{p} \alpha_i F_j F_i^T = F_j F_j^T \tag{5.5}$$

其线性方程组可表达为

$$\begin{bmatrix} \lambda_1 \lambda_1^T & \lambda_1 \lambda_2^T & \cdots & \lambda_1 \lambda_p^T \\ \lambda_2 \lambda_1^T & \lambda_2 \lambda_2^T & \cdots & \lambda_2 \lambda_p^T \\ & & \vdots & \\ \lambda_p \lambda_1^T & \lambda_p \lambda_2^T & \cdots & \lambda_p \lambda_p^T \end{bmatrix} \begin{bmatrix} \alpha_1 \\ \alpha_2 \\ \vdots \\ \alpha_p \end{bmatrix} = \begin{bmatrix} \lambda_1 \lambda_1^T \\ \lambda_2 \lambda_2^T \\ \vdots \\ \lambda_p \lambda_p^T \end{bmatrix} \tag{5.6}$$

利用 MATLAB 软件编程，对上式进行求解，从而求出指标的综合权重系数 F。但是利用该方法对评价指标进行权重系数计算时，有时候会出现负值，针对这种问题，建议利用优化模型的方法进行求解：

$$Min \left\| \sum_{i=1}^{p} \alpha_i F_i^T - F_j^T \right\|_2 \quad j = 1, 2, \cdots, p \quad (5.7)$$

$$s.t. \begin{cases} \|F_j\| = 1 \\ F_j > 0 \end{cases}$$

5.7.2 基于单位化约束条件的综合集成赋权法权重计算

以改进的 AHP 法计算的结果作为主观权重系数，取灰色关联分析、因子分析、变异系数分析等 3 种客观赋权法计算结果的均值作为客观权重系数，根据式（5.1）计算综合权重系数，见表 5-24。

基于单位化约束条件的综合集成赋权法权重系数　　　　表 5-24

评价指标	主观赋权法		客观赋权法				综合集成赋权法
	AHP 分析法	主观权重系数	灰色关联分析	因子分析	变异系数法	客观权重系数	综合集成赋权法系数
最大超挖	0.216 4	0.216 4	0.117	0.077	0.065	0.087	0.151
平均线性超挖	0.238 2	0.238 2	0.123	0.106	0.075	0.101	0.170
最大欠挖	0.065 6	0.065 6	0.077	0.067	0.355	0.166	0.116
两炮间台阶最大尺寸	0.287	0.287	0.108	0.182	0.122	0.137	0.212
超挖面积	0.043 3	0.043 3	0.122	0.089	0.096	0.103	0.073
量测断面面积	0.011 5	0.011 5	0.118	0.087	0.007	0.071	0.041
超挖率	0.027 3	0.027 3	0.122	0.089	0.096	0.103	0.065
超挖体积	0.083 1	0.083 1	0.097	0.044	0.159	0.100	0.092
炮眼利用率	0.027 7	0.027 7	0.115	0.258	0.022	0.132	0.080

5.7.3 基于博弈论的综合集成赋权法权重计算

该方法首先利用指标权重计算时采用的改进 AHP 法、灰色关联分析法、因子分析法、变异系数分析法确定主观权重系数和客观权重系数，然后基于博弈论理论[312]将主观权重系数和客观权重系数组合进行赋权。其计算步骤如下。

利用改进 AHP 分析法计算得到的主观权重系数为

$F_1 = (0.216\,4, 0.238\,2, 0.065\,6, 0.287, 0.043\,3, 0.011\,5, 0.027\,3, 0.083\,1, 0.027\,7)$

利用灰色关联分析计算得到的客观权重系数为

$F_2 = (0.117, 0.123, 0.077, 0.108, 0.122, 0.118, 0.122, 0.097, 0.115)$

利用因子分析计算得到的客观权重系数为

$F_3 = (0.077, 0.106, 0.067, 0.182, 0.089, 0.087, 0.089, 0.044, 0.258)$

利用变异系数法计算得到的客观权重系数为

$F_4 = (0.065, 0.075, 0.355, 0.122, 0.096, 0.007, 0.096, 0.159, 0.022)$

利用 MATLAB 编程计算得到 4 种方法的系数分别为：$\alpha_1 = 0.806\,0$，$\alpha_2 = -1.771\,4$，

$\alpha_3=1.1660$,$\alpha_4=0.9118$,根据式（5.7）对其进行模型优化求解，归一化后有：$\alpha_1=0.3046$,$\alpha_2=0.0380$,$\alpha_3=0.3418$,$\alpha_4=0.3156$。将 α_1,α_2,α_3,α_4 及 F_1,F_2,F_3,F_4 分别代入式（5.3），可得基于博弈论的综合集成赋权法综合权重系数（见表5-25）。

基于博弈论的综合集成赋权法权重系数　　　　表 5-25

指标	最大超挖	平均线性超挖	最大欠挖	两炮间台阶最大尺寸	超挖面积	量测断面面积	超挖率	超挖体积	炮眼利用率
F	0.1172	0.1371	0.1578	0.1922	0.0785	0.0399	0.0737	0.0942	0.1079

5.8 隧道光爆质量等级综合评价模型

单一的隧道光爆质量评价指标体系不能完全反映隧道光爆质量的等级，如隧道某个断面的某一部位超挖量很大但超挖面积非常小，很难判断该部位光爆质量是属于何种等级。单一按照超挖量、欠挖量、炮眼痕迹保存率、炮眼利用率等对光爆质量进行评价，如果按照就高不就低的原则，则人为地扩大了光爆质量效果的好坏，不能客观、全面地反映光爆质量。因此，隧道光爆质量等级综合评价模型选择的正确与否，关系到是否客观、全面地对隧道光爆质量进行评价。

5.8.1 隧道光爆质量等级综合指数评价模型

综合指数评价法操作方便、原理简单、计算合理，适合于在复杂环境下对隧道光爆质量进行快速评价。综合指数评价法主要包括4个步骤：①建立隧道光爆质量评价指标体系；②计算隧道光爆质量各指标的归一化值；③计算隧道光爆质量评价各指标的权重系数；④计算隧道光爆质量等级综合指数。利用这种方法对隧道光爆质量进行等级评价时，重点是要选取合理的评价指标和准确、合理确定各评价指标的权重系数。其综合评价模型为：

$$\mathrm{SEI} = \sum_{i=1}^{n} F_i \cdot \omega_i \tag{5.8}$$

式中，SEI 指隧道光爆质量等级评价综合指数；F_i 指第 i 项指标的取值；ω_i 指第 i 项指标的权重。

上式中的权重系数取基于单位约束条件综合集成赋权和基于博弈论综合集成赋权计算的权重系数，可得如下2种隧道光爆质量等级综合指数评价模型。

（1）基于单位约束条件综合集成赋权的光爆质量等级综合指数评价模型 SEI_d

$$\begin{aligned}\mathrm{SEI}_d = \sum_{i=1}^{9} F_i \cdot \omega_i &= 0.151F_1 + 0.170F_2 + 0.116F_3 + 0.212F_4 \\ &+ 0.073F_5 + 0.041F_6 + 0.065F_7 + 0.092F_8 + 0.080F_9\end{aligned} \tag{5.9}$$

（2）基于博弈论综合集成赋权的光爆质量等级综合指数评价模型 SEI_b

$$\begin{aligned}\mathrm{SEI}_b = \sum_{i=1}^{9} F_i \cdot \omega_i &= 0.1172F_1 + 0.1371F_2 + 0.1578F_3 + 0.1922F_4 \\ &+ 0.0785F_5 + 0.0399F_6 + 0.0737F_7 + 0.0942F_8 + 0.1079F_9\end{aligned} \tag{5.10}$$

5.8.2 隧道光爆质量投影寻踪等级评价模型

投影寻踪技术（Projection Prusuit，PP）是分析和处理高维数据，尤其是处理来自非正态分布的高维数据的一种有效方法。根据给定的判别标准，利用投影特征值对评价样本进行等级水平评价，称为投影寻踪等级评价模型，其实现的主要方法如下。

（1）数据预处理。

设投影寻踪插值问题的多指标样本集为 $\{x^*(i,j)|i=1,\cdots,n; j=1,\cdots,p\}$，其中：$x^*(i,j)$ 为第 i 个样本的第 j 个指标值；n 为样本的个数（样本容量）；p 为指标个数。

对于越大越优的指标：

$$x(i,j) = \frac{x^*(i,j) - x_{\min}(j)}{x_{\max}(j) - x_{\min}(j)} \tag{5.11}$$

对于越小越优指标：

$$x(i,j) = \frac{x_{\max}(j) - x^*(i,j)}{x_{\max}(j) - x_{\min}(j)} \tag{5.12}$$

式中，$x_{\max}(j)$ 和 $x_{\min}(i,j)$ 分别为第 j 个指标的最大值和最小值；$x(i,j)$ 为指标值归一化处理后的序列。

（2）构造投影指标函数。

投影寻踪技术就是要把 p 维数据 $\{x(i,j)|i=1,\cdots,n; j=1,\cdots,p\}$ 综合成以 $a=\{a(1),a(2),a(3),\cdots,a(p)\}$ 为投影方向的一维投影值 $z(i)$：

$$z(i) = \sum_{j=1}^{m} a(j)x(i,j); \quad i=1,2,\cdots,n \tag{5.13}$$

式中，a 为单位长度向量。

综合投影指标值时，要求投影值 $z(i)$ 的散布特征使局部投影点尽可能密集，最好凝聚成若干个点团，而在整体上各个点团间尽可能散开。

其中，S_z 为投影 $z(i)$ 的标准差，D_z 为投影值 $z(i)$ 的局部密度，即

$$S_z = \sqrt{\sum_{j=1}^{m}(z(i)-\overline{z(i)})^2/(n-1)} \tag{5.14}$$

$$D_z = \sum_{i=1}^{n}\sum_{k=1}^{n}(R-r(i,j))\times u(R-r(i,j)); \quad r(i,j)=|z(i)-z(j)| \tag{5.15}$$

式中，R 为局部密度的窗口半径，它的选取既要使包含在窗口内的投影点的平均个数不太少，又不能使它随着 n 的增大而增加太高。

$u(t)$ 为单位阶跃函数：

$$u(t) = \begin{cases} 1 & t \geq 0 \\ 0 & t < 0 \end{cases} \tag{5.16}$$

（3）优化投影指标函数。

在各评价指标的样本集全部给定时，投影指标函数 $Q(a)$ 仅与投影方向 a 有关。不同的投影方向其数据结构特征是不同的，最佳投影方向指最大可能暴露高维数据某类结构特征的投影方向。因此，可以通过求解投影指标函数最大化问题来估计最佳的投影方向。

最大化目标函数：

$$Q(a) = S_z \times D_z \tag{5.17}$$

约束条件为：

$$\text{s. t.} \sum_{j=1}^{p} a^2(j) = 1 \tag{5.18}$$

上式可以运用遗传算法来解决高维全局寻优问题。

(4) 隧道光爆质量综合评价。

把求得的最佳投影方向 a 代入式(5.13)，可得评价等级标准表中各等级样本点的投影值 $z^*(i)$。根据各等级——对应的投影值 $z^*(i)$ 建立投影寻踪等级综合评价模型，将待评价样本进行归一化处理，计算待评价样本的投影值，最后得出各评价样本的所属等级。

5.9 隧道光爆质量评价指标分级标准研究

5.9.1 评价指标分级标准采用的方法

确定隧道光爆质量评价指标的分级标准，实际上就是确定评价指标各个级别相应的区间范围。本研究主要采用动态聚类分析法按五级进行分类，其分级的基本思想[313]就是利用迭代法进行聚类，即按照一定的方法选取一些聚心，然后让这些样本向最近的聚心凝聚，形成一个粗糙的初始分类，再按照最近距离原则对不合理的分类进行修改，直到最终分类比较合理为止。其基本计算步骤如下。

(1) 选择若干个观测对象或随机将 m 个样本 $\alpha_i(i = 1, 2, \cdots, m)$ 分为 f 个初始组 $F_z(z = 1, 2, \cdots, f)$。

(2) 计算各初始组 F_z 的平均数向量 $\overline{\partial}_z = \frac{1}{n_z} H_z$，其中 H_z 和 n_z 分别为 F_z 的总和向量和个体数，同时计算每一个样本 α_i 与 $\overline{\partial}_z$ 之间的距离，即

$$\sigma_{iz}^2 = (\alpha_i - \overline{\partial}_z)(\alpha_i - \overline{\partial}_z) \tag{5.19}$$

(3) 以 $\sigma_{iz}^2 = \min$ 为标准对 ∂_z 进行修改，得到第一次分组。

后面的每一次修改都以前一次修改为基础，重复步骤 (2)、(3)，当前后两次的重心改变很小或达到规定的限制条件时结束分类。

5.9.2 评价指标分级标准的建立

(1) 评价指标分级标准试验。

为验证利用动态聚类分析法对隧道光爆质量评价指标进行分级的正确性和可靠性，基于现有工程案例数据，以平均线性超挖、最大欠挖作为试验指标，进行评价指标分级标准研究，并利用获得的研究结果与国际国内隧道光爆质量的平均水平、先进水平进行对比。结果见表 5-26 和表 5-27。

由表 5-26 可知，平均线性超挖参数可以由显著性水平对各等级进行上限和下限的划分，将分级指标分为五级，即 Ⅰ、Ⅱ、Ⅲ、Ⅳ、Ⅴ，分别表示优、良、中、差、极差。参考尹国铭总结的国内外近 70 个隧道的超挖值的国际水平和国内先进水平、国内一般水平的统计分类结果[314]，并结合评价指标体系初选时收集的国内外 103 个隧道超挖值以及国内相关 16 本规范，认为利用动态聚类分析法对隧道光爆质量进行分级研究是可行的、科

学的,可以结合评价指标的平均水平和先进水平进行适当的微调,其划分标准见表5-27。同理,利用动态聚类分析法获得的最大欠挖分级标准见表5-27。

平均线性超挖参数置信区间估计　　　　　　　　　　　　表5-26

等级	显著性水平α	平均线性超挖	等级	显著性水平α	平均线性超挖
Ⅰ	0.05	0.1588~0.1812	Ⅳ	0.05	0.3145~0.3248
	0.01	0.1539~0.1861		0.01	0.3127~0.3266
Ⅱ	0.05	0.2130~0.2248	Ⅴ	0.05	0.3550~0.3825
	0.01	0.2108~0.2270		0.01	0.3484~0.3891
Ⅲ	0.05	0.2671~0.2762			
	0.01	0.2655~0.2777			

试验指标分级标准　　　　　　　　　　　　表5-27

等级	分级标准（m）	
	平均线性超挖	最大欠挖
Ⅰ	<0.15	<0.02
Ⅱ	0.15~0.21	0.02~0.06
Ⅲ	0.21~0.26	0.06~0.10
Ⅳ	0.26~0.31	0.10~0.21
Ⅴ	>0.31	>0.21

(2) 评价指标分级标准。

隧道光爆质量评价各指标最终聚类中心、指标方差分析、置信区间估计等见表5-28~表5-30。

隧道光爆质量评价各指标最终聚类中心　　　　　　　　　　　　表5-28

指标	Ⅰ	Ⅱ	Ⅲ	Ⅳ	Ⅴ
最大超挖	0.47	1.00	0.86	0.73	0.62
两炮间台阶最大尺寸	2.00	8.00	13.00	25.00	20.00
超挖面积	2.47	5.61	7.44	9.86	12.42
量测断面面积	137.55	138.89	145.08	151.63	148.79
超挖率	1.77	4.02	5.34	7.07	8.91
超挖体积	1.93	3.55	10.03	6.90	5.12
炮眼利用率	79.00	83.45	92.00	87.93	95.00

隧道光爆质量评价分级指标方差分析　　　　　　　　　　　　表5-29

	聚类		误差		F
	均方	df	均方	df	
最大超挖	0.360	4.000	0.000	91.000	263.600*
两炮间台阶最大尺寸	1190.047	4.000	2.218	91.000	536.636*
超挖面积	144.900	4.000	0.580	91.000	251.600*
量测断面面积	195.893	4.000	1.111	91.000	176.250*
超挖率	74.570	4.000	0.300	91.000	251.780*
超挖体积	80.048	4.000	0.256	91.000	312.136*
炮眼利用率	701.908	4.000	0.419	91.000	1676.221**

第5章 隧道光爆质量评价体系研究

隧道光爆质量评价分级指标置信区间估计　　　　表 5-30

等级	显著性水平	最大超挖	两炮间台阶最大尺寸	超挖面积	量测断面面积	超挖率	超挖体积	炮眼利用率
Ⅰ	0.05	0.441~0.505					1.654~2.206	
	0.01	0.426~0.519					1.552~2.308	
Ⅱ	0.05	0.605~0.633		5.223~5.996			3.747~4.300	3.409~3.695
	0.01	0.600~0.637		5.060~6.159			3.630~4.417	3.360~3.745
Ⅲ	0.05	0.715~0.736	13.148~13.775	7.145~7.744	144.465~145.703	5.123~5.552	4.962~5.279	87.361~88.505
	0.01	0.711~0.739	13.022~13.901	7.028~7.860	144.241~145.927	5.040~5.635	4.908~5.333	87.139~88.727
Ⅳ	0.05	0.836~0.876	19.255~20.002	9.625~10.096	148.502~149.070	6.904~7.241	6.250~7.553	83.102~83.794
	0.01	0.828~0.884	19.127~20.129	9.545~10.176	148.406~149.166	6.846~7.299	5.879~7.923	82.981~83.915
Ⅴ	0.05	0.868~1.131	24.658~26.141	12.066~12.772	151.281~151.984	8.654~9.160	8.360~11.699	
	0.01	0.696~1.303	24.404~26.395	11.94~12.895	151.160~152.105	8.565~9.249	6.965~13.094	

由表 5-28 可知，隧道光爆质量评价指标可分五级进行评价。由表 5-29 可知，光爆质量评价分级指标的差异性均达到显著水平。根据最终聚类中心和各类指标参数估计（表 5-30），结合当前隧道爆破生产水平，制定了隧道光爆质量评价指标分级标准，见表 5-31～表 5-33。各评价指标分级标准中，除量测断面面积在分级标准中的定义与其他指标不同外，其他指标的分级标定定义同指标体系中指标的定义，此处量测断面面积分级标准以实际量测断面面积与设计断面面积之差表示。

隧道光爆质量评价指标分级标准（中硬岩）　　　　表 5-31

等级及取值	最大超挖	平均线性超挖	最大欠挖	两炮间台阶最大尺寸	超挖面积	量测断面面积*	超挖率	超挖体积	炮眼利用率
Ⅰ，1	<0.42	<0.15	<0.02	<10	<3.5	<3	<1.5	<1.5	>95
Ⅱ，3	0.42~0.62	0.15~0.21	0.02~0.06	10~15	3.5~5.5	3~6	1.5~3.5	1.5~3.5	95~90
Ⅲ，5	0.62~0.72	0.21~0.26	0.06~0.10	15~20	5.5~7.5	6~9	3.5~5.5	3.5~5.5	90~85
Ⅳ，7	0.72~0.82	0.26~0.31	0.10~0.21	20~25	7.5~9.5	9~12	5.5~7.5	5.5~7.5	85~80
Ⅴ，9	0.82	>0.31	>0.21	>25	>9.5	>12	>7.5	>7.5	<80

隧道光爆质量评价指标分级标准（硬岩）　　　　表 5-32

等级及取值	最大超挖	平均线性超挖	最大欠挖	两炮间台阶最大尺寸	超挖面积	量测断面面积*	超挖率	超挖体积	炮眼利用率
Ⅰ，1	<0.2	<0.10	0	<5	<2	<1	<0.5	<0.5	>95
Ⅱ，3	0.20~0.39	0.10~0.15	0~0.02	5~10	2~4	1~4	0.5~2.5	0.5~2.5	95~90
Ⅲ，5	0.39~0.58	0.15~0.20	0.02~0.80	10~15	4~6	4~7	2.5~4.5	2.5~4.5	90~85
Ⅳ，7	0.58~0.77	0.20~0.25	0.80~0.15	15~20	6~8	7~10	4.5~6.5	4.5~6.5	85~80
Ⅴ，9	>0.77	>0.25	>0.15	>20	>8	>10	>6.5	>6.5	<80

隧道光爆质量评价指标分级标准（软岩）　　　　表 5-33

等级及取值	最大超挖	平均线性超挖	最大欠挖	两炮间台阶最大尺寸	超挖面积	量测断面面积*	超挖率	超挖体积	炮眼利用率
Ⅰ，1	<0.42	<0.18	<0.02	<10	<5	<3	<2.5	<2.5	>100
Ⅱ，3	0.42~0.62	0.18~0.23	0.02~0.06	10~15	5~7	3~6	2.5~4.5	2.5~4.5	100~95
Ⅲ，5	0.62~0.72	0.23~0.28	0.06~0.10	15~20	7~9	6~9	4.5~6.5	4.5~6.5	95~90
Ⅳ，7	0.72~0.82	0.28~0.33	0.10~0.21	20~25	9~11	9~12	6.5~8.5	6.5~8.5	90~85
Ⅴ，9	>0.82	>0.33	>0.21	>25	>11	>12	>8.5	>8.5	<85

(3) 隧道光爆质量等级综合评价分级表。

根据隧道光爆质量评价指标分级标准，制定了隧道光爆质量等级综合评价分级表，见表 5-34。

隧道光爆质量评价指标分级表　　　　　　　　表 5-34

质量评价综合指数 SEI	光爆质量等级
1.0≤SEI≤2.5	Ⅰ（优）
2.5＜SEI≤4.1	Ⅱ（良）
4.1＜SEI≤5.7	Ⅲ（中）
5.7＜SEI≤7.3	Ⅳ（差）
7.3＜SEI≤9.0	Ⅴ（极差）

5.10 隧道光爆质量等级综合评价应用

以成渝高铁大安隧道 DK247＋033.5、DK247＋047.5、DK247＋049.5 断面为例进行分析。其光爆质量评价指标采集数据见表 5-35。

隧道光爆质量评价指标采集　　　　　　　　表 5-35

指标体系		评价指标	评价指标量测值		
			DK247＋033.5	DK247＋047.5	DK247＋049.5
隧道光爆质量评价指标体系	点指标	最大超挖（m）	0.64	0.59	0.69
		平均线性超挖（m）	0.32	0.30	0.21
		最大欠挖（m）	0.14	0.03	0.28
	线指标	两炮间台阶最大尺寸（cm）	15	8	23
	面指标	超挖面积（m²）	11.78	10.90	4.70
		量测断面面积（m²）	151.10	150.31	142.19
		超挖率（%）	8.45	7.82	3.37
	体指标	超挖体积（m³）	5.89	5.45	2.35
		炮眼利用率（%）	95	92	79

5.10.1 隧道光爆质量等级综合指数评价模型的应用

根据式（5.9）～式（5.10），对隧道光爆质量等级进行评价，并对 2 种综合指数评价模型进行对比，见表 5-36。由表 5-36 可知，2 种方法的评价等级均相同，表明 SEI_d 法、SEI_b 法评价值能真实地反映隧道光爆的质量。

隧道断面光爆质量等级综合指数评价对比　　　　　　　　表 5-36

指标		最大超挖	平均线性超挖	最大欠挖	两炮间台阶最大尺寸	超挖面积	量测断面面积	超挖率	超挖体积	炮眼利用率	总分值	光爆质量等级
权重系数	SEI_d	0.151	0.170	0.116	0.212	0.073	0.041	0.065	0.092	0.080		
	SEI_b	0.117 2	0.137 1	0.157 8	0.192 2	0.078 5	0.039 9	0.073 7	0.094 2	0.107 9		

续表

指标			最大超挖	平均线性超挖	最大欠挖	两炮间台阶最大尺寸	超挖面积	量测断面面积	超挖率	超挖体积	炮眼利用率	总分值	光爆质量等级
评价模型SEI	DK247+033.5	分级取值	5	9	7	3	9	7	9	7	1		
		SEI_d	0.757	1.529	0.812	0.637	0.657	0.289	0.585	0.641	0.080	5.985	差
		SEI_b	0.586	1.234	1.105	0.577	0.707	0.279	0.663	0.659	0.108	5.918	差
	DK247+047.5	分级取值	3	7	3	1	9	7	9	5	3		
		SEI_d	0.454	1.189	0.348	0.212	0.657	0.289	0.585	0.458	0.240	4.431	中
		SEI_b	0.352	0.960	0.473	0.192	0.707	0.279	0.663	0.471	0.324	4.421	中
	DK247+049.5	分级取值	5	3	9	7	5	1	3	3	9		
		SEI_d	0.757	0.510	1.044	1.485	0.365	0.041	0.195	0.275	0.719	5.390	中
		SEI_b	0.586	0.411	1.420	1.345	0.393	0.040	0.221	0.283	0.971	5.670	中

5.10.2 隧道光爆质量投影寻踪等级评价模型的应用

根据隧道光爆质量评价指标分级标准（中硬岩）和投影寻踪理论模型，编制 MATLAB 程序计算评价指标标准参数特征值，其主要程序为：

```
function q= beta20(a)
x=[0.00   0.00   0.00   0.00   0.00   0.00   0.00   0.00   100.00
   0.42   0.15   0.02   10    3.5    3     1.5    1.5    95
   0.62   0.21   0.06   15    5.5    6     3.5    3.5    90
   0.72   0.26   0.120  7.5   9      5.5    5.5    85
   0.82   0.31   0.21   25    9.5    12    7.5    7.5    80];
[m,n]=size(x);a1=max(x);b=min(x);
for i=1:m                    %归一化处理
    for j=1:n
        if j<10
            x1(i,j)=(a1(j)-x(i,j))/(a1(j)-b(j));
        else x1(i,j)=(x(i,j)-b(j))/(a1(j)-b(j));
        end
for i=1:m
......
```

在 MATLAB 工作空间输入下列命令打开遗传算法的 GUI：
>>gatool

在 Fitness function 窗口中输入@beta20，在 Number of variables 窗口中输入变量数量 9，在约束条件（Constraints）的 Bounds 中的 Lower 窗口中输入 zeros（1，9），Upper 窗口中输入 ones（1，9）。其他条件可以采用默认值，也可以做相应调整。然后单击 Start 按钮，进行相应的计算。其参数输入见图 5-42。

综合以上可以求出评价指标的最佳投影方向，即

$a^* = (0.3154\ 0.3663\ 0.1952\ 0.2508\ 0.5209\ 0.2346\ 0.3747\ 0.2091\ 0.3934)$

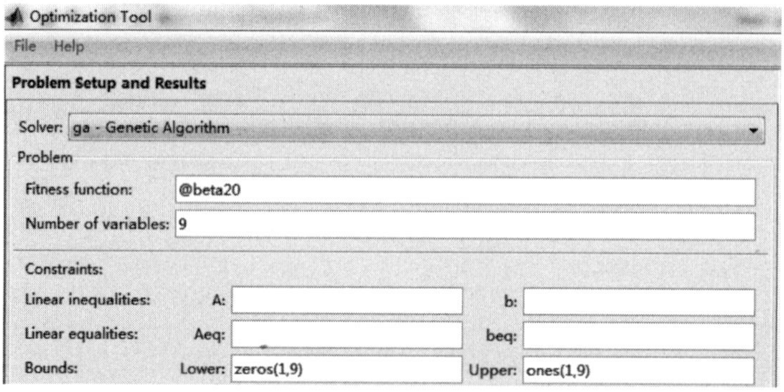

图 5-42　基于遗传算法的投影寻踪计算

然后再将其代入投影特征公式，即可得评价指标的投影特征值，见表 5-37。

基于投影寻踪特征值的光爆等级　　　　　　　表 5-37

隧道光爆质量评价指标等级	投影寻踪特征值
Ⅰ（优）	2.86
Ⅱ（良）	1.94
Ⅲ（中）	1.28
Ⅳ（差）	0.67
Ⅴ（极差）	0.00

对成渝高铁大安隧道三个断面量测数据进行评价，依据投影寻踪理论模型，利用 MATLAB 编程获得的隧道光爆质量评价指标的最佳投影方向为：

$$a^* = (0.1841\ 0.4406\ 0.0007\ 0.0034\ 0.5045\ 0.4941\ 0.5099\ 0.1154\ 0.0001)$$

然后将其代入式（5.13）可得隧道光爆质量评价指标的投影值为：

$$Z^* = (0.57\ 0.81\ 2.17)$$

将获得的投影值与表 5-37 对应，可知隧道光爆质量等级，见表 5-38。

大安隧道三个断面的隧道光爆质量评价等级　　　　　表 5-38

断面号	DK247+033.5	DK247+047.5	DK247+049.5
投影寻踪投影值	0.57	0.81	2.17
光爆质量分级	Ⅳ（差）	Ⅲ（中）	Ⅰ（优）

由表可知，投影寻踪等级评价模型能较好地反映隧道光爆质量的等级。因此，利用投影寻踪技术能够构造反映隧道光爆质量诸多影响因素特性的综合质量评价指标，且计算简单、概念明确，能较客观、真实、准确地反映隧道光爆质量，同时也表明，多方法综合集成能避免质量评价时受主观、客观因素的影响。

5.11　小结

目前有关隧道光爆质量的评价一般都是定性的，缺乏统一的隧道光爆质量评价标准，没有一套完整而系统的指标评价体系和定量计算的依据。因此，本研究根据隧道等地下工程施工设计标准规范、科技文献、现场调研等先验知识和工程实践经验，总结归纳隧道光爆质量评价影响因素，提出了隧道光爆质量评价体系构建的原则，并对隧道光爆质量评价体系进行框架结构设计，进而从点、线、面、体等方面构建隧道光爆质量评价指标，建立隧道光爆质量评价指标体系，开展隧道光爆质量评价体系研究。其主要研究结论如下。

（1）基于国内外目前铁路、公路、煤矿、水电等隧道及地下工程在光爆质量评价时所采用的指标、现行各类规范、科技文献等先验知识和工程实践经验的指标采用率统计以及现场调研、专家咨询、试验研究，提出影响隧道光爆质量评价的主要因素有39个。

（2）提出了隧道光爆质量评价指标体系构建的方法，建立了包含点、线、面、体等4个准则层共9个指标的隧道光爆质量评价指标体系。点指标主要表征隧道光爆质量超欠挖的量值，线指标主要表征隧道光爆不同超欠挖点之间的差异和线性展布规律，面指标主要表征隧道光爆超欠挖在平面上的量值及其展布规律，体指标主要表征隧道光爆超欠挖的三维计算量值及其三维特征。

（3）综合集成改进的AHP法、灰色关联分析、因子分析和变异系数分析对隧道光爆质量评价指标权重进行计算，建立了基于单位化约束条件的综合集成赋权法权重和基于博弈论的综合集成赋权法权重，避免单一地运用主观权重计算法或客观权重计算法进行权重计算，全面、客观地反映了评价者在评价时的主观能动性和各指标客观属性对评价结论的整体影响。

（4）建立了隧道光爆质量等级综合指数评价模型和隧道光爆质量投影寻踪等级评价模型。其中，隧道光爆质量等级综合指数评价模型可根据权重系数的不同而构建了2种评价模型，即：

① 基于单位约束条件综合集成赋权的光爆质量等级综合指数评价模型；

② 基于博弈论综合集成赋权的光爆质量等级综合指数评价模型。

（5）采用动态聚类5级分类法研究了隧道光爆质量评价指标分级标准，建立了包括硬岩、中硬岩和软岩的隧道光爆质量评价指标分级标准，并相应地制定了隧道光爆质量等级综合评价分级表。

（6）通过对成渝高铁大安隧道的综合评价验证了隧道光爆质量等级综合指数评价模型、隧道光爆质量投影寻踪等级评价模型的实用性和正确性。构建的这些评价模型将对隧道光爆质量综合评价起到积极的推动作用。

第6章 隧道光爆质量控制体系研究

6.1 引言

隧道光爆质量控制应是建设单位、施工单位及其他参建单位，对隧道工程爆破施工各阶段存在或潜在的质量问题进行辨识、评估、预防和控制的全过程，其贯穿于隧道爆破施工自身的专业技术和施工管理工作之中，是以最小的工程造价取得最优的经济效益和最佳的安全保障的工程实践的总称。隧道光爆施工过程复杂，爆破后要求隧道毛洞成型规整，表面光滑，成型的轮廓线以外的岩石不受炮振扰动和破坏，轮廓线以内的岩石要很好地破碎，对施工精度要求高，但由于光爆质量影响因素众多，因此，隧道光爆施工质量较难控制、质量波动较大。现有的以肉眼观测、经验判断、人为控制为主的方法已难以适应隧道光爆施工质量控制要求。[34]要保证隧道光爆施工的质量，应该将质量控制重点由传统的单一指标控制方法转变为集动态、智能、多元、集成化为一体的控制技术。

因此，有必要将过程质量控制技术引入到隧道光爆施工质量控制之中，建立一套隧道光爆质量控制指标体系，构建隧道光爆质量控制模型，通过控制隧道光爆施工全过程的质量来进一步保证隧道光爆的质量，从而迅速根据隧道光爆质量的评价等级对隧道光爆参数进行优化调整，改光爆质量事后控制为事前控制，这同时有利于建设单位、施工单位等参建单位对隧道光爆施工的关键环节制定合适的控制范围，并对其进行实时监测与有效控制。

6.2 隧道光爆质量控制体系构建原则

为了及时发现和实时监测与控制影响隧道光爆质量施工的关键环节可能出现的各种问题，需要选择合理的隧道光爆质量控制指标，这决定了隧道光爆质量评价结果的可靠性，同时也反映了最终的隧道光爆质量。因此，在选择隧道光爆质量控制指标时应遵循一定的原则。

（1）全面性和代表性。

隧道光爆施工过程复杂，涉及范围广，影响因素众多，因而选取控制指标时必须考虑各方面的影响，应尽量真实地体现隧道光爆施工的全过程。所选取的各控制指标应直观地反映各自指标层次的目的、作用和功能，确保选取的控制指标是各对应层次中最具代表性的指标。

（2）创新性和科学性。

在设计隧道光爆质量控制指标时，要目的明确，所设计的控制指标在理论上要有科学依据，要具有代表性和合理性；同时要有创新，不能生搬硬套现有规范已经存在且实施时间很长的指标，应该结合现有规范与实际隧道光爆施工过程和爆破施工技术的发展，选取适合现阶段隧道光爆施工的新指标，体现其在隧道光爆质量辨识、评估、控制中的作用。

(3) 系统性、层次性。

应根据隧道光爆质量的影响类别设置分级层次，层次之间要关系明确、指标权重合理，并与所选的隧道光爆质量控制方法相融合。所选的控制指标不仅要反映对隧道光爆质量的影响，而且还要相互协调，便于全面、系统地建立隧道光爆质量控制指标体系，进而评价隧道光爆质量，并给出隧道光爆质量控制建议。

(4) 可操作性。

控制指标的选取应尽量避免繁杂庞大，选取的控制指标体系层次简单，控制指标的概念设计简明扼要，表达方式清晰易懂，采集数据快速、方便。

(5) 动态性。

一个良好的隧道光爆质量控制系统应适应隧道光爆施工的不同阶段，因而其控制指标应当可以根据隧道光爆质量不同的质量控制目标、不同的施工环境、地质环境等因素的改变而适时进行动态调整。

(6) 科学定量化。

设置的控制指标必须科学合理、概念明确，控制指标数据的选取、计算必须以公认的科学理论为依据，不但能够科学反映隧道光爆施工造成的超挖、欠挖、围岩稳定性等特征及其发展水平和爆破炮振扰动演化发展规律，而且必须是可以定量化的控制指标，使其在复杂的爆破施工环境下容易获取，易于施工操作。

6.3 隧道光爆质量控制体系框架结构设计

隧道光爆质量控制是在隧道爆破施工过程中，对影响质量的各类因素进行控制，这是保证隧道爆破后围岩稳定、隧道成型规整、表面光滑的一个行之有效的质量控制途径。但在实际的隧道光爆施工过程的质量控制中，炮孔设计、钻孔、炸药参数、施工因素等都是复杂的，影响光爆质量水平的各项因素相互关联，光爆质量问题引起的后果相互影响，例如爆破造成的欠挖，需要二次装药爆破对其进行重新修复，超挖除需要用昂贵的混凝土进行充填外，关键是严重影响隧道围岩的稳定，对工程的安全施工造成巨大隐患。因而，需要施工单位能够准确地衡量隧道光爆质量波动的大小。因此，为全面准确地控制隧道光爆的质量，需要从整体上建立统一的质量控制指标框架。

根据隧道光爆质量控制原则，借鉴联合国经济合作开发署（OECD）提出的 PSR（压力—状态—响应，Pressure-State-Response）概念模型[315-317]，综合隧道光爆施工过程的实际情况，建立了隧道光爆施工质量控制指标体系的 PSR 概念模型见图 6-1。其可以清晰地反映隧道光爆质量各相关因素的彼此关系，使得决策者能够在复杂的光爆质量控制指标中分层次理顺主次关系，进而逐一比较、判断，优选出最佳控制指标，将控制结果反馈给控制系统，反演出最优的隧道光爆质量控制指标，并给出最优的指标质量控制范围，保证最终控制指标体系的完整性和有效性。

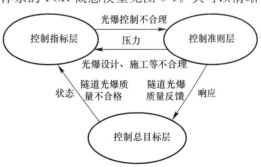

图 6-1 隧道光爆质量控制体系概念模型

6.4 控制指标数据采集

采用现场调查、专家咨询、试验研究、现有工程案例数据搜集等方法对控制指标数据进行采集。

（1）现场调查、专家咨询。

根据隧道光爆质量控制影响因素，采用现场调查和专家咨询法，从地质条件、炸药性质、炮孔参数、装药参数、起爆方式、隧道参数、施工因素等 7 方面共 43 个影响因素（见表 2-1）对定性、定量指标的重要性等级进行评估，共分 5 级。其中：1 代表非常重要（5 分），2 代表比较重要（4 分），3 代表一般重要（3 分），4 代表不太重要（2 分），5 代表很不重要（1 分）。根据现场调查和专家咨询的统计结果，1 级 5 分段以下的指标采用率均小于 60%，根据隧道光爆质量控制的可操作性、科学性、有效性，限于篇幅，这里仅列出对隧道光爆质量影响级别为 1 级 5 分（非常重要）的指标采用率，见图 6-2～图 6-8。

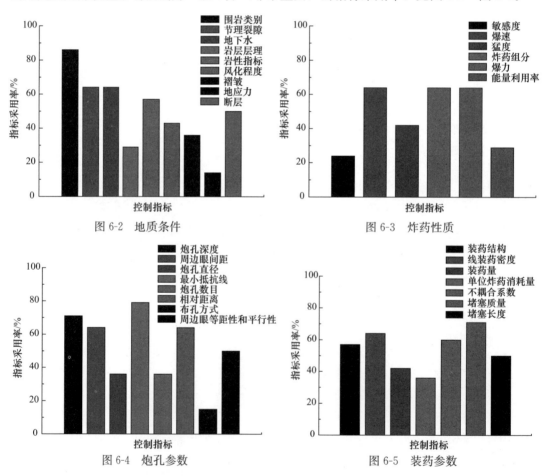

图 6-2　地质条件

图 6-3　炸药性质

图 6-4　炮孔参数

图 6-5　装药参数

由图 6-2 可知，围岩类别的指标采用率为 86%，节理裂隙的指标采用率为 64%，地下水的指标采用率为 64%，其他指标的采用率均小于 60%。

由图 6-3 可知，炸药组分的指标采用率为 64%，爆力的指标采用率为 64%，爆速的指标采用率为 64%，其他指标的采用率均小于 60%。

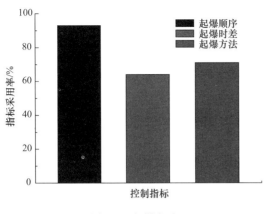

图6-6 起爆方式

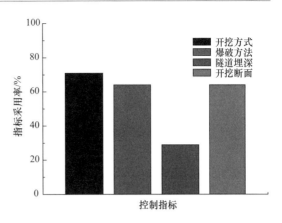

图6-7 隧道参数

由图6-4可知，炮孔深度的指标采用率为71%，周边眼间距的指标采用率为64%，最小抵抗线的指标采用率为79%，周边眼相对距离的指标采用率为64%，其他的指标采用率均小于60%。

由图6-5可知，线装药密度的指标采用率为64%，不耦合系数的指标采用率为60%，堵塞质量的指标采用率为71%，其他的指标采用率均小于60%。

由图6-6可知，起爆顺序的指标采用率为93%，起爆时差的指标采用率为64%，起爆方法的指标采用率为71%，其他指标的采用率均小于60%。

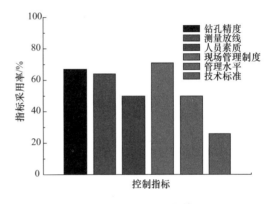

图6-8 施工因素

由图6-7可知，开挖方式的指标采用率为71%，爆破方法的指标采用率为64%，开挖断面的指标采用率为64%，其他指标的采用率均小于60%。

由图6-8可知，钻孔精度的指标采用率为67%，测量放线（包括中线或标高偏差值）的指标采用率为64%，现场管理制度的指标采用率为71%，其他指标采用率均小于60%。

（2）试验研究。

试验研究主要以成渝高铁大安隧道为依托，利用现场试验和数值试验采集定量数据，现场试验采集的主要指标有围岩类别、周边眼间距、炮孔深度、炮孔数目、装药量、最小抵抗线、最大红外温度、最小红外温度等8个指标；数值试验采集的主要指标有周边眼间距、最小抵抗线、相对距离、线装药密度、围岩类别、爆速、测量放线等7个指标。

（3）现有工程案例数据搜集。

现有工程案例数据搜集主要针对现有文献报道的各类隧道及地下工程在爆破施工时采用的控制指标，以寻求获得最多的样本数据，为隧道光爆质量控制提供更多的信息。共搜集了77个隧道及地下工程案例，采集的控制指标主要有围岩类别、炮孔深度、周边眼间距等23个指标，见表6-1。

现有工程案例采集的指标　　　　　　　　表 6-1

编号	指标	编号	指标	编号	指标
1	围岩类别	9	最小抵抗线	17	开挖方式
2	节理裂隙	10	相对距离	18	爆破方法
3	地下水	11	线装药密度	19	隧道埋深
4	炸药组分	12	不耦合系数	20	开挖断面
5	爆力	13	堵塞质量	21	钻孔精度
6	爆速	14	起爆顺序	22	测量放线
7	炮孔深度	15	起爆时差	23	现场管理制度
8	周边眼间距	16	起爆方法		

6.5 隧道光爆质量控制指标体系的建立

6.5.1 隧道光爆质量控制指标体系构建方法

隧道光爆质量控制指标体系建立的主要流程见图 6-9。控制指标体系构建采用的理论方法主要有灰色关联分析、主成分分析，建立控制指标体系采用的步骤与评价指标体系的步骤相同。

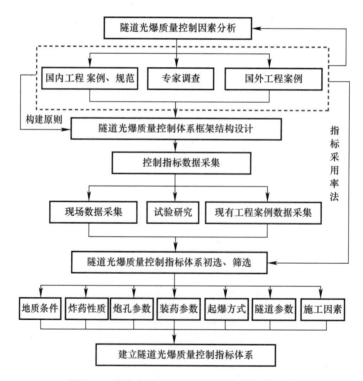

图 6-9　隧道光爆质量控制指标体系构建流程

6.5.2 隧道光爆质量控制指标体系初选

基于隧道光爆质量影响因素，从国内工程案例统计、规范统计、国外工程案例统计等

3方面对国内隧道及地下工程所涉及的控制指标进行指标采用率分析。国内工程案例方面共统计210个案例，共计43个指标，见图6-10～图6-16。国内工程案例统计的地质条件指标采用率主要包括地应力、波阻抗、风化程度、弹性模量、泊松比、抗压强度、抗拉强度、抗剪强度、围岩类别、地下水等，对地质条件中不利结构面组合性对隧道光爆质量的影响国内外研究较少，因此，本研究指标采用率中没有采集该指标。

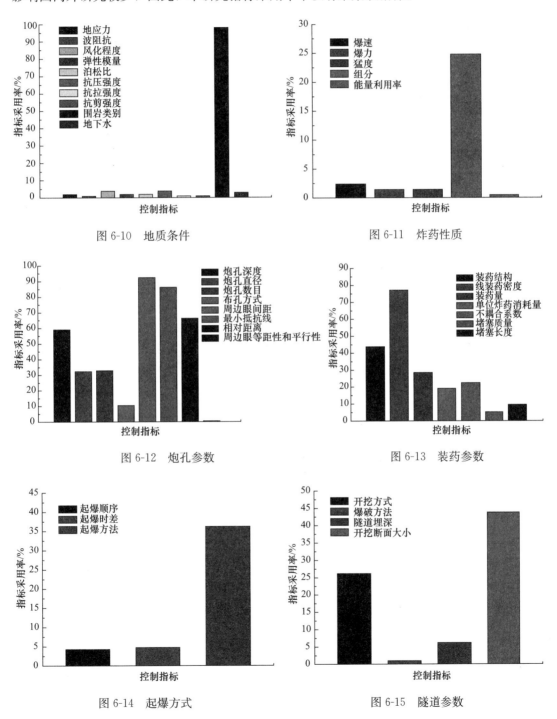

图6-10　地质条件

图6-11　炸药性质

图6-12　炮孔参数

图6-13　装药参数

图6-14　起爆方式

图6-15　隧道参数

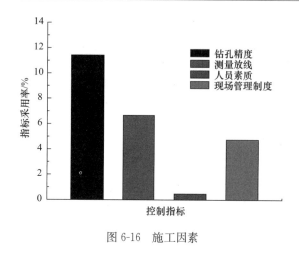

图 6-16　施工因素

对各控制指标进行分析时，为保证指标的有效性、可行性和科学性，仅抽取指标采用率≥60%的进行分析。因此，对于地质条件，围岩类别的指标采用率为89%，其他指标，如地应力、波阻抗、风化程度、弹性模量、泊松比等指标的采用率非常低；对于炮孔参数，周边眼间距的指标采用率为92.4%，最小抵抗线的指标采用率为86.2%，相对距离的指标采用率为66.2%，线装药密度的指标采用率为77.1%，而其他指标，如炸药性质、起爆方式、隧道参数等的采用率均小于60%；对施工因素，钻孔精度、量测放线、人员素质、现场管理制度等指标的采用率均较低。

对我国现行各类规范中控制指标的采用率进行统计，主要包括《公路隧道施工技术规范》JTG/T 3660—2020、《铁路隧道施工规范》TB 10204—2002 等 9 本规范，见图 6-17。分析可知，现行规范中，装药不耦合系数的指标采用率为44%，周边眼间距的指标采用率为100%，最小抵抗线的指标采用率为100%，相对距离的指标采用率为67%，线装药密度的指标采用率为100%，围岩类别的指标采用率为100%，炮孔深度的指标采用率为11%。

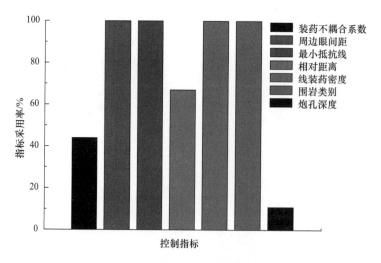

图 6-17　现行规范隧道及地下工程光爆质量控制指标采用率统计

对国外工程案例中采用的隧道光爆质量控制指标进行了统计分析[39,73,109,110,116,130,301,304,318,319]，见图 6-18。分析可知，装药不耦合系数的指标采集率为10%，周边眼间距的指标采集率为100%，周边眼最小抵抗线的指标采集率为100%，相对距离的指标采集率为30%，线装药密度的指标采集率为100%，炮孔深度的指标采集率为40%，围岩类别的指标采集率为100%，测量放线的指标采集率为30%。

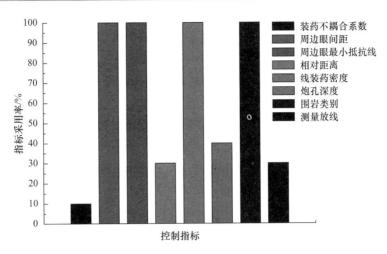

图 6-18 国外工程案例统计

综合国内工程案例统计、规范统计、国外工程案例统计以及隧道光爆质量控制指标数据采集,并结合隧道光爆质量控制体系的 PSR 概念模型,认为控制指标层的指标如围岩类别、周边眼间距、线装药密度等是隧道光爆施工过程中致使光爆质量不合格问题发生的主要因素。这些因素本身的作用以及它们之间的相互作用主要体现在地质条件、炸药性质、炮孔参数、装药参数、起爆方式、隧道参数、施工因素 7 方面。这 7 方面可使决策者能够在复杂的光爆质量控制指标中分层次理顺主次关系,并合理对隧道光爆进行设计、施工,同时把隧道光爆质量反馈给控制总目标层。控制总目标层可以将控制结果反馈给控制系统中控制指标层的指标,进而逐一比较、判断,优选出最佳控制指标,并通过控制准则层反馈给控制总目标,获得最佳的指标质量控制范围,揭示控制指标各相关因素本身及各相关因素之间的彼此关系。因此,从地质条件、炸药性质、炮孔参数、装药参数、起爆方式、隧道参数、施工因素等 7 方面,初步建立了隧道光爆质量控制指标体系,共 22 个指标,见表 6-2。

隧道光爆质量控制指标体系初选　　　　　表 6-2

控制目标层	控制准则层	控制指标层
隧道光爆质量控制指标体系	地质条件	围岩类别
		节理裂隙
		地下水
	炸药性质	炸药组分
		爆力
		爆速
	炮孔参数	炮孔深度
		周边眼间距
		最小抵抗线
		相对距离
	装药参数	线装药密度
		不耦合系数
		堵塞质量

续表

控制目标层	控制准则层	控制指标层
隧道光爆质量控制指标体系	起爆方式	起爆顺序
		起爆时差
		起爆方法
	隧道参数	开挖方式
		爆破方法
		开挖断面
	施工因素	钻孔精度
		测量放线
		现场管理制度

注：隧道光爆质量控制指标体系指标解释见附录C。

6.5.3 隧道光爆质量控制指标体系筛选

根据隧道光爆质量控制指标体系构建的原则，需要对控制指标进行筛选修正，修正的方法主要采用灰色关联分析和主成分分析。

6.5.3.1 地质条件

$X_1 \sim X_3$ 依次表示围岩类别、节理裂隙、地下水。利用灰色关联分析计算的地质条件指标的关联序见表6-3，关联度见表6-4。

地质条件指标关联序　　　　　　　　　　　　表6-3

X_1 和其他控制指标的关联序		X_2 和其他控制指标的关联序		X_3 和其他控制指标的关联序	
控制指标	关联系数	控制指标	关联系数	控制指标	关联系数
X_2	0.690 8	X_1	0.686 2	X_1	0.257 2
X_3	0.257 2	X_3	0.240 7	X_2	0.245 1

地质条件指标关联度　　　　　　　　　　　　表6-4

控制指标	关联度
围岩类别	0.649 3
节理裂隙	0.642 3
地下水	0.500 8

分析可知，各控制指标中，关联度第1位是围岩类别，其次是节理裂隙，再次是地下水。

利用主成分分析计算的地质条件指标的规格化特征向量见表6-5，特征值见表6-6。

地质条件指标规格化特征向量　　　　　　　　　表6-5

控制指标	控制指标1	控制指标2	控制指标3
X_1	0.646 2	0.257 7	0.718 3
X_2	0.633 5	0.343 8	−0.693 2
X_3	−0.425 6	0.903	0.058 9

分析可知，前2个主分量所构成的信息量为总信息量的96.48%，第1主分量为X_1。综合灰色关联分析和主成分分析，可知地质条件的最优特征指标是围岩类别。

地质条件指标特征值　　　　　　　　　　表 6-6

序号	特征值	百分率（%）	累计百分率（%）
1	2.145	71.50	71.50
2	0.749 5	24.98	96.48
3	0.105 5	3.51	100

6.5.3.2 炸药性质

X1~X3 依次表示炸药组分、爆力、爆速。利用灰色关联分析计算的炸药性质指标的关联序见表 6-7，关联度见表 6-8。

炸药性质指标关联序　　　　　　　　　　表 6-7

X1 和其他控制指标的关联序		X2 和其他控制指标的关联序		X3 和其他控制指标的关联序	
控制指标	关联系数	控制指标	关联系数	控制指标	关联系数
X2	0.248 3	X3	0.400 9	X2	0.419 8
X3	0.213 4	X1	0.233 2	X1	0.213 4

炸药性质指标关联度　　　　　　　　　　表 6-8

控制指标	关联度	控制指标	关联度	控制指标	关联度
炸药组分	0.487	爆力	0.544	爆速	0.544

分析可知，关联度最大的影响因素是爆力、爆速。

主成分计算的炸药性质指标的规格化特征向量见表 6-9，特征值见表 6-10。

炸药性质指标规格化特征向量　　　　　　　　　　表 6-9

控制指标	控制指标 1	控制指标 2	控制指标 3
X1	−0.575 2	0.590 5	0.566 1
X2	0.534 2	0.795 2	−0.286 8
X3	0.619 5	−0.137 4	0.772 9

炸药性质指标特征值　　　　　　　　　　表 6-10

序号	特征值	百分率（%）	累计百分率（%）
1	2.318 9	77.29	77.29
2	0.513	17.10	94.39
3	0.168	5.60	100

分析可知，前 1 个主分量所构成的信息量为总信息量的 77.29%，第 1 主分量为 X3。综合灰色关联分析与主成分分析可知，炸药性质的最优特征指标为爆速。

6.5.3.3 炮孔参数

X1~X4 依次表示炮孔深度、周边眼间距、最小抵抗线、相对距离。利用灰色关联分析计算的炮孔参数指标的关联序见表 6-11，关联度见表 6-12。

分析可知，关联度最大的影响因素是最小抵抗线。

利用主成分分析计算的炮孔参数指标的规格化特征向量见表 6-13，特征值见表 6-14。

炮孔参数指标关联序 表6-11

X1和其他指标的关联序		X2和其他指标的关联序		X3和其他指标的关联序		X4和其他指标的关联序	
控制指标	关联系数	控制指标	关联系数	控制指标	关联系数	控制指标	关联系数
X2	0.4573	X3	0.5346	X2	0.6429	X2	0.5799
X3	0.431	X4	0.4635	X1	0.5191	X1	0.509
X4	0.4263	X1	0.4269	X4	0.5001	X3	0.5001

炮孔参数指标关联度 表6-12

控制指标	关联度	控制指标	关联度
炮孔深度	0.5787	最小抵抗线	0.6655
周边眼间距	0.6063	相对距离	0.6473

炮孔参数指标规格化特征向量 表6-13

控制指标	控制指标1	控制指标2	控制指标3	控制指标4
X1	0.4328	−0.2873	0.8544	−0.0101
X2	0.6536	0.1733	−0.2809	−0.6811
X3	0.5135	−0.5147	−0.4269	0.5377
X4	0.349	0.7889	0.0944	0.4968

炮孔参数指标特征值 表6-14

序号	特征值	百分率（%）	累计百分率（%）
1	2.1176	52.94	52.94
2	1.1776	29.43	82.37
3	0.6932	17.33	99.71
4	0.0116	0.28	100

分析可知，前2个主分量所构成的信息量为总信息量的82.37%，第1主分量为X2，第2主分量为X4。

综合灰色关联分析和主成分分析可知，炮孔参数的最优特征指标是周边眼间距、最小抵抗线、相对距离。

6.5.3.4 装药参数

$X1 \sim X3$依次表示线装药密度、不耦合系数、堵塞质量。利用灰色关联分析计算的装药参数指标的关联序见表6-15，关联度见表6-16。

装药参数指标关联序 表6-15

X1和其他控制指标的关联序		X2和其他控制指标的关联序		X3和其他控制指标的关联序	
控制指标	关联系数	控制指标	关联系数	控制指标	关联系数
X3	0.5174	X1	0.4332	X1	0.5164
X2	0.4332	X3	0.3995	X2	0.3984

装药参数指标关联度 表6-16

控制指标	关联度
线装药密度	0.6502
不耦合系数	0.6109
堵塞质量	0.6383

第6章 隧道光爆质量控制体系研究

分析可知,关联度第一的影响因素是线装药密度,第二的影响因素是堵塞质量,第三是不耦合系数。

利用主成分分析计算的装药参数指标的规格化特征向量见表6-17,特征值见表6-18。

装药参数指标规格化特征向量 表6-17

控制指标	控制指标1	控制指标2	控制指标3
X1	0.2076	0.9061	0.3687
X2	0.6577	−0.4083	0.6331
X3	−0.7241	−0.1111	0.6806

装药参数指标特征值 表6-18

序号	特征值	百分率(%)	累计百分率(%)
1	1.265	42.16	42.16
2	1.0359	34.53	76.69
3	0.6991	23.30	100

分析可知,前2个主分量所构成的信息量为总信息量的76.69%,第1主分量为X3,第2主分量为X1。

综合灰色关联分析和主成分分析可知,装药参数的最优特征指标是线装药密度。

6.5.3.5 起爆方式

X1~X3依次表示起爆顺序、起爆时差、起爆方法。利用灰色关联分析计算的起爆方式指标的关联序见表6-19,关联度见表6-20。

起爆方式指标关联序 表6-19

X1和其他控制指标的关联序		X2和其他控制指标的关联序		X3和其他控制指标的关联序	
控制指标	关联系数	控制指标	关联系数	控制指标	关联系数
X2	0.8782	X1	0.8733	X2	0.5061
X3	0.493	X3	0.4921	X1	0.493

起爆方式指标关联度 表6-20

控制指标	关联度	控制指标	关联度	控制指标	关联度
起爆顺序	0.7904	起爆时差	0.7885	起爆方法	0.6664

分析可知,关联度第1位的影响因素是起爆顺序,第2位是起爆时差,第3位是起爆方法。

利用主成分分析计算的起爆方式指标的规格化特征向量见表6-21,特征值见表6-22。

起爆方式指标规格化特征向量 表6-21

控制指标	控制指标1	控制指标2	控制指标3
X1	0.6989	0.0608	0.7126
X2	0.6732	0.2805	−0.6842
X3	−0.2415	0.9579	0.1551

起爆方式指标特征值　　　　　　　　　　表 6-22

序号	特征值	百分率（%）	累计百分率（%）
1	1.355 5	45.18	45.18
2	0.986 4	32.87	78.06
3	0.658 1	21.93	100

分析可知，前 2 个主分量所构成的信息量为总信息量的 78.06%，第 1 主分量为 X1，第 2 主分量为 X3。

综合灰色关联分析和主成分分析可知，起爆方式的最优特征指标是起爆顺序。

6.5.3.6　隧道参数

X1~X3 依次表示开挖方式、爆破方法、开挖断面。利用灰色关联分析计算的隧道参数指标的关联序见表 6-23，关联度见表 6-24。

隧道参数指标关联序　　　　　　　　　　表 6-23

X1 和其他控制指标的关联序		X2 和其他控制指标的关联序		X3 和其他控制指标的关联序	
控制指标	关联系数	控制指标	关联系数	控制指标	关联系数
X3	0.585 9	X1	0.405 9	X1	0.578 1
X2	0.405 9	X3	0.307 5	X2	0.300 2

隧道参数指标关联度　　　　　　　　　　表 6-24

控制指标	关联度	控制指标	关联度
开挖方式	0.663 9	开挖断面	0.626 1
爆破方法	0.571 1		

分析可知，关联度第一位的主要影响因素是开挖方式，第二位的主要影响因素是爆破方法，第三位是开挖断面。

利用主成分分析计算的隧道参数指标的规格化特征向量见表 6-25，特征值见表 6-26。

隧道参数指标规格化特征向量　　　　　　表 6-25

控制指标	控制指标 1	控制指标 2	控制指标 3
X1	0.520 1	0.756 4	−0.396 7
X2	−0.555 9	0.652 4	0.515 1
X3	0.648 4	−0.047 4	0.759 8

隧道参数指标特征值　　　　　　　　　　表 6-26

序号	特征值	百分率（%）	累计百分率（%）
1	1.892 9	63.09	63.09
2	0.756 5	25.21	88.31
3	0.350 6	11.68	100

分析可知，前 2 个主分量所构成的信息量为总信息量的 88.31%，第 1 主分量为 X3，第 2 主分量为 X1。

综合灰色关联分析和主成分分析可知，隧道参数的最优特征指标是开挖方式。

6.5.3.7　施工因素

X1~X3 依次表示钻孔精度、测量放线、现场管理制度。利用灰色关联分析计算的施工因素指标的关联序见表 6-27，关联度见表 6-28。

第6章 隧道光爆质量控制体系研究

施工因素指标关联序   表6-27

X1 和其他控制指标的关联序		X2 和其他控制指标的关联序		X3 和其他控制指标的关联序	
控制指标	关联系数	控制指标	关联系数	控制指标	关联系数
X2	0.460 4	X1	0.482 8	X2	0.466 8
X3	0.312 6	X3	0.466 8	X1	0.336 7

施工因素指标关联度   表6-28

关联矩阵	关联度
钻孔精度	0.591 0
测量放线	0.649 9
现场管理制度	0.601 2

分析可知，关联度第一位的主要影响因素是测量放线，第二位的主要影响因素是现场管理制度，第三位是钻孔精度。

利用主成分分析计算的施工因素指标的规格化特征向量见表6-29，特征值见表6-30。

施工因素指标规格化特征向量   表6-29

控制指标	控制指标1	控制指标2	控制指标3
X1	0.583 7	−0.530 5	0.614 7
X2	0.611 7	−0.210 5	−0.762 5
X3	0.533 9	0.821 1	0.201 7

施工因素指标特征值   表6-30

序号	特征值	百分率（%）	累计百分率（%）
1	1.654 8	55.15	55.15
2	0.747 4	24.91	80.07
3	0.597 8	19.92	100

分析可知，前2个主分量所构成的信息量为总信息量的80.07%，第1主分量为X2，第2主分量为X3。

综合灰色关联分析和主成分分析可知，施工因素的最优特征指标是测量放线。

6.5.4 隧道光爆质量控制指标体系建立

根据控制指标的初选、筛选，舍弃不符合要求的指标，将保留的控制指标按照所设计的控制体系框架结构，建立了包括地质条件、炸药性质、炮孔参数、装药参数、起爆方式、隧道参数、施工因素7个准则层共9个指标的隧道光爆质量控制指标体系，见表6-31。

建立的隧道光爆质量控制指标体系   表6-31

控制目标层	控制准则层	控制指标层（单位）
隧道光爆质量控制指标体系 A	地质条件 B_1	围岩类别 C_{11}
	炸药性质 B_2	爆速 C_{21}(m/s)
	炮孔参数 B_3	周边眼间距 C_{31}(mm)

续表

控制目标层	控制准则层	控制指标层（单位）
隧道光爆质量控制指标体系 A	炮孔参数 B_3	最小抵抗线 C_{32}（m）
		相对距离 C_{33}
	装药参数 B_4	线装药密度 C_{41}（kg/m）
	起爆方式 B_5	起爆顺序 C_{51}
	隧道参数 B_6	开挖方式 C_{61}
	施工因素 B_7	测量放线 C_{71}

注：隧道光爆质量控制指标体系指标解释见附录 C。

6.6 隧道光爆质量综合优化控制模型

基于建立的隧道光爆质量控制指标体系，构建 BP 神经网络、ANFIS 自适应模糊神经网络、Elman 神经网络综合优化控制模型，以快速、客观、准确地对隧道光爆质量给出控制建议和控制值。

6.6.1 BP 神经网络

BP 算法由数据流的前向计算（正向传播）和误差信号的反向传播两个过程构成。正向传播时，传播方向为输入层→隐层→输出层。如果输出层的结果与期望相差较大，则传播流会向反向传播。这两个过程交替进行，在权向量空间执行误差函数梯度下降策略，动态迭代搜索一组权向量，使网络误差函数达到最小值，从而完成信息提取和记忆过程。BP 神经网络拓扑结构如图 6-19 所示。

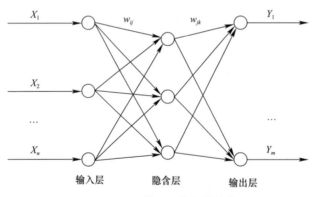

图 6-19 BP 神经网络拓扑结构

图 6-19 中，X_1，X_2，…，X_n 是 BP 神经网络的输入值，Y_1，Y_2，…，Y_m 是 BP 神经网络的预测值，w_{ij} 和 w_{jk} 为 BP 神经网络权值。

BP 神经网络需要通过训练使网络具有联想记忆和预测能力，其训练过程包括[320-325]以下几个步骤。

（1）网络初始化。根据系统输入序列（X，Y）确定网络输入层节点数 n、隐含层节点数 l，输出层节点数 m，初始化输入层、隐含层和输出神经元之间的连接权值 w_{ij} 和 w_{jk}，初始化隐含层阈值 a，输出层阈值 b。

(2) 隐含层输出计算。根据输入向量 X，输入层和隐含层间连接权值 w_{ij} 以及隐含层阈值 a，计算隐含层输出 H。

$$H_j = f\left(\sum_{i=1}^{n} w_{ij} x_i - a_j\right) \quad j = 1, 2, \cdots, l \tag{6.1}$$

式中，l 为隐含层节点数；f 为隐含层激励函数。

(3) 输出层输出计算。根据隐含层输出 H，w_{jk} 和阈值 b，计算 BP 神经网络预测输出 O。

$$O_k = \sum_{j=1}^{l} H_j w_{jk} - b_k \quad k = 1, 2, \cdots, m \tag{6.2}$$

(4) 误差计算。根据网络预测输出 O_k 和期望输出 Y_k，计算网络预测误差 e_k。

$$e_k = Y_k - O_k \quad k = 1, 2, \cdots, m \tag{6.3}$$

(5) 权值更新。根据网络预测误差 e 更新网络连接权值 w_{ij} 和 w_{jk}。

$$w_{ij} = w_{ij} + \eta H_j (1 - H_j) x(i) \sum_{k=1}^{m} w_{jk} e_k \quad i = 1, 2, \cdots, l; j = 1, 2, \cdots, l \tag{6.4}$$

$$w_{jk} = w_{jk} + \eta H_j e_k \quad j = 1, 2, \cdots, l; k = 1, 2, \cdots, m \tag{6.5}$$

式中，η 为学习速率。

(6) 阈值更新。根据网络预测误差 e 更新网络节点阈值 a 和 b。

$$a_j = a_j + \eta H_j (1 - H_j) \sum_{k=1}^{m} w_{jk} e_k \quad i = 1, 2, \cdots, l \tag{6.6}$$

$$b_k = b_k + e_k \quad k = 1, 2, \cdots, m \tag{6.7}$$

(7) 判断算法迭代是否结束，若没有结束，返回步骤（2）。

BP 神经网络的 MATLAB 实现代码如下。

```
[pn,ps]=mapminmax(p);
[tn,ts]=mapminmax(t);
net=newff(pn,tn,[14,6],{'tansig','logsig'},'traingd');%设置参数
net.trainParam.epochs=5000;
net.trainParam.goal=1e-4;
net=train(net,pn,tn);%训练
P_pix_n=mapminmax('apply',test,ps);
y=sim(net,P_pix_n);%预测
ouput=mapminmax('reverse',y,ts)
```

6.6.2 ANFIS 自适应模糊神经网络

Sugeno 模糊模型是最常用的模糊推理模型，其模糊推理规则[43,324-329]如下。

If x is A and y is B Then z=f(x, y)，其中 A 和 B 是作为前提的模糊数，z=f(x, y) 是结论中的精确数，通常 f(x, y) 为 x 和 y 的多项式。当 $f(x, y)$ 为一阶多项式时，模型称为一阶 Sugeno 模糊模型，有以下 2 条规则：

If(x is A1)and(y is B1)then f 1=p 1x+q 1y+r1

If(x is A2)and(y is B2)then f 2=p 2x+q 2y+r2

与该一阶 Sugeno 型模糊系统等效的 ANFIS 结构见图 6-20。

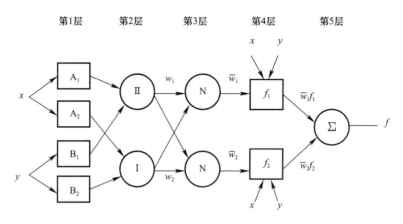

图 6-20　T-S 模糊系统的等效 ANFIS 结构

利用 ANFIS 建模过程分为下列 6 个步骤[324-329]。

(1) 产生训练数据和检验数据。

输入数据矩阵的每一行对应一组输入数据,其中最后一列为输出数据,由于 MATLAB 的自适应模糊神经模型只支持单输出变量的模糊系统,所以输入矩阵的行数为训练数据数目,列数为输入变量数加 1。

(2) 确定输入变量的隶属函数类型和个数。

输入变量的隶属函数类型和数量一般需要根据具体情况分析确定。

(3) 产生初始 FIS 结构。

根据数据分类的方法不同,ANFIS 提供两种不同方法建立初始模糊推理系统。一种是基于函数 genfisl 采用网格分割法生成一个模糊推理系统,从而产生一个基于固定数量隶属度函数的 FIS 结构。另一种方法是利用函数 genfis2,采用减法聚类的方法生成一个模糊推理系统。

(4) 设定 ANFIS 训练参数。

训练参数包括训练的选项向量 trnopt（含训练批数、训练误差目标、初始步长、步长减量比、步长增量比）、显示选项向量 diS0pt（含 ANFIS 信息、误差）、模型有效性检查的数据集名称 ChkData、隶属度函数训练方法 OptMethod 等。

(5) 利用 ANFIS 函数训练 ANFIS。

运用 ANFIS（Sugeno 型模糊推理系统训练）函数训练 ANFIS,即：

[fismat2. errorl. stepsiZe. fismat3. error2]=anfis(trnData. fismatl. trnopt. disOpt. ehkData. 1)。

其中,fismat2 为根据最小训练误差准则而得到 FIS 结构；error1 和 error2 分别为训练数据和检验数据的均方根差；stepsiZe 为训练过程步长的阵列；fismat 为根据最小检验误差准则而得到的 FIS 结构。

(6) 检验 FIS 性能。

根据最小训练误差准则得到 FIS 结构,利用 evalfis 函数完成计算,可将输出值或预测值与实测值进行比较,从而检验所得到的 FIS 的性能。

ANFIS 神经网络 MATLAB 计算主要代码如下。

[pn,ps]＝mapminmax(p)；％pn-归一化后的数据,ps-归一化之后的结构体 tn＝mapminmax（'apply', t, ps）；

```
fismat=genfis2(pn,tn,0.4);
fismat2=anfis([pntn],fismat,[1000,0.001,0.1]);
[p1,ps1]=mapminmax(test);
y=evalfis(p1,fismat2);
output=mapminmax('reverse',y,ps1);
output=round(output)
```

6.6.3 Elman 神经网络

Elman 型神经网络是一种自反馈神经网络，该模型在前馈网络的隐含层中增加一个承接层，作为一步延时算子，达到记忆的目的，从而使系统具有适应时变特性的能力，能直接反映动态过程系统的特性。

Elman 神经网络分为 4 层：输入层、中间层/隐含层、承接层和输出层（见图 6-21）。其输入层、隐含层和输出层的连接类似于前馈网络，输入层的单元仅起信号传输作用，输出层起信号加权作用。隐含层单元的传递函数可采用线性或非线性函数，承接层又称为上下文层或状态层，它用来记忆隐含层单元前一时刻的输出值，可以认为是一个一步延时算子[330-334]。

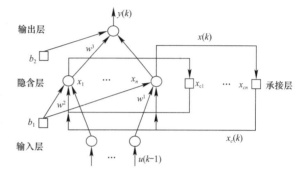

图 6-21 Elman 神经网络结构

如图 6-21 所示，Elman 神经网络的非线性状态空间表达式为：

$$y(k) = g(w^3 x(k) + b_2) \tag{6.8}$$

$$x(k) = f(w^1 x_c(k) + w^2(u(k-1)) + b_1) \tag{6.9}$$

$$x(k) = x(k-1) \tag{6.10}$$

式中，k 表示时刻；y，x，u，x_c 分别表示 1 维输出节点向量，m 维隐含层节点单元向量，n 维输入向量和 m 维反馈状态向量；w^3，w^2，w^1 分别表示隐含层到输出层、输入层到隐含层、承接层到隐含层的连接权值矩阵。$f(\cdot)$ 为隐含层神经元的传递函数；$g(\cdot)$ 为输出层传递函数；b_1 和 b_2 分别为输入层和隐含层的阈值。

Elman 神经网络学习算法采用的是自适应学习速率动量梯度下降反向传播算法，它既能提高网络的训练速度，又能有效抑制网络陷入局部极小点。设第 k 步系统的实际输出向量为 $y_d(k)$，在时间段 $(0, T)$ 内，定义误差函数为：

$$E = \frac{1}{2} \sum_{k=1}^{T} [y_d(k) - y(k)]^2 \tag{6.11}$$

以 w^3，w^2 为例，将 E 对 w^3，w^2 分别求偏导，可得权值修正公式为：

$$\Delta w_{1j}^3(k+1) = (1-mc)\eta(y_d(k) - y(k)) \cdot g'(\cdot)x_j(k) + mc \Delta w_{1j}^3(k) \\ j = 1, 2, \cdots, m \tag{6.12}$$

$$\Delta w_{jq}^2(k+1) = (1-mc)\eta(y_d(k)-y(k)) \cdot f_j'(\cdot)u_q(k-1) + mc\Delta w_{jq}^2(k) \quad (6.13)$$
$$j=1,2,\cdots,m, q=1,2,\cdots,n$$

式中，η 为学习速率；mc 为动量因子，默认值为 0.9。

Elman 神经网络 MATLAB 计算代码如下：

```
[pn,ps]=mapminmax(p);  %pn-归一化后的数据，ps-归一化之后的结构体
[tn,ts]=mapminmax(t);
threshold=[-1,1;-1,1;-1,1;-1,1;-1,1;-1,1;-1,1;-1,1;-1,1];
net=newelm(threshold,[10,1],{'tansig','purelin'},'trainlm');
net.trainParam.epochs=1500;
net=init(net);
net=train(net,pn,tn);  %训练
ptest=mapminmax('apply',test,ps);  %预测数据归一化
y=sim(net,ptest);  %预测
ouput=mapminmax('reverse',y,ts)
```

6.7 隧道光爆质量综合优化控制模型的应用

综合利用 BP 神经网络、ANFIS 自适应模糊神经网络、Elman 神经网络综合优化控制模型，采用以下步骤对后续爆破参数进行调整以实现隧道光爆质量控制。

(1) 将量测的隧道光爆数据作为神经网络的训练样本以建立智能优化模型。

(2) 采用均匀设计法，对需要控制的隧道断面的爆破参数进行优化调整，主要包括周边眼间距、最小抵抗线和线装药密度。其参数调整主要是根据现场实际爆破情况进行的局部微调整，包括向上调整（以"+"表示）、向下调整（以"-"表示）和不调整（以"0"表示），调整的幅度上下各选3个水平，共7个水平，参数优化调整范围见表 6-32。

隧道光爆参数优化调整范围　　　　表 6-32

水平	周边眼间距	最小抵抗线	线装药密度
1	+20%	+20%	+3%
2	+15%	+15%	+2%
3	+10%	+10%	+1%
4	0	0	0
5	-10%	-10%	-1%
6	-15%	-15%	-2%
7	-20%	-20%	-3%

根据[231~295]中提供的隧道光爆参数，实际的周边眼间距和最小抵抗线一般采用 50 cm，如将其上下各浮动 10% 则变成 45 cm 和 55 cm，便于现场施工操作，符合微调的实际需求。但如果将微调的幅度变得更细（如 11%），则实际隧道施工时操作困难（如周边眼间距为 55.5 cm），即使预测效果比较满意也会因不易施工而被放弃，因此，选择 10% 作为微调起始幅度。而选择 20% 作为调整的上限，是因为调整幅度太大将会影响爆破整体设

计,不利于隧道爆破参数优化。装药量的微调也是根据实际需求进行的,与此同时,装药量的调整和周边眼间距应保持一致,因为周边眼间距增大会使周边眼数目减少,为了达到爆破效果,将会增大单孔装药量。

(3)将第(2)步优化调整后的光爆参数表数据作为综合优化模型的测试样本,通过综合优化控制模型进行预测,获得的预测结果即为各参数相应水平对应的隧道光爆质量指数。

(4)利用隧道光爆质量评价体系中建立的评价方法对获得的隧道光爆质量参数进行质量评价。

(5)以隧道光爆质量综合指数为标准,对获得的各组参数进行排序,选择最优爆破参数组作为隧道光爆质量控制的建议。

(6)运用 ANFIS 自适应模糊神经网络、ELMAN 神经网络综合优化控制模型重复(3)~(5)步,将获得的 2 种隧道光爆质量控制建议连同 BP 神经网络获得的控制建议,共同作为隧道光爆质量控制的建议供设计、施工人员参考。

以成渝高铁大安隧道为例(由于大安隧道为高铁隧道,隧道断面特大、炮眼深度大、循环进尺大、工艺先进等,选取其作为典型的钻爆隧道相比选取公路隧道、取水隧道等类型的隧道而言更能代表当前钻爆法隧道的发展趋势),选取现场获取的 34 组数据(见表 6-33 和表 6-34)对建立的 3 种综合优化控制模型进行验证。首先将这 34 组数据都作为综合优化控制模型的训练样本,选取隧道光爆质量控制指标体系中的围岩类别、爆速、周边眼间距、最小抵抗线等 9 个控制指标作为输入,选取光爆质量评价体系中的最大超挖、最大欠挖、超挖面积等 5 个评价指标作为输出。为保证构建的综合优化控制模型的精确度,采用双隐含层的神经网络结构(见图 6-22),并对待评价的光爆控制参数进行分组,每一组都是包括 9 个输入和 1 个输出的综合优化控制神经网络模型。然后选取第 34 组数据作为测试样本,利用构建的 3 种综合优化控制模型进行测试,验证测试结果与期望结果的精确度,3 种综合优化控制模型预测结果对比见表 6-35。进而按照确定的隧道光爆质量控制参数优化调整范围(见表 6-32),利用均匀设计进行多因子试验,按照试验因子水平数为 7 均匀设计方案,构建 7 个试验组合的隧道光爆质量控制优化方案(见表 6-36),利用构建的 3 种综合优化控制模型对确立的爆破优化调整参数进行预测。最后对 3 种预测模型预测的结论按照隧道光爆质量评价体系中构建的指标评价模型,分别进行评价,确立各控制指标的隧道光爆质量指数,并对其进行排序,确定最优光爆质量控制指标,并给出隧道光爆质量控制的建议,BP 神经网络、Elman 神经网络和 ANFIS 神经网络的预测计算结果分别见表 6-37~表 6-39。

综合优化控制模型输入训练数据 表 6-33

序号	围岩类别	爆速(m/s)	周边眼间距(mm)	最小抵抗线(m)	相对距离	线装药密度(kg/m)	起爆顺序	开挖方式	测量放线
1	0.3	3 200	60	70	0.86	0.13	0.9	0.6	0.4
2	0.3	3 200	65	70	0.93	0.15	0.9	0.6	0.2
3	0.3	3 200	65	70	0.93	0.15	0.9	0.6	0.2
4	0.3	3 200	65	70	0.93	0.15	0.9	0.6	0.2
5	0.3	3 200	65	70	0.93	0.15	0.9	0.6	0.4
6	0.3	3 200	65	70	0.93	0.15	0.9	0.6	0.4
7	0.3	3 200	65	70	0.93	0.15	0.9	0.6	0.4

续表

序号	围岩类别	爆速(m/s)	周边眼间距(mm)	最小抵抗线(m)	相对距离	线装药密度(kg/m)	起爆顺序	开挖方式	测量放线
8	0.5	3 600	70	70	1.00	0.2	0.9	0.6	0.4
9	0.5	3 600	70	70	1.00	0.2	0.9	0.6	0.4
10	0.5	3 600	70	70	1.00	0.2	0.9	0.6	0.4
11	0.5	3 600	70	70	1.00	0.2	0.9	0.6	0.4
12	0.5	3 600	70	70	1.00	0.2	0.9	0.6	0.4
13	0.3	3 200	60	65	0.92	0.25	0.9	0.6	0.4
14	0.3	3 200	60	65	0.92	0.25	0.9	0.6	0.4
15	0.3	3 200	80	70	1.14	0.15	0.9	0.6	0.4
16	0.5	4 000	70	70	1.00	0.3	0.9	0.6	0.2
17	0.5	4 000	70	70	1.00	0.3	0.9	0.6	0.2
18	0.5	4 000	70	70	1.00	0.3	0.9	0.6	0.2
19	0.5	4 000	70	70	1.00	0.3	0.9	0.6	0.2
20	0.5	3 200	60	65	0.92	0.15	0.9	0.6	0.2
21	0.5	3 200	60	65	0.92	0.15	0.9	0.6	0.2
22	0.5	3 200	60	65	0.92	0.15	0.9	0.6	0.2
23	0.5	3 200	60	65	0.92	0.15	0.9	0.6	0.2
24	0.5	3 200	60	65	0.92	0.15	0.9	0.6	0.2
25	0.5	3 200	60	65	0.92	0.15	0.9	0.6	0.2
26	0.5	3 200	60	65	0.92	0.15	0.9	0.6	0.2
27	0.5	3 200	60	60	1.00	0.25	0.9	0.6	0.2
28	0.5	3 200	60	60	1.00	0.25	0.9	0.6	0.2
29	0.5	3 200	60	60	1.00	0.25	0.9	0.6	0.2
30	0.3	4 200	65	70	0.93	0.3	0.9	0.6	0.2
31	0.3	4 200	65	70	0.93	0.3	0.9	0.6	0.2
32	0.3	4 200	65	70	0.93	0.45	0.9	0.6	0.2
33	0.3	4 200	60	70	0.86	0.4	0.9	0.6	0.4
34	0.3	4 200	60	70	0.86	0.15	0.9	0.6	0.4

综合优化控制模型输出训练数据　　　　表 6-34

序号	最大超挖(m)	最大欠挖(m)	超挖面积(m²)	超挖体积(m³)	炮眼利用率(%)	序号	最大超挖(m)	最大欠挖(m)	超挖面积(m²)	超挖体积(m³)	炮眼利用率(%)
1	0.81	0.23	10.4	10.4	79	11	0.78	0.26	12.17	2.43	95
2	0.7	0.68	7.78	7.78	92	12	0.73	0.11	10.16	5.08	95
3	0.73	0.04	10.91	5.46	84	13	0.56	0.03	9.88	4.94	95
4	0.85	0.04	9.64	4.82	84	14	0.66	0.13	9.62	0.96	84
5	0.65	0.02	7.69	3.85	95	15	0.98	0.21	13.91	4.17	92
6	0.78	0.41	6.03	9.05	89	16	0.6	0.1	8.67	2.6	95
7	0.66	0.24	7.52	3.76	89	17	0.52	0.07	7.74	1.55	95
8	0.57	0.08	7.98	3.99	89	18	0.7	0.1	7.48	3.74	95
9	0.64	0.14	11.78	5.89	95	19	0.74	0.05	8.89	4.45	95
10	0.8	0.14	12.63	3.79	95	20	0.85	0.01	10.63	5.32	95

续表

序号	最大超挖(m)	最大欠挖(m)	超挖面积(m²)	超挖体积(m³)	炮眼利用率(%)	序号	最大超挖(m)	最大欠挖(m)	超挖面积(m²)	超挖体积(m³)	炮眼利用率(%)
21	0.58	0.19	6.09	3.05	92	28	0.91	0.33	8.58	4.29	84
22	0.78	0.03	12.43	3.73	92	29	0.86	0.26	10.97	5.49	84
23	0.75	0.07	12.92	2.58	92	30	0.71	0.34	6.85	3.43	87
24	0.59	0.03	10.9	5.45	92	31	0.61	0.09	9.97	4.99	87
25	0.69	0.28	4.7	2.35	79	32	0.45	0.14	5.63	2.82	87
26	0.58	0.02	9.46	2.84	79	33	0.49	0.15	6.61	3.31	87
27	0.88	0.04	9	4.5	79	34	0.73	0.17	8.92	4.46	82

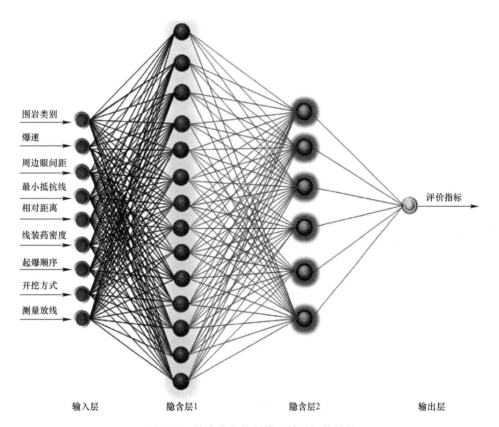

图 6-22 综合优化控制模型神经网络结构

3 种综合优化控制模型预测结果对比　　　　表 6-35

评价指标	实际输出			期望输出	误差（%）		
	BP神经网络	ELMAN神经网络	ANFIS神经网络		BP神经网络	ELMAN神经网络	ANFIS神经网络
最大超挖（m）	0.750	0.700	0.730	0.73	2.730	4.110	0.014
最大欠挖（m）	0.173	0.200	0.170	0.17	1.588	17.647	0.059
超挖面积（m²）	7.734	9.000	8.920	8.92	13.291	0.897	0.001
超挖体积（m³）	5.256	4.000	4.460	4.46	17.841	10.314	0.002
炮眼利用率（%）	87.519	82.000	81.999	82.00	6.731	0	0.001

隧道光爆质量控制优化方案　　　　　　　　　　　　　　　表 6-36

方案	周边眼间距	最小抵抗线	线装药密度
1	+10%	+20%	0
2	+15%	-10%	+3%
3	-10%	0	-3%
4	+20%	+10%	-2%
5	-15%	+15%	+2%
6	-20%	-15%	-1%
7	0	-20%	+1%

BP 神经网络预测计算结果　　　　　　　　　　　　　　　表 6-37

方案	最大超挖 (m)	最大欠挖 (m)	超挖面积 (m²)	超挖体积 (m³)	炮眼利用率 (%)	综合质量指数	方案排序	评价等级
1	0.733 21	0.140 68	7.642 6	2.049 3	91.895 5	5.730 5	7	差
2	0.523 8	0.205 29	6.297 1	4.762 1	94.529	5.038 5	3	中
3	0.590 19	0.165 55	5.381 3	4.271 3	84.719 4	5.047 1	4	中
4	0.665 31	0.170 23	7.497 9	5.213 7	90.213 5	5.380 1	5	中
5	0.606 58	0.134 24	7.770 8	5.134 9	85.203 9	5.682 1	6	中
6	0.683 56	0.132 95	7.452 2	2.196 6	91.991 2	4.962 7	2	中
7	0.669 45	0.082 9	7.101 5	4.640 1	90.979 3	4.782 6	1	中

ELMAN 神经网络预测计算结果　　　　　　　　　　　　　表 6-38

方案	最大超挖 (m)	最大欠挖 (m)	超挖面积 (m²)	超挖体积 (m³)	炮眼利用率 (%)	综合质量指数	方案排序	评价等级
1	0.60	0.2	8.00	6.00	87.00	6.099 4	5	差
2	0.70	0.1	11.00	2.00	81.00	5.652 5	3	中
3	0.80	0.1	10.00	5.00	82.00	6.411 4	6	差
4	0.70	0.3	5.00	7.00	92.00	5.968 7	4	差
5	0.80	0.2	8.00	5.00	76.00	6.800 1	7	差
6	0.60	0.1	5.00	4.00	78.00	4.667 0	1	中
7	0.6	0.1	11.00	1.00	87.00	4.676 1	2	中

ANFIS 神经网络预测计算结果　　　　　　　　　　　　　表 6-39

方案	最大超挖 (m)	最大欠挖 (m)	超挖面积 (m²)	超挖体积 (m³)	炮眼利用率 (%)	综合质量指数	方案排序	评价等级
1	0.651 79	0.042 37	11.266 6	2.370 5	83.809 2	5.055 0	3	中
2	0.750 1	0.190 15	9.120 8	4.661 3	82.193 9	7.008 9	6	差
3	0.671 07	0.110 91	8.331 1	3.869 9	81.431 6	6.241 1	4	差
4	0.910 53	0.348 4	10.784 8	6.167 6	85.002 3	8.147 9	7	极差
5	0.744 23	0.184 23	9.063 1	4.600 9	82.157 2	6.582 7	5	差
6	0.509 91	0.050 68	6.720 8	2.256 1	79.877 6	4.078 4	1	良
7	0.593 49	0.033 13	7.556	3.093 1	80.683 7	4.287 2	2	中

从表 6-35~表 6-36 可知，3 种综合优化控制模型中，精确度最高的是 ANFIS 神经网络，其最大误差是最大欠挖，为 0.059%，最小误差是超挖面积和炮眼利用率，均为

0.001%。精确度居中的是 Elman 神经网络，其最大误差是最大欠挖，为 17.647%，最小误差是炮眼利用率，为 0。相较而言，精确度较差的是 BP 神经网络，其最大误差是超挖体积，为 17.841%，最小误差是最大欠挖，为 1.588%。同时，还可以看出，利用构建的 3 种综合优化控制模型对隧道光爆质量进行控制预测时，它们各自预测的最大误差和最小误差不完全一致，说明这些方法在预测时各有优势，能够互补，因此，综合上述 3 种方法给出控制建议是必要的，也是科学可行的。

由表 6-37 可知，设计的 7 种方案的隧道光爆综合质量指数由小到大的排序是：方案 7＜方案 6＜方案 2＜方案 3＜方案 4＜方案 5＜方案 1，其对应的综合质量指数依次为：4.782 6＜4.962 7＜5.038 5＜5.047 1＜5.380 1＜5.682 1＜5.730 5，其评价等级除方案 1 等级为差外，其他 6 种方案等级都为中级。因此，方案 7 为最优方案，可作为建议的控制参数，即周边眼间距不调整，最小抵抗线下调 20%，线装药密度上调 1%；其次方案 6 为较优方案，也可作为建议的控制参数，即周边眼间距下调 20%，最小抵抗线下调 15%，线装药密度下调 1%。

由表 6-38 可知，设计的 7 种方案的隧道光爆综合质量指数由小到大的排序是：方案 6＜方案 7＜方案 2＜方案 4＜方案 1＜方案 3＜方案 5，其对应的综合质量指数依次为：4.667 0＜4.676 1＜5.652 5＜5.968 7＜6.099 4＜6.411 4＜6.800 1，方案 2、方案 6、方案 7 的评价等级为中级，其他 3 种方案的评价等级为差。因此，方案 6 为最优方案，可作为建议的控制参数，即周边眼间距下调 20%，最小抵抗线下调 15%，线装药密度下调 1%；其次方案 7 为较优方案，也可作为建议的控制参数，即周边眼间距不调整，最小抵抗线下调 20%，线装药密度上调 1%。

由表 6-39 可知，设计的 7 种方案的隧道光爆综合质量指数由小到大的排序是：方案 6＜方案 7＜方案 1＜方案 3＜方案 5＜方案 2＜方案 4，其对应的综合质量指数依次为：4.078 4＜4.287 2＜5.055 0＜6.241 1＜6.582 7＜7.008 9＜8.147 9，方案 6 的评价等级为良，方案 7 和方案 1 的评价等级均为中，方案 2、方案 3 和方案 5 的评价等级为差。因此，方案 6 为最优方案，可作为建议的控制参数，即周边眼间距下调 20%，最小抵抗线下调 15%，线装药密度下调 1%；其次方案 7 为较优方案，也可作为建议的控制参数，即周边眼间距不调整，最小抵抗线下调 20%，线装药密度上调 1%。

为进一步分析 BP 神经网络、ELMAN 神经网络和 ANFIS 神经网络在隧道光爆质量控制应用中各自的优越性，选取其对应的最优方案、较优方案进行对比，见表 6-40。

3 种综合优化控制模型最优、较优方案对比 表 6-40

综合优化控制模型	方案	综合质量指数	方案排序	评价等级
BP	7	4.782 6	1	中
	6	4.962 7	2	中
Elman	6	4.667	1	中
	7	4.676 1	2	中
ANFIS	6	4.078 4	1	良
	7	4.287 2	2	中

由表 6-40 可知，3 种综合优化控制模型中，ANFIS 神经网络预测给出的综合质量指数精确度最高，建议的控制方案更可靠，其次为 Elman 神经网络，再次为 BP 神经网络。

ANFIS 神经网络和 Elman 神经网络经过综合优化后，给出的最优建议控制方案均为方案 6，较优控制方案均为方案 7，即最优方案为：周边眼间距下调 20%，最小抵抗线下调 15%，线装药密度下调 1%；较优方案为：周边眼间距不调整，最小抵抗线下调 20%，线装药密度上调 1%。此外，利用 BP 神经网络优化得出的控制方案与 ANFIS 神经网络和 Elman 神经网络优化得出的最优、较优控制方案相反，因而上述 3 种综合优化模型在控制隧道光爆时可以互补，现场隧道值班工程师可以根据爆破的实际情况，结合获得的爆破控制建议对隧道爆破参数进行适当调整，以保证隧道爆破成型规整，符合设计轮廓线要求，同时确保隧道安全施工。

6.8 小结

隧道光爆施工质量较难控制、质量波动较大，现有的以肉眼观测、经验判断、人为控制为主的方法已难以适应隧道光爆施工质量控制要求。因此，本研究首先提出了隧道光爆质量控制体系的构建原则，并将过程质量控制技术引入隧道光爆施工质量控制之中，同时设计了隧道光爆质量控制体系框架，并基于现场调查、专家咨询和试验研究等方法对控制指标数据进行采集，利用指标采用率统计、灰色关联分析、主成分分析等方法对控制指标进行初选、筛选，建立隧道光爆质量控制指标体系，进而基于多种神经网络构建隧道光爆质量综合优化控制模型，开展隧道光爆质量控制体系研究。其主要结论如下。

（1）提出了隧道光爆质量控制指标体系构建的方法，建立了包括地质条件、炸药性质、炮孔参数、装药参数、起爆方式、隧道参数、施工因素等 7 个准则层共 9 个指标的隧道光爆质量控制指标体系。

（2）建立了隧道光爆质量 BP 神经网络、ANFIS 神经网络、Elman 神经网络综合优化控制模型。构建的这些模型能实时、准确、客观地给出隧道光爆质量的控制建议和控制值，可以迅速根据隧道光爆质量的评价等级对隧道光爆参数进行优化调整，改光爆质量事后控制为事前控制。

（3）以成渝高铁大安隧道为背景，采用均匀设计法，对需要控制的隧道断面的爆破参数进行优化调整，验证构建的 BP 神经网络、ANFIS 神经网络、Elman 神经网络综合优化控制模型的实用性和正确性。研究表明构建的这些综合优化控制模型可以将隧道光爆质量控制的重点由传统的单一指标控制方法转变为集动态、智能、多元、集成化为一体的控制技术。

第7章 隧道光爆智能评价、控制平台开发

7.1 引言

隧道光爆质量不仅直接影响隧道施工的安全、掘进速度和经济效益，而且也反映了光爆评价参数和控制方法的准确程度，因此开发稳定高效的隧道光爆智能评价、控制平台无论对科学研究和工程应用，都具有重要的经济、社会效益。隧道光爆智能评价、控制平台不仅需要以强大的光爆质量评价算法和质量控制算法为基础，还需要考虑工程应用中面对不同区域、不同地质条件和爆破过程的复杂性操作，如设置多套指标权重系数操作。因此，一个基本的隧道光爆智能评价、控制平台应该具有界面友好、操作简单、稳定高效等特点。本研究主要基于建立的隧道光爆质量评价体系和控制体系，开发了基于Android系统的手持式移动隧道光爆智能评价、控制平台，该平台具有光爆数据处理、光爆质量评价、光爆质量控制等功能[137]，用户操作简单，界面和谐友好，同时支持功能的二次扩展。用户可以直接通过主界面上的评价按钮、数据按钮、设置按钮、帮助按钮等操作键实现添加断面、更新断面、断面数据列表、断面评价、断面控制、权重设置等；用户根据现场量测的光爆质量评价数据，基于Android平台，通过建立的隧道光爆质量评价体系，能在隧道光爆现场及时对每次光爆的质量作出快速、科学的评价；采用建立的隧道光爆质量控制算法，在已经输入平台的光爆前参数和光爆后的效果参数以及隧道断面仪的量测断面图的基础上，软件能通过多种神经网络预测法给出下一循环光爆参数的建议，从而完成隧道光爆质量的评价、控制与管理，使隧道爆破后得到满足光爆质量要求的爆破轮廓面。

7.2 Android平台软件框架设计

7.2.1 系统功能设计

设计的系统功能主要有6项，即光爆数据输入、光爆数据修改、光爆数据删除、光爆评价权重设置、光爆质量评价、光爆质量控制，见图7-1。

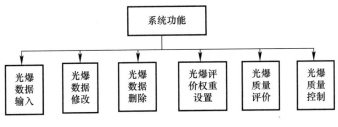

图7-1 系统功能

这6项系统功能的实现方式如下:

(1) 光爆数据输入。在断面列表界面通过单击"添加光爆数据"按钮,进入添加数据界面。然后输入断面号、控制指标、评价指标。单击"添加"即把数据保存进数据库。单击"导入断面数据"可以将隧道断面仪的量测数据导入软件中。

(2) 光爆数据修改。在断面号列表界面单击显示的断面号,即可进入该断面号的数据修改界面,修改完成后单击"更新"即可完成对新数据的修改。

(3) 光爆数据删除。在断面号列表界面长按某个断面号,即可实现对该断面号进行删除的操作。

(4) 光爆评价权重设置。此功能主要是针对建立的隧道光爆质量评价指标进行权重系数设置。如果用户面对不同区域、不同地质条件和爆破过程的复杂性而没有构建相应的权重系数,则可以选择"默认"设置。此默认设置是通过大量隧道光爆工程案例计算出的隧道光爆质量评价系数权重,同时也可根据建议的多套隧道光爆质量权重系数进行权重设置。

(5) 光爆质量评价。此功能使用隧道光爆质量等级综合指数评价法和投影寻踪等级评价法对输入系统的隧道光爆参数进行质量评价,评价结果以一个质量综合评价指数显示的评分和光爆质量等级显示。

(6) 光爆质量控制。通过BP神经网络、ANFIS自适应模糊神经网络、Elman神经网络等3种方法,对评价指标体系内的各光爆评价指标进行分析,以评定隧道光爆的质量,同时根据断面上各炮孔的超欠挖情况,给出后续光爆的炮孔参数调整意见,对后续隧道光爆施工进行控制,提高隧道光爆的质量。

7.2.2 系统模块设计

整个系统由系统主模块、数据界面模块、添加数据模块、更新界面模块、权重设置模块、评价控制模块、数据存储服务模块和数据库模块构成,见图7-2。

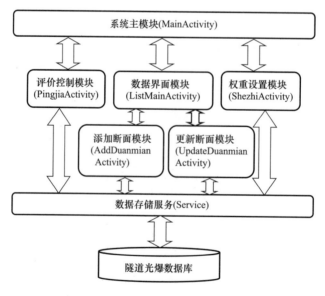

图7-2 系统功能模块

数据库使用轻量级数据库 SQLite 来存放所有的光爆参数，SQLite 和 Android 平台的兼容性很好，Android 中也自带关于创建和更新 SQLite 数据库的接口。

系统定义了一个 Service 类用作数据库服务类，它有创建数据库的功能，也向其他模块提供数据添加、删除、查询、修改的功能，并且将处理后的数据通过 sql 语句保存进数据库。

系统主模块上有 4 个按钮控件，分别绑定了 4 个监听器，向其他模块传递 Intent，通过这 4 个模块可访问数据界面模块、设置模块、评价模块和帮助界面。

数据界面模块是基于 ListActivity 实现的，它显示一个断面号的列表，可通过单击断面号进入更新界面模块，长按断面号可以删除此断面的数据；单击下方的"添加光爆数据"按钮可进入添加数据模块；单击"导入断面数据"按钮可将断面仪量测的断面实测数据导入软件。

添加数据模块的作用是添加新增的断面数据，包括断面号、控制指标和评价指标等参数，单击添加按钮会调用 Service 类中的添加方法，将数据保存进数据库。

更新界面模块可将断面的信息显示给用户看，用户可在界面上修改信息，这个功能调用 Service 类中的更新数据方法，将数据保存进数据库。

设置模块可设置权重设置、神经网络输出和文件默认路径。权重设置模块可设置光爆质量评价指标的权重，包括最大超挖、超挖面积、超挖体积等指标。通过单击"默认"按钮可以使用系统计算好的指标权重。

评价控制模块也是基于 ListActivity 实现的，不过它的 ListItem 的 xml 文件有 3 个参数：断面号、评分、评价等级。这 3 个参数通过列表显示在界面上，用户能很清楚地看到每个断面号的评价信息。

7.2.3 用户界面设计

隧道光爆智能评价、控制平台设计了 9 个和谐一致、符合导向原则的人机交互界面，用以实现用户和系统的交流，它们分别是主界面、断面数据列表界面、添加断面界面、更新断面界面、评价界面、控制界面、高级设置界面、权重设置界面和帮助界面。

7.2.3.1 主界面设计

主界面主要设计了 4 个按钮控件，即评价按钮、数据按钮、设置按钮和帮助按钮，见图 7-3。当用户进入本操作系统后，可以根据隧道光爆评价的不同需求选择不同的操作按钮进入相应界面，以完成隧道光爆质量的评价与控制。

7.2.3.2 断面数据列表界面设计

断面数据列表界面主要是对已评价的隧道光爆断面进行汇总，以列表的形式进行显示。当用户单击界面下方的"添加断面"按钮控件时，系统会自动进入添加断面界面以实现对断面的添加，此时，如果断面添加成功，则操作

图 7-3 主界面

界面会提示"断面号添加成功",见图7-4。如果用户要删除已添加的隧道某一光爆断面号,则要长按待删除的这一隧道光爆断面号,此时,操作界面会提示是否删除这一断面号见图7-5,用户单击这一断面号后则完成删除,从而进入更新断面号界面。

图 7-4　断面号列表界面

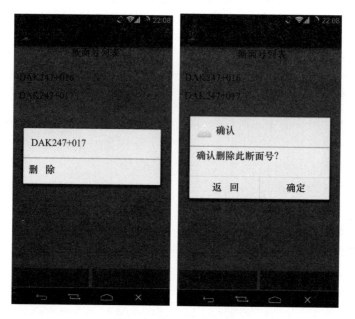

图 7-5　删除断面号界面

7.2.3.3　添加断面界面设计

添加断面界面主要实现隧道某一个断面的光爆质量评价与控制的初始数据输入,其界面见图7-6。界面左侧显示的是隧道光爆断面号、光爆质量评价指标、光爆质量控制的项目名称。其中,添加光爆数据主要指断面号的名称;控制指标主要包括围岩类别、爆速、周边眼间距、最小抵抗线、相对距离、线装药密度、起爆顺序、开挖方式、量测放线;评价指标主要融合建立的评价指标体系。评价指标体系主要包括 9 个指标。界面右侧是各项目指标对应的文本框,当用户进入该界面时,右侧的文本框都为空,用户可以根据隧道光爆评价与控制需要,利用光标定位在断面号这个文本框中,输入待评价与控制的隧道光爆各类指标数据。当用户输入完各类指标数据后,单击下方的"添加"按钮,即可实现将输入的数据保存到隧道光爆数据库中。用户单击"返回"按钮,则返回断面号列表界面。

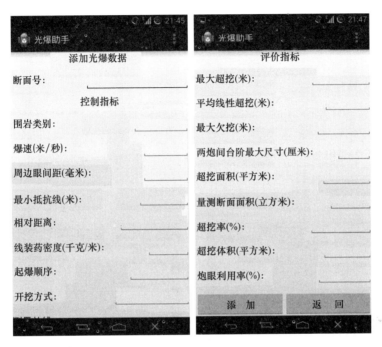

图 7-6 添加断面界面

7.2.3.4 更新断面界面设计

更新断面界面主要实现对已经存在的隧道光爆断面号进行更新。用户进入断面号列表界面,单击已经存在的任一隧道光爆断面号,就会进入该界面,见图 7-7。更新断面界面和添加断面界面类似,不同之处在于当用户进入更新断面界面时,界面右侧的文本框中已显示该断面已存入数据库中的隧道光爆质量评价与控制指标的数据。此时,用户可以根据现场隧道光爆质量评价与控制的反馈意见及时对先前输入的评价与控制指标数据进行修改,修改完成后,单击界面下方的"更新"按钮,即实现了将刚修改好的隧道光爆评价与控制数据保存进数据库。最后,单击"返回"按钮,返回断面列表界面。

7.2.3.5 高级设置界面设计

高级设置界面是"权重设置""控制输出设置""文件保存路径"的综合集成,见图 7-8。用户单击主界面上的"设置"按钮,就会进入软件的设置界面。用户单击"权重设置"控件会进入权重设置界面。用户单击"控制输出设置"中 BP 神经网络、ANFIS 神经网络、ELMAN 神经网络的勾选框,可以实现在控制界面中全部显示 3 种神经网络或显示某 1 种或 2 种神经网络得出的隧道光爆质量控制建议。单击"打开文件"或者"保存文件"可以输入要打开的文件的路径或要保存的文件的路径,见图 7-9。

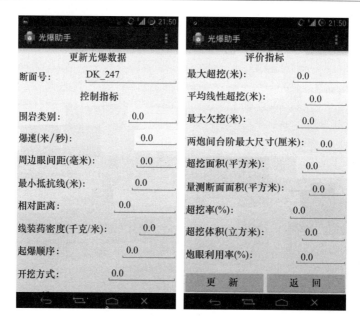

图 7-7　更新断面界面

图 7-8　高级设置界面

图 7-9　打开文件、保存文件界面

7.2.3.6　权重设置界面设计

权重设置界面主要实现对建立的隧道光爆质量评价指标体系中的评价指标进行权重赋值，见图 7-10。当用户进入权重设置界面后，界面左侧显示隧道光爆质量的评价指标，界面右侧显示各评价指标对应的文本框，界面下方显示"更新""返回""默认""评价" 4 个按钮。"更新"按钮可将采用不同的指标权重计算法得到的指标权重输入隧道光爆智能评价、控制平台。当用户输入各指标的权重系数后，单击"更新"按钮，即将刚才输入操作界面的权重系数进行了保存，以完成权重的更新。用户单击"返回"按钮，即退回到主界面。用户单击"默认"按钮，操作屏幕上各评价指标参数的文本框会自动填充系统默认的权重系数并自动保存进软件。当用户设置好所有的权重系数后，单击"评价"按钮，就会进入隧道光爆质量评价界面。

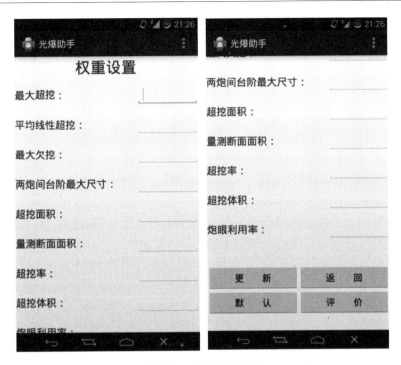

图 7-10　权重设置界面

7.2.3.7　评价界面设计

评价界面主要显示隧道光爆质量评价的评分和光爆质量评价等级，见图 7-11。用户从主界面和权重设置界面都能进入评价界面。当用户第一次进入这个界面时，仅显示一个隧道光爆断面号列表，此时评价界面的结构与断面号列表界面类似，不同之处在于界面的右上方有隧道光爆质量评价评分和隧道光爆质量评价等级两个文本。当用户单击界面下方的"开始评价"按钮后，软件会对输入的隧道每个断面的光爆质量作出评价，与此同时，软件结合这一评价断面的岩石数据和光爆参数给出隧道光爆控制意见，供现场隧道光爆施工参考。

7.2.3.8　控制界面设计

控制界面主要显示隧道光爆质量的控制意见。用户单击"开始评价"按钮后，在评价界面上单击任意一个隧道断面号即可进入控制界面，见图 7-12。在控制界面左上方显示的是断面号名称，屏幕正中显示的是综合利用 BP 神经网络、ANFIS 神经网络、ELMAN 神经网络 3 种方法并结合这一评价断面的控制指标、光爆参数计算后给出的综合控制意见。屏幕中下方显示的是根据隧道断面量测仪的量测数据给出的隧道光爆炮孔调整意见。屏幕下方显示的是利用隧道断面量测仪量测的隧道光爆轮廓线和设计轮廓线的对比图，对比图左上方显示的是断面的量测信息，包括设计断面直径、设计断面面积、量测断面面积等。

7.2.3.9　帮助界面设计

帮助界面主要显示软件实现的基本原理、软件操作指南等，见图 7-13。用户在主界面单击"帮助"按钮，即可进入帮助界面，可以查看数据的输入与修改、光爆效果的评价与控制、软件设置、软件原理等。

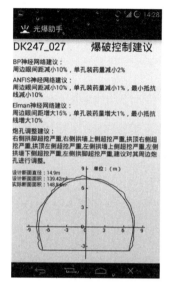

图 7-11　评价界面　　　　图 7-12　控制界面　　　　图 7-13　帮助界面

7.3　Android 平台软件实现

7.3.1　数据库模块的实现

系统通过创建 DataModel 类、MyDbhelper 类和 Service 类来实现光爆数据的创建、访问、修改、删除等操作。DataModel 类负责构建参数模型，MyDbhelper 类负责建立数据库，Service 类负责所有数据的增删改查操作。

7.3.1.1　数据库创建

数据库的创建主要通过 MyDbhelper 类完成，创建数据库的主要代码如下。

```
publicclass MyDbHelper extends SQLiteOpenHelper{
//声明数据库名字符串常量
    privatestaticfinal String DB_NAME = "list.db3";
//定义构造方法，创建数据库
    public MyDbHelper(Context context,int version){
        super(context,DB_NAME,null,version);
    }
//第一次创建数据库后调用，可在此方法中完成数据库表的创建
    publicvoid onCreate(SQLiteDatabase db){
        try{
            db.beginTransaction();
```

```
//构建创建断面表的 SQL 语句
Stringsql = "CREATE TABLE beta1([_id] INTEGER PRIMARY KEY
……
//执行 SQL 语句
  db.execSQL(sql);
//设置事务成功标志
  db.setTransactionSuccessful();
}catch(Exception ex){
  ex.printStackTrace();
}finally{
  // 结束事务
  db.endTransaction();
  }
}
```

通过 MyDbhelper 类创建的数据库，主要用来存储隧道光爆质量评价与控制的所有样本数据，数据库名为 list，表名为 beta1，SQL（Structured Query Language）语句是创建数据库的关键，其中数据类型设置见表 7-1。

数据库数据类型设置 表 7-1

指标类型	数据名称	字段名	类型
指标类型	编号	_id	INTEGER
	断面号	No_blasthole	CHAR(20)
控制指标	围岩类别	rock_classification	DOUBLE
	爆速(m/s)	blast_speed	DOUBLE
	周边眼间距(mm)	hole_space	DOUBLE
	最小抵抗线(m)	least_resistance	DOUBLE
	相对距离	relative_distance	DOUBLE
	线装药密度(kg/m)	charge_density	DOUBLE
	起爆顺序	blast_order	DOUBLE
	开挖方式	excavate_method	DOUBLE
	测量放线	measurement	DOUBLE
点指标	最大超挖(m)	max_overbreak	DOUBLE
	最大欠挖(m)	max_underbreak	DOUBLE
	平均线性超挖(m)	ave_overbreak	DOUBLE
线指标	两炮间台阶最大尺寸(cm)	gun_stepsize	DOUBLE
面指标	量测断面面积(m^2)	area	DOUBLE
	超挖面积(m^2)	overbreak_area	DOUBLE
	超挖率(%)	overbreak_rate	DOUBLE

续表

	数据名称	字段名	类型
体指标	超挖体积(m^3)	overbreak_volume	DOUBLE
	炮眼利用率(%)	blasthole_utilization	DOUBLE
评价等级	评价分数1	effect_1	DOUBLE
	评价分数2	effect_2	DOUBLE
	评价等级1	class_1	INTEGER
	评价等级2	class_2	INTEGER
控制建议	BP建议	bp_suggestion	CHAR(100)
	ANFIS建议	anfis_suggestion	CHAR(100)
	Elman建议	elman_suggestion	CHAR(100)
	控制建议	control_suggestion	CHAR(100)

7.3.1.2 数据服务类

数据服务类的主要作用是给数据库提供各种数据的增加、删除、修改、查询功能，是整个数据库操作的核心。其中 Srvice() 是构造函数，saveDuanmian() 将某一断面的样本数据存入数据库，int getLastId() 可获取数据的列数，getDuanmian() 可获取整个数据库的数据，getDuanmianById() 可通过断面号的 id 号返回这个 id 号的数据模型，updateDuanmian() 可更新一个断面的数据，deleteDuanmian() 可删除一个断面的数据，updatePingjia() 可更新一个断面的评价结果。数据服务类定义实现的主要方式如下。

（1）类中参数的定义。

类名：public class Service{}

其中的参数定义了数据库的名称和数据库类 SQLiteDatabas 对象。实现代码如下。

private static final int DATABASE_VERSION = 1；

private static final String TABLE_NAME = "beta1"；

private SQLiteDatabase sqliteDatabase；

private MyDbHelper dbHelper；

（2）保存断面函数。

函数名：public long saveDuanmian（ContentValues Duanmians）

这个函数传入的是 ContentValues 参数，返回的是一个 result 值。其功能是将 Duanmians 这个 ContentValues 值保存进数据库，新数据的 id 号自动加 1，如果保存成功，result 返回 1，失败返回 0。实现代码如下。

```
public longsaveDuanmian(ContentValues Duanmians){
    long result = sqliteDatabase.insert(TABLE_NAME,"_id",Duanmians);
    return result;
}
```

（3）获取所有断面函数。

函数名：public Cursor getDuanmian()

这个函数返回的是一个游标，其作用是查询 beta1 表所有数据，并按列 _id 升序排列，代码实现如下。

```
public CursorgetDuanmian(){
```

```
  Cursor c = sqliteDatabase.query(TABLE_NAME,null,null,null,null,
    null,"_id");
  return c;
}
```

(4) 更新断面数据函数。

函数名：public boolean updateDuanmian (DataModel model)

这个函数传入的是一个模型数据，返回的是一个逻辑值 result，如果操作成功，则返回 ture，如果操作失败，则返回 false。首先定义一个 ContentValues 对象 values；其次将数据模型 model 中的光爆数据全部赋值给 values，赋值的过程中同时转化各个数据的类型；最后将 values 中的数据保存进数据库。实现代码如下。

```
public boolean updateDuanmian(DataModel model) {
  boolean result = false;
  try {
    ContentValues values = new ContentValues();
    values.put("No_blasthole",String.valueOf(model.getNo_blasthole()));
    values.put("rock_classification",
  Integer.valueOf(model.getrock_classification()));
    values.put("poisson_ratio",Double.valueOf(model.getpoisson_ratio()));
    values.put("compressive_strength",
  Double.valueOf(model.getcompressive_strength()));
    ……
    sqliteDatabase.update("beta1",values,"_id=?",newString[]{ String.value
      Of(model.getId()) });
    result = true;
  } catch (Exception ex) {
    ex.printStackTrace();
  }
    return result;
}
```

(5) 保存评价函数。

函数名：public boolean updatePingjia (DataModel model)

这个函数传入的是一个模型数据，返回的是一个逻辑值 result，如果操作成功，则返回 ture，如果操作失败，则返回 false。首先定义一个 ContentValues 对象 values；其次将数据模型 model 中的评价数据全部赋值给 values，赋值的过程中同时转化各个数据的类型；最后将 values 中的数据保存进数据库。实现代码如下。

```
public boolean updatePingjia(DataModel model) {
  boolean result = false;
  try {
    //执行更新操作
```

```
            ContentValues values=new ContentValues();
            values.put("effect_1",Double.valueOf(model.geteffect_1()));
            ……
            sqliteDatabase.update("beta1",values,"_id=?",newString[]{String.value
Of(model.getId())});
              result=true;
          } catch (Exception ex) {
              ex.printStackTrace();
        }
        return result;
    }
```

7.3.2 评价功能实现

评价功能主要采用 Java 语言实现隧道光爆质量评价。对于采用隧道光爆质量等级综合指数评价法进行评价的权重系数通过 Java 语言直接实现；对于采用隧道光爆质量投影寻踪等级评价法进行评价的权重系数，通过 Java 语言与 Matlab 混合编程实现。

7.3.2.1 投影寻踪评价法的功能导入

在 Matlab 中编写好 .m 文件（包括 beta1.m 文件和 alph1.m 文件），再将其转化成包，里面包含 jar 文件、class 文件和 java 文件，将这个包导入 Eclipse 中作为 Java 的内部函数，再编写代码。具体实现方法如下。

（1）配置环境变量。

新建 CLASSPATH 键，其值为%JAVA_HOME%\lib\dt.jar;%JAVA_HOME%\lib\tools.jar。

其中，JAVA_HOME 是 JDK 的安装路径。

新建 Path 键，其值为 C:\javatools\jdk1.5.0_09%JAVA_HOME%\bin。

（2）新建 Java 包。

在 Matlab 中菜单栏中依次单击 File→new→Deployment Project 或者在命令行输入 deploytool，选择 Java Package。

（3）添加 .m 程序。

在 Matlab 的 Deployment Tool 对话框中选择 Build，然后单击 Add Files，将之前所保存的 beta3.m 和 alph1.m 文件添加进去。单击 Package 标签，单击 Add MCR，然后将默认的 MCR 包含进去。开始编译 jar 文件，单击 Deployment Tool 窗口右边的 Build 按钮。

7.3.2.2 隧道光爆质量等级综合指数评价法的实现

光爆数据的评价计算和控制建议主要通过编写一个 for 循环语句的函数实现。对于单个数据，首先获取这个数据的评价指标值，再从软件的 xml 文件中获取指标对应的权重，以此计算出 effect_1 和 class_1。同时调用 beta1 函数来计算 class_2 的值。实现代码如下。

```
            private voidpingjiajisuan(){
            String PREF_NAME = "quzhong_shezhi";
                String PREF_1 = "avg_linear_overbreak";
```

```
            String PREF_2 = "max_overbreak";
            ……
//int lastid = service.getLastId();
        int lastid = 100;
        double[] a = new double[5];
double[] quanzhong = new double[5];
……
        //从 preference 调取权重数组
        SharedPreferences sp = getSharedPreferences(PREF_NAME,
                    Context.MODE_WORLD_WRITEABLE);
        quanzhong[0] = Double.valueOf(sp.getString(PREF_1,""));
        ……
            // 调用服务层方法 updatePingjia 对结果进行更新
            boolean result = service.updatePingjia(model);
            effect_1 = 0;
            effect_2 = 0;
            class_1 = 0;
            class_2 = 0;
        }
        renderDuanmianList();
    } }
```

7.3.3 控制功能实现

控制功能的代码大部分在 Matlab 中编写，将写完的.m 文件打包成 Java 包，再导入 eclipse 中使用。Matlab 中的代码如下。

```
function [a,b,mmin,mmax]=Net(xx,N,n,Pc,Pm,M,DaiNo,Ci,ads)
tic;
%mmin 和 mmax 为优秀个体变化区间的上下限值
if ads==0
ad='ascend';
else
ad='descend';
end
% ====step1 生成初始父代==========
mm1=zeros(1,n);mm2=ones(1,n);
for z=1:Ci      %表示加速次数为 20 次
z
for i=1:N
while 1==1
```

```
%p 为优化变量的数目
for p=1:n
bb(p)=unifrnd(mm1(p),mm2(p));
end
…
%step5 end
v3=[vtemp3;v2];
%step6 变异操作
while 1==1
    MutationNo=0;
    v4=v3;
for i=1:N
        r4=unifrnd(0,1);
if r4<Pm
         MutationNo=MutationNo+1;
vtemp5(MutationNo,:)=v4(i,:);
v4(i,:)=zeros(1,n);
end
….
a=fv(1);    %最大函数值
b=vv(1,:);   %最大函数值对应的变量值
toc
```

7.3.4 主界面实现

主界面上有4个按钮控件，分别是"评价""数据""设置"和"帮助"，分别绑定3个监听器，能跳转到评价、数据和控制界面。实现代码如下。

```
public void onCreate(BundlesavedInstanceState) {
    super.onCreate(savedInstanceState);
    setContentView(R.layout.main);
    shujuButton = (Button)findViewById(R.id.button_shuju);
    shezhiButton = (Button)findViewById(R.id.button_shezhi);
    pingjiaButton = (Button)findViewById(R.id.button_pingjia);
    helpButton = (Button)findViewById(R.id.button_help);
    shujuButton.setOnClickListener(new OnClickListener(){
    ……
    pingjiaButton.setOnClickListener(new OnClickListener(){
        @Override
        public void onClick(View v) {
            Intent pingjiaIntent = new Intent("action_pingjia");
```

```
            startActivity(pingjiaIntent);
        }
    });  }}
```

7.3.5 添加断面界面实现

界面中定义了所有隧道光爆断面号、岩石数据、炮孔参数和爆破质量的 EditText。下方定义了两个按钮，其中，单击返回按钮后返回主列表界面，单击添加按钮后会将这个界面输入的参数添加进数据库。实现代码如下。

```
addButton.setOnClickListener(new OnClickListener(){
        @Override
        public void onClick(View v) {
doSaveDuanmian();
        }
    });
}
    private void doSaveDuanmian(){
    String No_blasthole = editNo_blasthole.getText().toString().trim();
      ......
    long result = service.saveDuanmian(duanmian);
    if(result != 0){
        Toast.makeText(getBaseContext(),
      getString(R.string.msg_add_success),Toast.LENGTH_SHORT).show();
        finish();
    }else{
        Toast.makeText(getBaseContext(),
      getString(R.string.msg_add_failure),Toast.LENGTH_SHORT).show();
    } } }
```

7.3.6 更新断面界面实现

通过 fillDuanmianInfo() 函数实现对所有隧道光爆数据的 EditText 控件填充已有数据，主要通过获取的 id 号来写入数据库中对应的断面数据，并显示到界面中。doUpdateDuanmian() 这一函数的作用是更新信息。它先把界面上的所有数据存入一个数据模型 model 中，再调用服务层类的 updateDuanmian() 函数将这个 model 对象存入到数据库中。实现代码如下。

```
updateButton.setOnClickListener(new OnClickListener(){
        @Override
        public void onClick(View v) {
            doUpdateDuanmian();
        }
```

```
        });
    fillDuanmianInfo();
    }
    /**
     *显示断面信息
     */
    private void fillDuanmianInfo(){
uid = getIntent().getLongExtra("uid",0L);
DataModel model = service.getDuanmianById(uid);
if (model! = null){
        editNo_blasthole.setText(model.getNo_blasthole());
        editrock_classification.setText
            (String.valueOf(model.getrock_classification()));
……
String single_charge=editsingle_charge.getText().toString().trim();
……
DataModel model = new DataModel();
model.setId(uid);
model.setNo_blasthole(No_blasthole);
……
        Toast.makeText(getBaseContext(),
            getString(R.string.msg_update_failure),
            Toast.LENGTH_SHORT).show();
}}
```

7.3.7 设置界面实现

程序中先定义参数获取 EditText 控件中的内容,再定义 SharedPreferences 对象,然后将刚获取的参数存储进 SharedPreferences 对象,最后调用 editor.commit() 函数将权重保存进系统的 xml 文件。实现代码如下。

```
        //对更新按钮添加事件监听器
updateButton.setOnClickListener(new OnClickListener(){
            @Override
            public void onClick(View v) {
                updateQuanzhong();
            }
        });
private voidupdateQuanzhong(){
Stringavg_linear_overbreak =
    editavg_linear_overbreak.getText().toString().trim();
```

```
String max_overbreak＝editmax_overbreak.getText().toString().trim();
String partial_underbreak＝
  editpartial_underbreak.getText().toString().trim();
  ……
  Toast.makeText(ShezhiActivity.this,
      getString(R.string.msg_save_success),
      Toast.LENGTH_LONG).show();
}
```

评价按钮通过发送Intent跳转到评价控制界面,实现代码如下。

```
calButton.setOnClickListener(new OnClickListener(){
@Override
public void onClick(View v) {
  Intent pingjiaIntent = new Intent("action_pingjia");
  startActivity(pingjiaIntent);
}
});
```

7.3.8 评价控制界面实现

评价界面的 ListView 使用的布局文件有 4 个 TextView 控件,分别显示断面号、评分、质量评价等级和第 2 行的控制建议。单击最下方的开始评价按钮会运行评价函数和控制函数,并将结果显示在评价界面上。界面实现的代码如下。

```
public void onCreate(BundlesavedInstanceState) {
    super.onCreate(savedInstanceState);
    // 加载布局文件 activity_list_main.xml
    setContentView(R.layout.pingjia);
    // 实例化 EffectService 服务层对象
    service = new Service(getBaseContext());
    // 初始化添加断面按钮
    pingjiaButton = (Button) findViewById(R.id.button_kaishipingjia);
    // 注册事件监听器
    pingjiaButton.setOnClickListener(new OnClickListener() {
        @Override
        public void onClick(View v) {
            pingjiajisuan();
        }
    });
    renderDuanmianList();
}
    ……
```

```
SimpleCursorAdapter adapter = new SimpleCursorAdapter(this,
    R.layout.list_pingjia,c,new String[]
{"No_blasthole","effect_1","class_1","control_suggestion"},new int[]
    {R.id.list_duanmian,R.id.list_fenshu,R.id.list_dengji,R.id.list_suggestion});
// 设置 ListView 的数据适配器
setListAdapter(adapter);
}
```

7.4 实际工程应用

以广州地铁 6 号线萝岗车辆段试车线隧道工程为依托,根据隧道光爆质量评价体系、控制体系、隧道光爆智能评价、控制平台的研究成果,对典型隧道工程光爆质量进行分析研究,以求为隧道及地下工程光爆质量评价与控制提供技术参考,并将在同类工程中推广应用。

7.4.1 工程概况

广州地铁 6 号线萝岗车辆段位于 6 号线线路的东端香雪站附近,车辆段东侧为大公山,中部为高车岗,西侧为荔红一路,西南侧为伴河路,北侧为开创大道。整个地界呈南北走向,长度约为 1 200 m,最宽处约为 440 m,总用地面积约为 30.77 公顷。车辆段所在位置山体高约为 22~86 m,车辆段东侧山坡覆盖着大量植被,杂草丛生,山腰上有一处 4 500 m² 的鱼塘,车辆段北侧及山间种植有果树,山脚有大量建筑垃圾,在垂直方向分布极不均匀,厚度为 0.50~9.60 m。

试车段隧道位于车辆段东侧,试车线洞口里程为 SSK0+724.500,隧道长 748.400 m,采用光爆法施工、台阶法开挖。隧道为马蹄形复合式衬砌结构,衬砌断面由 A、B、C、D、E 五种类型组成,断面尺寸在 6 200 mm×6 637 mm~6 500 mm×7 437 mm 范围内变化,超挖与回填均采用 C25 素喷早强混凝土。

隧道范围的岩土层从上至下主要情况如下。

<5H-2>硬塑~坚硬状花岗岩残积土层:组成物主要为砂质黏性土及砾质黏性土,夹风化残留石英颗粒,呈硬塑~坚硬状,层厚 0.30~37.40 m,平均厚度 8.16 m。

<6H>花岗岩全风化带:呈黄褐色、褐灰色、灰色、黑褐色等,遇水易软化崩解,局部夹强风化花岗岩碎块,层厚 0.20~35.20 m,平均层厚 8.01 m。

<7H>花岗岩强风化带:呈黄褐色、褐灰色、灰色、黑褐色等,风化裂隙发育,岩石极破碎,层厚 0.20~19.50 m,平均厚度 4.51 m。

<8H>花岗岩中风化带:呈浅褐色、灰色、灰褐色等,中、细粒结构,块状构造,层厚 0.20~15.50 m,平均层厚 2.83 m。

<9H>花岗岩微风化带:呈浅灰色、灰色等,中粒、细粒结构,块状构造,层厚 0.50~43.90 m,平均层厚 9.07 m。

本研究试验段隧道洞身主要穿越<9H>花岗岩微风化带,微风化花岗岩的干燥抗压强度的范围值为 65.0~152.0 MPa,平均值为 100.3 MPa,天然抗压强度的范围值为 53.3~126.0 MPa。

7.4.2 实施控制前隧道光爆质量分析

选取 SSK0+715.325 开挖循环作为试验环,在对试验环隧道进行光爆控制实施前,选取试验环开挖段的前一开挖循环 SSK0+712.825 进行光爆质量分析,以便为试验环隧道实施光爆控制提供参考依据。

本试验段隧道属于Ⅱ级围岩,隧道设计半径 3.1 m,采用全断面开挖、光面微振微差爆破,光爆参数及炮眼布置分别见表 7-2、表 7-3 和图 7-14。

光爆参数 表 7-2

围岩级别	周边眼间距 E(cm)	周边眼抵抗线 W(cm)	密集系数 E/W	装药集中度(kg/m)
Ⅱ	50	60	0.83	0.30

炮眼布置参数 表 7-3

部位	编号	名称	钻孔深度(m)	数量(个)	单孔装药量(kg)	起爆顺序	毫秒雷管段别
全断面	1	掏槽眼	2.8	10	2.4	1	1
	2	辅助眼	2.5	8	1.8	2	3
	3	辅助眼	2.5	16	1.5	3	5
	4	辅助眼	2.5	25	1.5	4	7
	5	底板眼	2.5	9	1.2	5	9
	6	周边眼	2.5	29	0.75	6	11

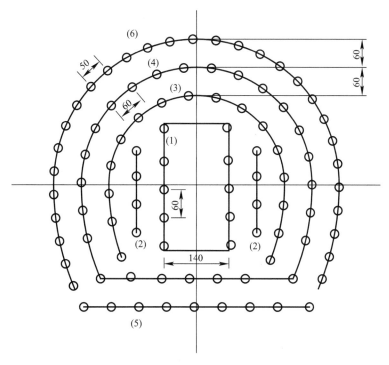

图 7-14 光爆炮眼布置示意

选取 SSK0+712.825 开挖循环的典型量测面 1(SSK0+713.325)、量测面 2(SSK0+713.625)、量测面 3(SSK0+713.925)、量测面 4(SSK0+714.225)、量测面 5(SSK0+714.525)进行分析,量测面光爆实施效果见图 7-15、超欠挖量沿监测控制点对比见图 7-16。

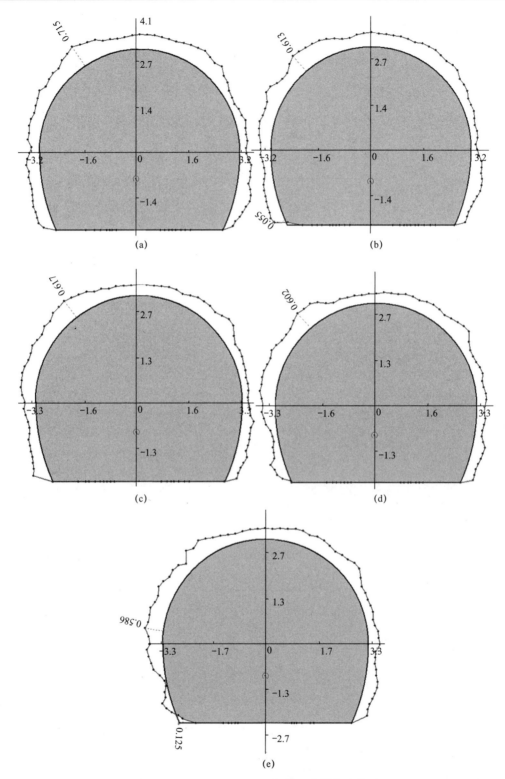

图 7-15　SSK0+712.825 开挖循环光爆实施效果
(a) 量测面 1 光爆实施效果；(b) 量测面 2 光爆实施效果；
(c) 量测面 3 光爆实施效果；(d) 量测面 4 光爆实施效果；(e) 量测面 5 光爆实施效果

第7章 隧道光爆智能评价、控制平台开发

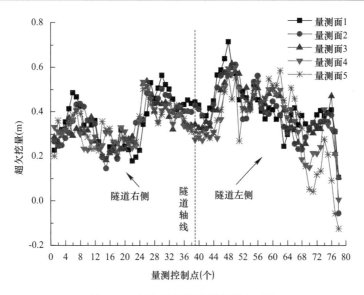

图 7-16 超欠挖量沿监测控制点对比

由图 7-15、图 7-16 可知，隧道左侧的最大超挖、平均线性超挖均大于右侧，但欠挖均出现在隧道左侧，隧道光爆指标值见表 7-4。

实施控制前的隧道光爆指标值　　　　表 7-4

量测断面号	超挖面积（m^2）	欠挖面积（m^2）	最大超挖（m）	平均线性超挖（m）
1	6.01	0.00	0.71	0.32
2	5.74	0.02	0.61	0.29
3	5.61	0.00	0.62	0.30
4	5.39	0.00	0.60	0.29
5	5.33	0.05	0.59	0.30

利用 Android 软件平台对 SSK0+712.825（软件平台显示为 SSK0_712，仅保留整数，下同）开挖循环进行光爆质量评价，主要包括光爆质量控制指标、评价指标参数的输入以及评价指标权重系数的输入。光爆质量评价结果见图 7-17。

由图 7-17 可知，隧道光爆质量的评价等级为 4 级，因此，必须对其实施质量控制并给出控制建议。

7.4.3 实施控制后隧道光爆质量分析

根据隧道光爆质量评价结果，必须对隧道 SSK0+715.325 开挖循环段实施光爆控制，保证隧道光爆质量。采用 Android 软件平台对隧道光爆质量实施控制，3 种神经网络的控制建议如下。①BP 神经网络的建议是：周边眼间距减小 10%，单孔装药量减小 2%；②ANFIS 神经网络的建议是：周边眼间距减小 20%，单孔装药量减小 3%，最小抵抗线减小

图 7-17 光爆质量评价结果

10%；③Elman 神经网络的建议是：周边眼间距减小 20%，单孔装药量减小 3%。

结合以上建议，综合隧道光爆质量现场实施情况，将隧道光爆方案调整为：隧道左侧的掏槽眼深度为 2.8 m，辅助眼、周边眼深度为 2.5 m，单孔装药量为 0.6 kg；隧道右侧的掏槽眼深度为 2.5 m，辅助眼、周边眼深度为 2.0 m，单孔装药量为 0.5 kg；其他炮眼参数及布置与原方案一致，见图 7-18。

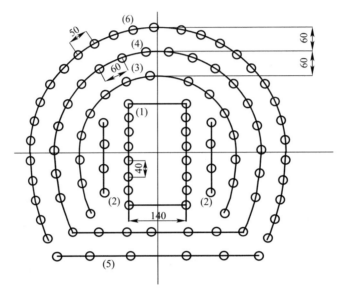

图 7-18　调整后的光爆炮眼布置示意

采用调整后的隧道光爆方案，对 SSK0+715.325 开挖循环段实施光爆，并选取其典型的量测面 1（SSK0+716.113）、量测面 2（SSK0+716.313）、量测面 3（SSK0+716.513）、量测面 4（SSK0+716.713）进行分析，量测面光爆实施效果分别见图 7-19、图 7-20。隧道光爆质量整体评价等级见图 7-21，隧道光爆后的整体效果见图 7-22。

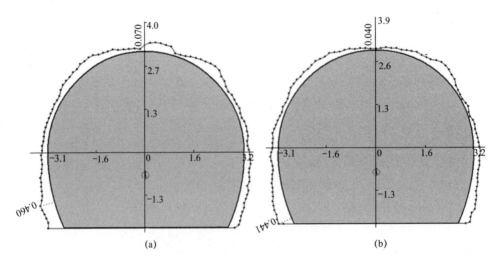

图 7-19　SSK0+715.325 开挖循环光爆实施效果（一）
(a) 量测面 1 光爆实施效果；(b) 量测面 2 光爆实施效果

第7章 隧道光爆智能评价、控制平台开发

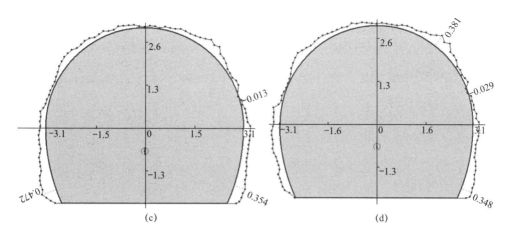

图 7-19　SSK0+715.325 开挖循环光爆实施效果（二）
（c）量测面 3 光爆实施效果；（d）量测面 4 光爆实施效果

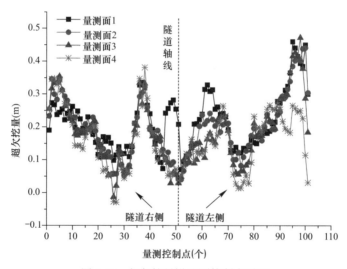

图 7-20　超欠挖量沿监测控制点对比

图 7-21　隧道光爆质量整体评价等级　　　　图 7-22　隧道光爆整体效果

由图 7-19、图 7-20 可知，除量测面 4 的最大超挖出现在隧道右侧外，其他 3 个量测面的最大超挖均是左侧大于右侧；隧道右侧的平均线性超挖均小于左侧，实施控制后的隧道光爆指标值见表 7-5。

实施控制后的隧道光爆指标值　　　　　　　　　　　　　　表 7-5

量测断面号	超挖面积（m²）	欠挖面积（m²）	最大超挖（m）	平均线性超挖（m）
1	3.21	0.00	0.46	0.21
2	2.85	0.00	0.44	0.20
3	2.63	0.002	0.47	0.18
4	2.34	0.003	0.38	0.16

由图 7-21 可知，隧道光爆质量的整体评价等级为 3 级，比控制前的隧道光爆质量等级提高一个级别，隧道光爆质量控制效果明显好转。由图 7-22 可知，光爆后隧道成型规整，表面光滑，接近于设计轮廓线的要求，炮眼痕迹保存率高，光爆控制效果好。

为对比隧道光爆质量评价体系与控制体系的有效性和可行性，对隧道光爆质量实施控制前与实施控制后的整体效果进行综合对比，见表 7-6。分析可知，实施光爆控制后的隧道超挖面积、平均线性超挖、最大超挖等指标均比实施控制前的效果好，隧道光爆质量评价等级由实施控制前的 4 级提高为实施控制后的 3 级，较好地保证了隧道光爆的质量，能有效确保隧道施工的安全以及提高隧道掘进速度和经济效益。

隧道光爆实施控制前与实施控制后综合对比　　　　　　　　表 7-6

	超挖面积平均值（m²）	平均线性超挖平均值（m）	最大超挖平均值（m）	评价等级
实施控制前	5.62	0.30	0.63	4
实施控制后	2.76	0.19	0.44	3
指标减小率（%）	50.90	36.70	30.20	

7.4.4　软件平台性能评价

本研究开发的基于 Android 系统的手持式移动隧道光爆智能评价、控制平台能快速、高效地应用于隧道光爆设计与施工管理，能克服传统隧道光爆质量评价时仅凭决策者自身所积累的经验及个人主观认识等确定隧道光爆质量等级、施工设计方案、选取隧道光爆参数、调整隧道光爆参数、给出控制建议等不足，能准确对隧道光爆质量进行评价，并根据评价得出的控制建议设计出合理的隧道光爆施工方案，能显著改善隧道光爆的质量。但本平台在这次实际工程的应用中还有不足，主要体现在以下方面。

（1）控制建议的选取有待进一步完善。当利用 3 种神经网络综合优化控制模型得出的控制建议一致时，其可以直接应用于隧道光爆方案的优化设计；当利用 3 种神经网络综合优化控制模型得出的控制建议不一致时，控制建议必须根据爆破质量的实际情况，由设计人员结合获得的爆破控制建议，特别是 ANFIS 神经网络和 Elman 神经网络给出的建议进行适当调整。因此，这种情况下的控制建议选取给控制的智能化带来一定影响。

（2）软件平台缺少炮孔布置图的设计。尽管软件平台给出的控制建议可以应用于隧道光爆施工，但由于缺少方案优化调整后的炮眼布置图，故不利于隧道光爆现场施工操作。

对于以上问题，后期将会进一步完善软件平台的相关功能。

7.5 小结

本研究首先阐述了基于 Android 平台对软件框架进行设计的过程，主要包括系统功能设计、系统模块设计和用户界面设计，并详细阐述了 Android 平台软件实现的过程，开发了基于 Android 系统的手持式移动隧道光爆智能评价、控制平台，该软件平台具有以下特点与创新之处。

（1）软件平台的系统功能主要包括：光爆数据输入、光爆数据修改、光爆数据删除、光爆评价权重设置、光爆质量评价、光爆质量控制。

（2）软件平台的整个系统由系统主模块、数据界面模块、添加数据模块、更新界面模块、权重设置模块、评价控制模块、数据存储服务模块和数据库模块构成。

（3）软件平台共设计了 9 个和谐一致、符合导向原则的人机交互界面，即主界面、断面数据列表界面、添加断面界面、更新断面界面、评价界面、控制界面、高级设置界面、权重设置界面和帮助界面，这些界面可以实现用户和系统的交流。

（4）用户根据现场量测的光爆质量评价数据，基于 Android 平台，通过建立的隧道光爆质量评价体系，能在隧道光爆现场及时对每次光爆的质量作出快速、科学的评价。

（5）采用建立的隧道光爆质量控制算法，结合已经输入平台的光爆前参数和光爆后的效果参数以及隧道断面仪的量测断面图，软件能通过多种神经网络预测法快速给出下一循环光爆参数的建议。

（6）通过软件平台在实际工程中的应用可知，该软件平台可直接应用于指导工程施工，采用其给出的光爆评价、控制建议后，能显著改善隧道光爆的质量，使隧道成型规整、表面光滑，符合设计轮廓线要求。

第8章 结论与展望

8.1 结论

长期以来,在隧道光爆技术的发展过程中,有关爆破质量的研究一直占有特别重要的位置,但由于岩石爆破破碎受力情况极为复杂,加之岩石性质的复杂性、爆破条件的多变性,使隧道光爆质量较难控制,质量波动较大。与此同时,目前有关隧道光爆质量的评价一般都是定性的,缺乏统一的隧道光爆质量定量评价标准,没有一套完整而系统的指标评价体系和定量计算的依据,如何定量、分类、分级评定隧道光爆质量是亟待解决的重要课题。因此,本书在综合分析国内外现有文献资料及研究成果的基础上,采用现场调查、专家咨询、理论分析、现场试验、数值试验等方法,对隧道光爆质量评价体系、隧道光爆质量控制体系、隧道光爆智能评价、控制平台等方面进行了较为系统的研究,取得了如下主要研究成果。

(1) 基于质量的定义引入了隧道光爆质量的定义,并从地质条件、钻爆设计、施工因素等3方面系统地对隧道光爆质量影响因素进行全分析,提出影响隧道光爆质量的主要因素有43个。

(2) 提出了隧道光爆质量评价体系构建的原则,设计了隧道光爆质量评价体系框架结构,提出了隧道光爆质量评价指标体系构建的方法,建立了包含点、线、面、体等4个准则层共9个指标的隧道光爆质量评价指标体系。点指标主要表征隧道光爆质量超欠挖的量值,线指标主要表征隧道光爆不同超欠挖点之间的差异和线性展布规律,面指标主要表征隧道光爆超欠挖在平面上的量值及其展布规律,体指标主要表征隧道光爆超欠挖的三维计算量值及其三维特征。

(3) 融合多种主客观赋权法对隧道光爆质量评价指标权重进行计算,建立了基于单位化约束条件的综合集成赋权法权重、基于博弈论的综合集成赋权法权重,避免单一地运用主观或客观权重计算法进行权重计算,全面、客观地反映了评价者在评价时的主观能动性和各指标客观属性对评价结论的整体影响。

(4) 建立了隧道光爆质量等级综合指数评价模型和隧道光爆质量投影寻踪等级评价模型。其中,隧道光爆质量等级综合指数评价模型可根据权重系数的不同而构建2种评价模型。

① 基于单位约束条件综合集成赋权的光爆质量等级综合指数评价模型。

② 基于博弈论综合集成赋权的光爆质量等级综合指数评价模型。

(5) 采用动态聚类5级分类法研究了隧道光爆质量评价指标分级标准,建立了包括硬岩、中硬岩和软岩的隧道光爆质量评价指标分级标准,并相应地制定了隧道光爆质量等级综合评价分级表。

(6) 提出了隧道光爆质量控制体系的构建原则，设计了隧道光爆质量控制体系框架结构，提出了隧道光爆质量控制指标体系构建的方法，建立了包括地质条件、炸药性质、炮孔参数、装药参数、起爆方式、隧道参数、施工因素等7个准则层共9个指标的隧道光爆质量控制指标体系。

(7) 建立了隧道光爆质量BP神经网络、ANFIS神经网络、Elman神经网络综合优化控制模型。该模型能实时、客观、准确地给出隧道光爆质量的控制建议和控制值，可以迅速根据隧道光爆质量的评价等级对隧道光爆参数进行优化调整，改光爆质量事后控制为事前控制。

(8) 建立了超欠挖在横断面上的概率分布模型，揭示其在横断面上服从正态分布；建立了最大超挖、平均线性超挖、量测断面面积、超挖面积在纵断面上的概率分布模型，并揭示其在纵断面上也均服从正态分布。

(9) 基于多元回归模型，分别建立了平均线性超挖、量测断面面积、超挖面积、欠挖面积的多元线性回归模型，揭示了平均线性超挖与量测断面面积、欠挖面积正相关，量测断面面积与超挖面积正相关，超挖面积与欠挖面积正相关。

(10) 建立了隧道光爆质量三维可视化数字模型，能再现隧道光爆超欠挖的真实结构特性。

(11) 红外热像仪能大范围、快速、连续地对隧道光爆掌子面围岩内部的缺陷进行检测，并能准确判断掌子面围岩内部缺陷的位置，可为隧道光爆炮眼布置、装药参数确定提供重要的地质信息。研究表明，隧道岩层分界处红外温差十分明显，隧道掌子面底部的红外温度最低，中部的红外温度次之，上部的红外温度最高；岩石节理裂隙部位和岩石破碎部位红外温度低，岩石突出部位红外温度高。

(12) 隧道光爆过程动态模拟研究表明，隧道成型规整，表面光滑，隧道在拱部范围、左右线边墙等部位均不同程度出现超、欠挖现象，同时对隧道光爆过程动态模拟进行了定量化研究，突破了以往以定性评价研究为主的局面。

(13) 综合极差分析研究隧道光爆各控制因素对量测断面面积、超挖面积等各单因素评价指标的敏感性排序以及各控制因素对量测断面面积、超挖面积等评价指标的影响趋势，揭示了对隧道光爆质量具有显著敏感性的主要控制因素依次是：围岩类别、周边眼间距、线装药密度、最小抵抗线。

(14) 开发了基于Android系统的手持式移动隧道光爆智能评价、控制平台。该软件平台的系统功能主要包括光爆数据输入、光爆数据修改、光爆数据删除、光爆评价权重设置、光爆质量评价、光爆质量控制等，用户可利用该软件平台在隧道光爆现场及时对每次光爆的质量作出快速、科学的评价；同时，用户可在已输入该软件平台的光爆前参数、光爆后的效果参数以及隧道断面仪的量测断面图基础上，通过多种神经网络预测法快速得到下一循环光爆参数的建议。

8.2 展望

一是隧道光爆施工过程复杂且光爆质量影响因素众多，包括装药结构、炮孔间距、最小抵抗线、炮孔深度、岩石坚硬程度等，这些参数都可直接或间接影响隧道光爆的质量，同时，这些参数并不是越大越好或越小越好，它们不是孤立的，而是相互制约、相辅相成的。因此，有必要引入更多的理论方法开展隧道光爆质量评价指标体系工作，建立更多面对不同环境、不同工况、满足不同工程需求的隧道光爆质量评价指标体系。

二是隧道光爆施工质量控制难度较大，质量控制影响因素众多，单一依靠精心钻眼、控制爆破规模等经验判断、人为控制为主的方法很难进行隧道光爆施工质量控制。因此，有必要建立更多面对不同类型隧道、不同工法、不同工艺并考虑复杂地质条件影响尤其是不利结构面组合性影响的隧道光爆质量控制指标体系，并引入不同的理论建立更多的隧道光爆质量综合优化控制模型。

附录 A 隧道光爆质量评价因素案例说明

表 A-1 国内案例统计

序号	工程名称	隧道光爆质量评价分级指标																													
		1	2	3	4	5	6	7	8	9	10	11	12	13	14	15	16	17	18	19	20	21	22	23	24	25	26	27	28	29	30	31
1	鱼梁坝隧道[22]					√	√																									
2	西河覃隧洞[231]	√																														
3	嘉华隧道[27]			√		√	√	√																								
4	新大瑶山隧道DK1909+730段[23]	√				√	√	√		√		√	√	√	√	√	√															
5	大石山隧道[232]	√				√	√							√	√	√																
6	某国防隧道硐室[233]	√				√	√										√	√		√	√	√	√	√								
7	新集三矿巷道[234]						√																									
8	东秦岭特长隧道[235]	√				√	√	√				√	√		√	√																
9	金子山隧道[236]					√	√																									
10	张新煤矿巷道[237]								√						√																	
11	项合隧道[159]						√						√																			
12	末宜高速J标段[238]						√		√						√																	
13	横城子隧道[24]					√	√																									
14	罗山矿区巷道[239]						√																									
15	鱼跳引水隧洞[240]	√													√																	

续表

序号	工程名称	1	2	3	4	5	6	7	8	9	10	11	12	13	14	15	16	17	18	19	20	21	22	23	24	25	26	27	28	29	30	31
16	桐子岭隧道[211]	√					√						√																			
17	祝源隧道[242]	√					√																									
18	两安隧道[243]														√																	
19	金洞隧道[244]						√																									
20	滕州隧道[245]					√	√																									
21	崖底隧道[246]	√											√																			
22	麻岭隧道[247]	√				√	√	√																								
23	猫山隧道[248]	√				√	√	√																								
24	庙儿山山隧道[249]			√			√																									
25	庙垭口隧道[250]					√	√								√																	
26	彭水隧道[251]			√			√				√																					
27	两河口隧道[252]	√											√		√																	
28	窑坑隧洞[253]			√																												
29	雀儿溪隧道[254]					√	√								√																	
30	铁山坪隧道[255]			√															√													
31	桐子岭隧道[256]	√					√						√		√																	
32	连江隧道[257]			√											√																	
33	秦岭隧道[258]			√											√																	
34	牛岭隧道[259]					√	√																									
35	碳门隧道[260]						√	√																								
36	金瓜山隧道[261]					√									√																	
37	银洞湾隧道[262]						√							√																		
38	铁峰山2号隧道[176]														√						√											
39	凤凰梁隧道[263]	√											√																			
40	终南山隧道[264]			√		√																										

附录A 隧道光爆质量评价因素案例说明

续表

序号	工程名称	1	2	3	4	5	6	7	8	9	10	11	12	13	14	15	16	17	18	19	20	21	22	23	24	25	26	27	28	29	30	31
41	家竹箐隧道[265]																															
42	那下湾隧道[266]						√								√					√												
43	凉风凹1号隧道[267]	√					√						√							√												
44	丰宁隧道[268]	√												√	√																	
45	尾旗隧道[269]			√		√	√	√					√		√																	
46	安乐河隧道[270]			√		√	√				√				√																	
47	葡萄山隧道[271]			√		√	√						√		√																	
48	龙凤隧道[272]			√		√	√	√						√																		
49	长梁山隧道[273]					√	√								√		√															
50	柳林隧道[274]					√	√				√																					
51	淘金山隧道[275]					√	√		√						√																	
52	清水溪隧道[276]					√	√																									
53	万家山隧道[277]					√	√				√																					
54	温家山隧道[278]	√		√		√	√						√		√																	
55	正阳隧道[279]					√	√					√																				
56	某公路岩石爆破[238]						√																		√							
57	某工程岩石爆破[123]				√	√	√																									
58	刘庄煤矿井巷[280]					√	√																			√	√	√	√	√		
59	玉石洼铁矿巷道[281]					√	√																			√	√	√	√	√		
60	某大型硐室[174]		√																													
61	黄衢公路爆破[282]					√	√																									
62	某工程爆破[283]	√				√	√																									
63	某平巷掘进爆破[284]	√				√	√																							√	√	
64	潘三煤矿1巷道[285]	√				√	√																									

187

续表

隧道光爆质量评价分级指标

序号	工程名称	1	2	3	4	5	6	7	8	9	10	11	12	13	14	15	16	17	18	19	20	21	22	23	24	25	26	27	28	29	30	31
65	潘三煤矿"2巷道[285]	√																														
66	格顶煤矿"巷道[286]	√				√	√																									
67	姚桥煤矿"巷道[285]	√				√	√																									
68	姚桥煤矿"巷道[286]	√				√	√																									
69	平顶山软岩巷道[285]	√				√	√																									
70	某工程爆破[286]																															√
71	大瑶山隧道[28]					√	√									√																
72	大别山隧道[287]					√	√							√	√																	
73	黄菁隧道[182]	√				√	√								√		√						√									
74	敖山隧道[288]					√	√								√					√	√											
75	鹤顶山隧道[289]					√	√															√										
76	羊和岩1号隧道[290]					√	√																									
77	大林隧道左线[290]														√																	√
78	萝峰隧道左线[291]						√																									
79	上洋隧道[292]						√								√					√												
80	铜锣山隧道[293]					√																										
81	乌鞘岭隧道[171]					√															√											
82	武都西隧道右线[294]						√																									
83	雁门关隧道[295]					√									√																	
	指标采用率(%)	30.12	1.20	18.07	1.20	48.19	73.49	8.43	4.82	1.20	6.02	7.23	18.07	7.23	48.19	4.82	4.82	1.20	1.20	7.23	1.20	7.23	1.20	2.41	1.20	2.41	1.20	1.20	1.20	1.21	1.20	2.41

注：隧道光爆质量评价分级指标的具体含义为 1：超欠挖量（cm）；2：平均块度（cm）；3：超挖率（%）；4：不平整度（cm）；5：炮孔利用率（%）；6：炮孔眼痕率（%）；7：平均块度（m）；8：大块率（%）；9：围岩稳定性；10：大块率（m³）；11：经济效益；12：两炮同台阶动最大尺寸（cm）；13：爆破振速（cm/s）；14：循环进尺（m）；15：循环爆破石方；16：雷管消耗量（个/m³）；17：一线率（%）；18：通风排烟时间（min）；19：比装药量（kg/个）；20：钻孔总尺数；21：保留眼数；22：雷管用量（m）；23：炸药用量（发）；24：单位面积钻孔进尺（kg）；25：施工方法操作难易性；26：振动效应；27：保留围岩损伤破坏区厚度；28：围岩保留孔壁开裂情况；29：飞石；30：单位体积耗孔量；31：殉爆。

附录A 隧道光爆质量评价因素案例说明

表A-2

国内规范案例

序号	规范名称	\multicolumn{14}{c}{隧道光爆质量评价分级指标}
		1	2	3	4	5	6	7	8	9	10	11	12	13	14
1	铁路隧道工程施工质量验收标准（TB 10417—2018）	✓	✓	✓	✓										
2	高速铁路隧道工程施工质量验收标准（TB 10753—2018）		✓	✓			✓		✓						
3	地下铁道工程施工及验收规范（GB 50299—2018）	✓	✓			✓									
4	公路隧道施工技术规范（JTG F60—2009）	✓	✓				✓								
5	公路工程质量检验评定标准 第一册 土建工程（JTG F80/1—2017）	✓		✓											
6	水工建筑物岩石基础开挖工程施工技术规范（DL/T 5389—2007）			✓		✓	✓	✓							
7	水工建筑物地下工程开挖施工技术规范（SL 378—2007）			✓		✓		✓							
8	水工建筑物地下工程施工规范（DL/T 5099—2011）			✓						✓					
9	石油天然气建设工程施工质量验收规范 管道穿跨越工程（SY 4207—2007）	✓	✓				✓				✓				
10	有色金属矿山井巷工程施工规范（GB 50653—2011）	✓			✓						✓				
11	煤矿井巷工程质量验收规范（GB 50213—2010）			✓											
12	露天煤矿工程施工及验收规范（GB 50175—2014）														✓
	指标采用率（%）	56.25	50	81.25	18.75	37.5	43.75	31.25	18.75	31.25	75	6.25	6.25	6.25	6.25

注：隧道光爆质量评价分级指标的具体含义为 1：平均线性超挖；2：最大超挖；3：炮眼痕迹保存率；4：围岩剥落；5：围岩松动深度；6：两炮衔接合阶；7：开挖轮廓；8：爆破进尺；9：渣块块度；10：超挖量；11：炮眼间距；12：振动速度；13：炮眼利用率；14：不平整度。

国外案例　　表 A-3

序号	资料名	隧道光爆质量评价分级指标											
		超挖量	循环进尺	平均超挖	爆破振速	炮眼痕迹保存率	围岩稳定性	超挖面积	欠挖量	炸药用量	经济效益	围岩扰动深度	炮眼利用率
1	文献 39	√	√	√									
2	文献 110	√			√	√							
3	文献 296	√	√				√						
4	文献 112	√		√				√					
5	文献 297	√		√									
6	文献 298	√											
7	文献 299	√				√			√	√	√		
8	文献 129	√							√				
9	文献 300	√			√	√							
10	文献 67	√			√							√	
11	文献 301	√					√						
12	文献 109	√		√						√			
13	文献 108	√				√				√			√
14	文献 302				√								
15	文献 116	√								√	√		
16	文献 303	√											
17	文献 130	√		√					√				
18	文献 131	√							√	√			
19	文献 304												
20	文献 305	√											
指标采用率（%）		95	1	25	2	2	5	1	2	25	1	5	5

附录 B 隧道光爆质量评价指标解释

(1) 点指标

点指标主要表征隧道光爆质量超欠挖的量值。

最大超挖（OB_{max}）：指隧道实际开挖轮廓线上的最大超挖处至设计开挖轮廓切线的垂直距离，取正值，单位：m。

最大欠挖（UB_{min}）：指隧道实际开挖轮廓线上的最大欠挖处至设计开挖轮廓切线的垂直距离，取负值，单位：m。

平均线性超挖（OB_a）：指超挖横断面面积与隧道设计开挖断面周长（不包括隧底）的比值，单位：m。

平均线性欠挖（UB_a）：指欠挖横断面面积与隧道设计开挖断面周长（不包括隧底）的比值，单位：m。

(2) 线指标

线指标表征隧道光爆不同超欠挖点之间的差异和线性展布规律。

围岩扰动深度（h_r）：指隧道围岩因受爆破等人为或自然的因素干扰而发生工程性质的改变区域，单位：m。

两炮间台阶最大尺寸（L_t）：隧道光爆后纵向实际开挖轮廓呈锯齿形，锯齿形的最大齿高称为两炮间台阶最大尺寸，单位：cm。

不平整度（τ_b）：指钻爆孔所形成的开挖面的凹凸程度，单位：cm。

平均块度（L_s）：指隧道爆破后形成的碎块的三向长度的平均值，单位：cm。

循环进尺（L_{xh}）：指隧道爆破开挖每完成一个开挖循环，工作面向前推进的距离，单位：m。

(3) 面指标

面指标表征隧道光爆超欠挖在平面上的量值及其展布规律。

量测断面面积（S_c）：指考虑超挖、欠挖因素，对隧道爆破后的实际开挖轮廓面进行量测的横断面面积，单位：m^2。

超挖面积（S_{OB}）：以隧道设计断面面积为基准面，将爆破后获得的实际量测断面面积与设计断面面积进行对比，基准面以外的部分表示超挖面积，取正值，单位：m^2。

欠挖面积（S_{UB}）：以隧道设计断面面积为基准面，将爆破后获得的实际量测断面面积与设计断面面积进行对比，基准面以内的部分表示欠挖面积，取负值，单位：m^2。

超挖率（κ_{OB}）：指超挖面积与设计断面面积的比值，以百分数表示，单位：%。

欠挖率（κ_{UB}）：指欠挖面积与设计断面面积的比值，以百分数表示，单位：%。

炮眼痕迹保存率（η_{ph}）：指残留有痕迹的炮眼数与周边眼总数的比值，用百分数表示，单位：%。

(4) 体指标

体指标表征隧道光爆超欠挖的三维计算量值及其三维特征。

超挖体积（V_{OB}）：指隧道横断面超挖面积与纵向量测断面间隔的乘积，单位：m^3。

欠挖体积（V_{UB}）：指隧道横断面欠挖面积与纵向量测断面间隔的乘积，单位：m^3。

炮眼利用率（η_{pl}）：指工作面一次爆破的实际循环进尺与炮眼平均深度之比，以百分数表示，单位：%。

炸药用量（V_{zy}）：指在正常施工生产条件下，爆破一个循环所必需消耗的炸药的数量，单位：kg。

经济效益：指在隧道光爆施工中各种耗费与成果的对比，即以尽量少的各种耗费取得尽量多的经营成果。

围岩稳定性：指隧道爆破施工对其稳定性产生影响的那部分岩体靠自身强度保持平衡的能力。

附录C 隧道光爆质量控制指标解释

(1) 地质条件

地质条件主要表征隧道所在地区地质环境因素的综合。

围岩类别主要指根据《铁路隧道设计规范》TB 10003—2016《铁路工程岩土分类标准》TB 10077—2019《铁路工程地质勘察规范》TB 10012—2019 等规范确定的隧道围岩的基本分级。

节理裂隙指自然岩体的开裂或断裂，如果裂隙两侧的岩体未曾沿开裂面发生显著的位移或发生较为微小的位移，则称之为节理。

地下水指贮存于包气带以下地层空隙，包括岩石孔隙、裂隙和溶洞之中的水。

(2) 炸药性质

炸药性质主要表征炸药在爆炸过程中表现出来的性质。

炸药组分指炸药的组成成分。

爆力指炸药爆炸时对周围介质做功的能力。

爆速指炸药爆炸时爆轰在炸药内部的传播速度，以 m/s 表示。

(3) 炮孔参数

炮孔参数主要表征隧道爆破时与炮孔有关的设计参数。

炮孔深度指隧道爆破施工时掏槽方式的深度，以 m 表示。

周边眼间距指在隧道开挖断面外缘轮廓线上相邻两个炮孔之间的距离，以 mm 表示。

最小抵抗线指周边眼至邻近崩落眼的垂直距离，以 m 表示。

相对距离指周边眼间距与最小抵抗线的比值。

(4) 装药参数

装药参数主要表征隧道爆破时与装药有关的设计参数。

线装药密度指单位长度炮眼中装药量的多少，以 kg/m 表示。

不耦合系数指炮孔直径与药包直径之比。

堵塞质量指装药炮眼堵塞的优劣程度。

(5) 起爆方式

起爆方式主要表征隧道爆破时与炸药起爆有关的设计参数。

起爆顺序指隧道爆破时对掏槽眼、辅助眼、周边眼等按何种顺序进行起爆。

起爆时差指隧道起爆时掏槽眼、辅助眼、周边眼的延期时间，以 ms 表示。

起爆方法指外界施以局部能量，而使炸药起爆的方法。

(6) 隧道参数

隧道参数主要表征隧道爆破时与隧道设计有关的工法或参数。

开挖方式指隧道爆破施工时采用的开挖工法。

爆破方法指隧道爆破时，根据爆破目的、炸药在介质内的装填方式、形状和大小而采取的不同方法。

开挖断面指隧道爆破后的实际开挖轮廓面，以 m^2 表示。

（7）施工因素

施工因素主要表征隧道爆破时的人为因素和管理因素对爆破质量的影响。

钻孔精度指隧道光爆施工时开眼的准确度和钻进方向的准确性。

测量放线指隧道爆破开挖时在隧道掌子面上对炮眼、中线、标高等进行放线。

现场管理制度指针对隧道光爆现场人（工人和管理人员）、材（原材料）、机（机械设备）、环（环境）、法（检测方法）等进行合理有效的计划、组织、协调、控制、检测而制定的各种标准和方法。

附录 D 隧道光爆横断面超欠挖图

（1）第 6 循环

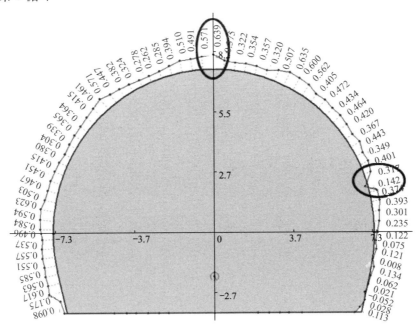

图 D-1 6_1 断面超欠挖量

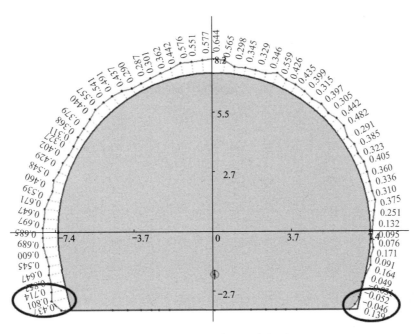

图 D-2 6_2 断面超欠挖量

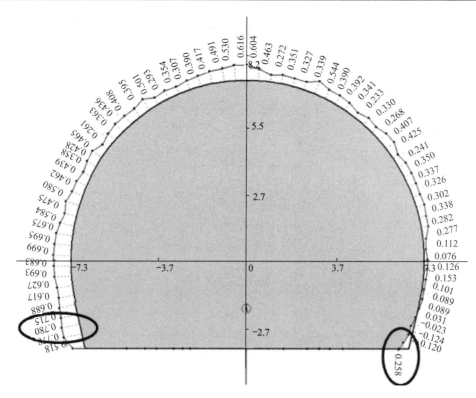

图 D-3　6_3 断面超欠挖量

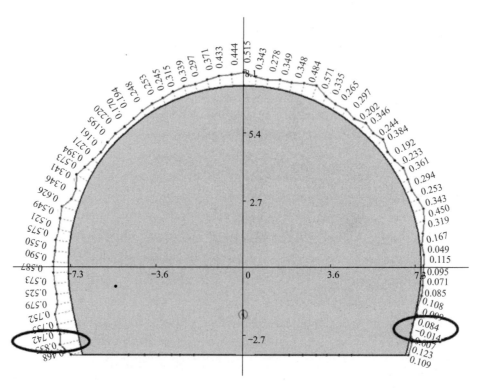

图 D-4　6_4 断面超欠挖量

附录 D　隧道光爆横断面超欠挖图

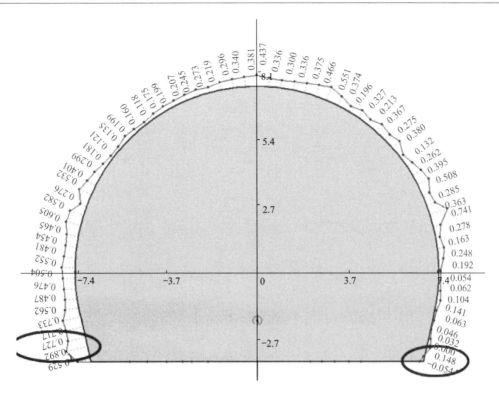

图 D-5　6_5 断面超欠挖量

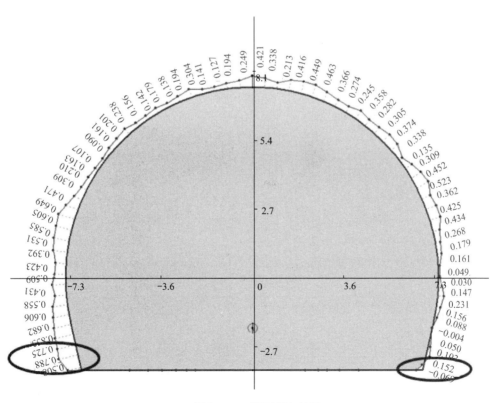

图 D-6　6_6 断面超欠挖量

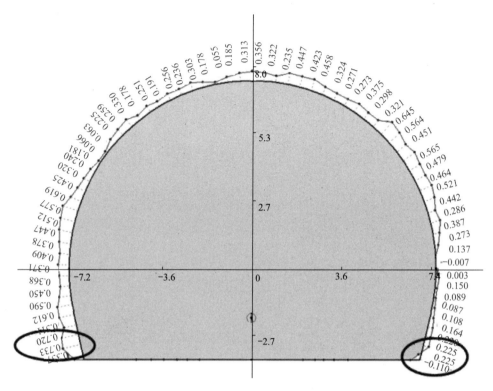

图 D-7　6_7 断面超欠挖量

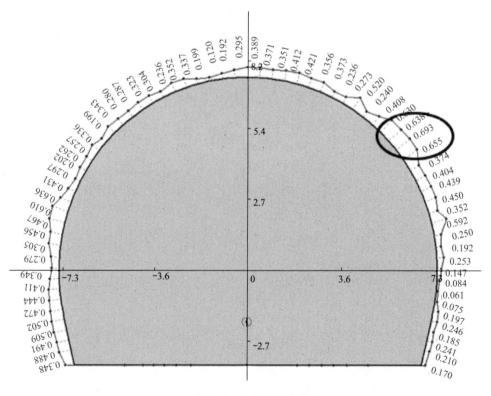

图 D-8　6_8 断面超欠挖量

附录 D 隧道光爆横断面超欠挖图

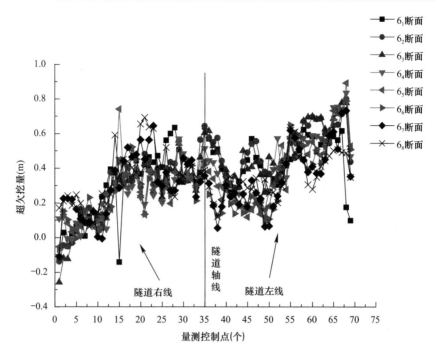

图 D-9 第 6 循环超欠挖量沿监测控制点对比

(2) 第 7 循环

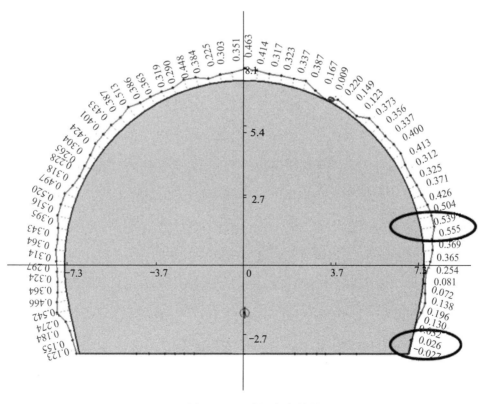

图 D-10 7_1 断面超欠挖量

199

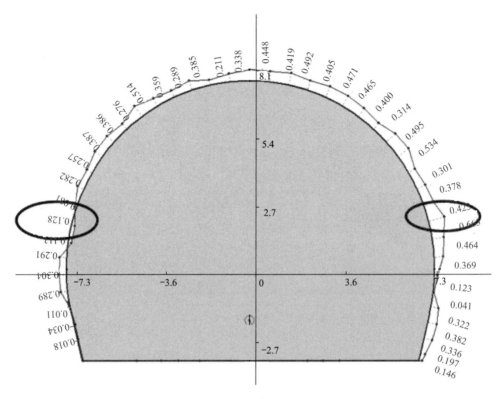

图 D-11　7_2 断面超欠挖量

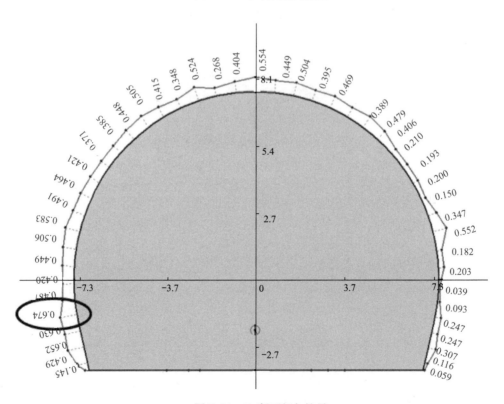

图 D-12　7_3 断面超欠挖量

附录 D 隧道光爆横断面超欠挖图

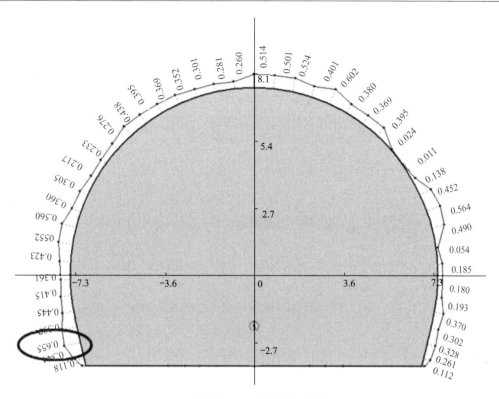

图 D-13 7_4 断面超欠挖量

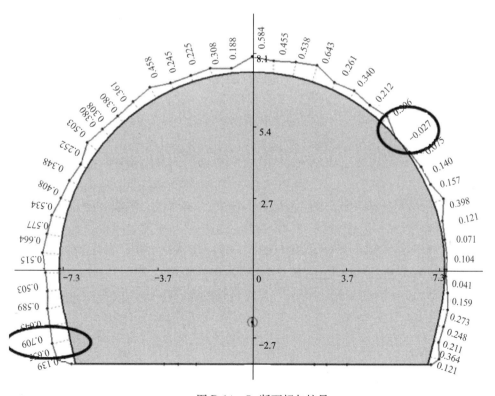

图 D-14 7_5 断面超欠挖量

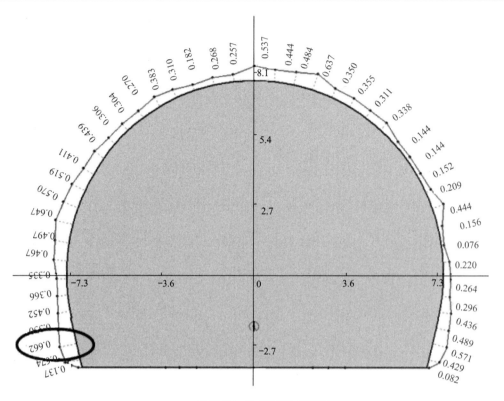

图 D-15 7_6 断面超欠挖量

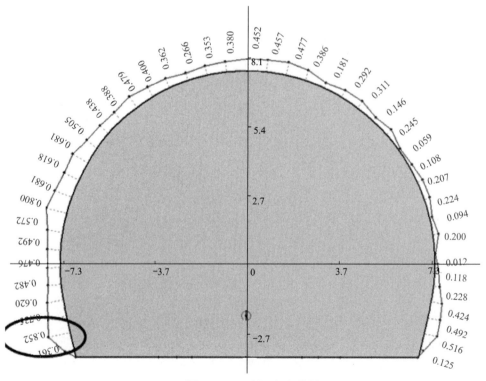

图 D-16 7_7 断面超欠挖量

附录 D 隧道光爆横断面超欠挖图

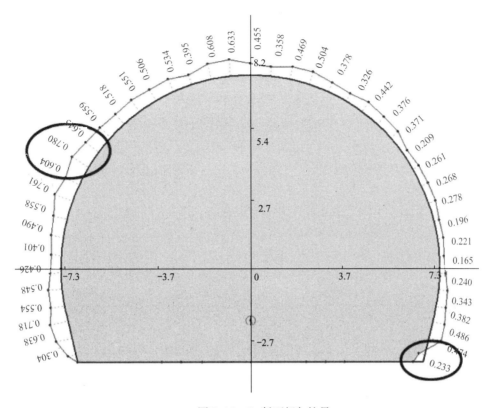

图 D-17 7_8 断面超欠挖量

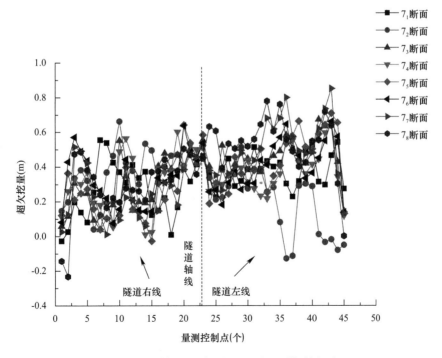

图 D-18 第 7 循环超欠挖量沿监测控制点对比

（3）第 8 循环

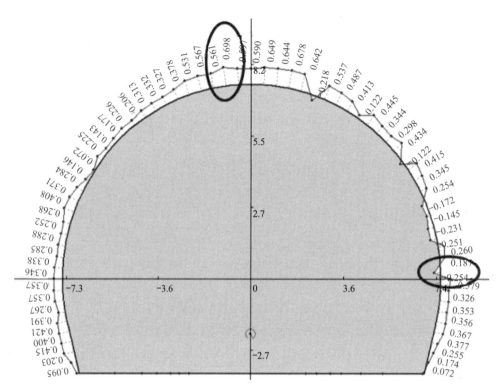

图 D-19　8_1 断面超欠挖量

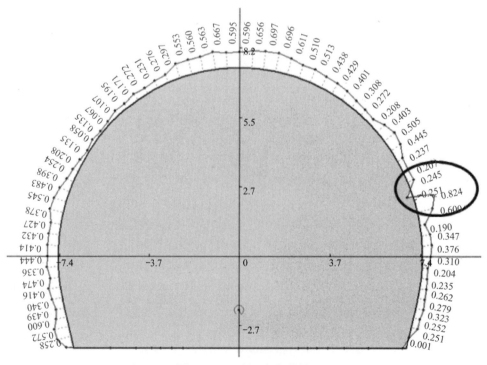

图 D-20　8_2 断面超欠挖量

附录 D　隧道光爆横断面超欠挖图

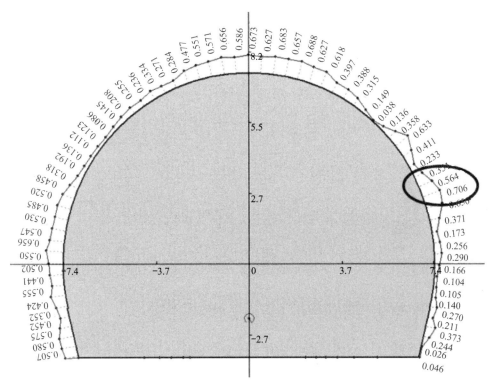

图 D-21　8₃ 断面超欠挖量

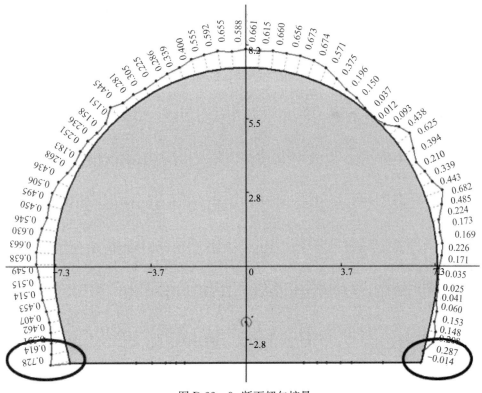

图 D-22　8₄ 断面超欠挖量

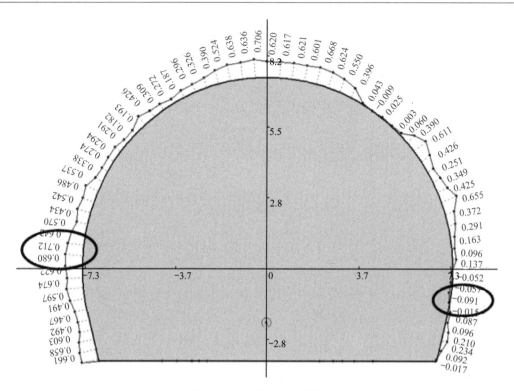

图 D-23　8_5 断面超欠挖量

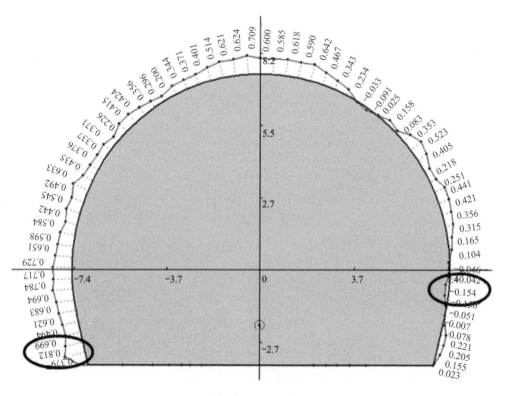

图 D-24　8_6 断面超欠挖量

附录 D 隧道光爆横断面超欠挖图

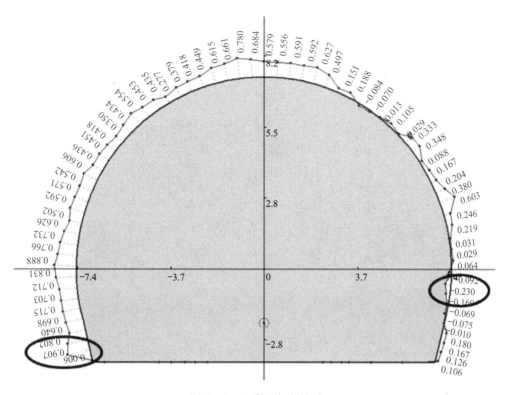

图 D-25 8_7 断面超欠挖量

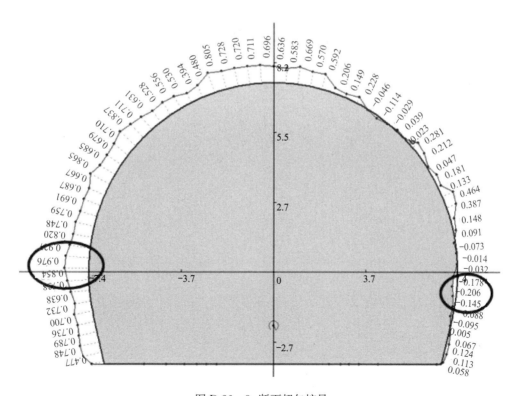

图 D-26 8_8 断面超欠挖量

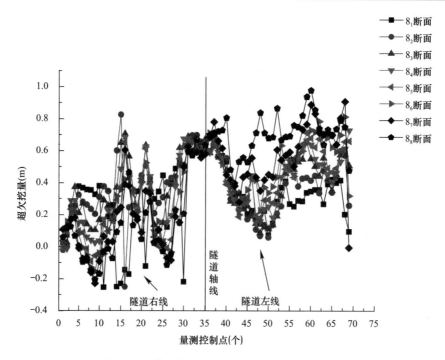

图 D-27　第 8 循环超欠挖量沿监测控制点对比

（4）第 9 循环

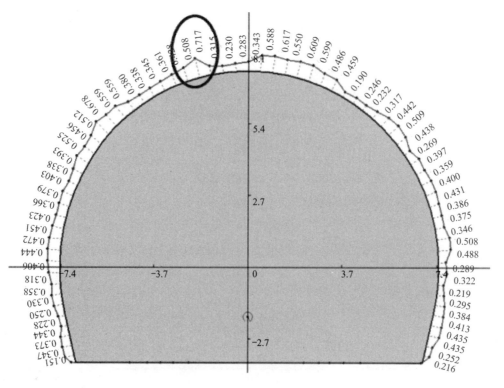

图 D-28　9_1 断面超欠挖量

附录 D　隧道光爆横断面超欠挖图

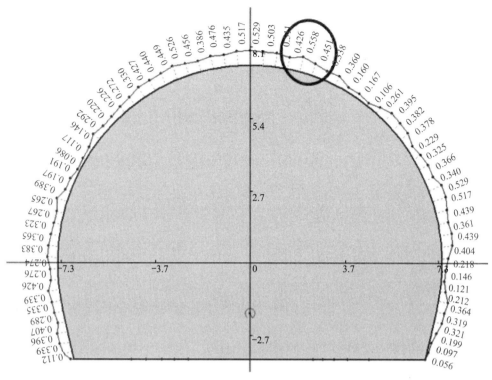

图 D-29　9_2 断面超欠挖量

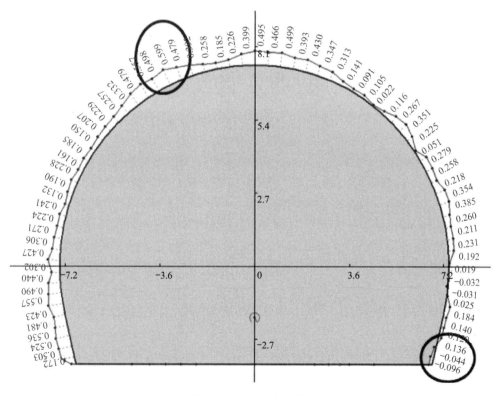

图 D-30　9_3 断面超欠挖量

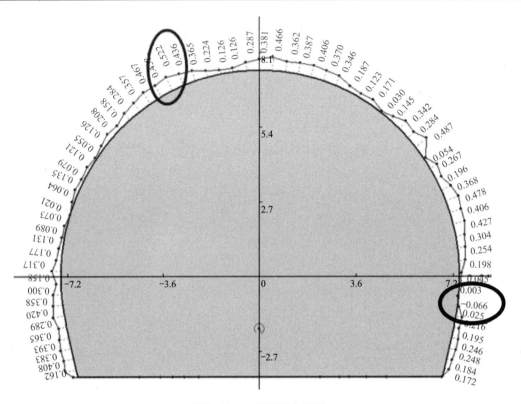

图 D-31　9_4 断面超欠挖量

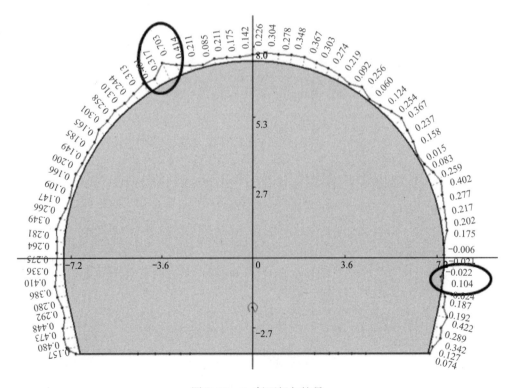

图 D-32　9_5 断面超欠挖量

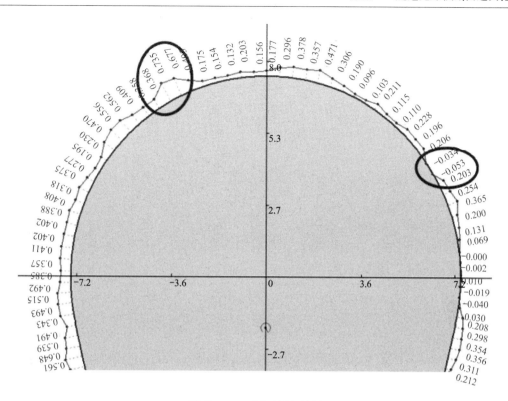

图 D-33　9_6 断面超欠挖量

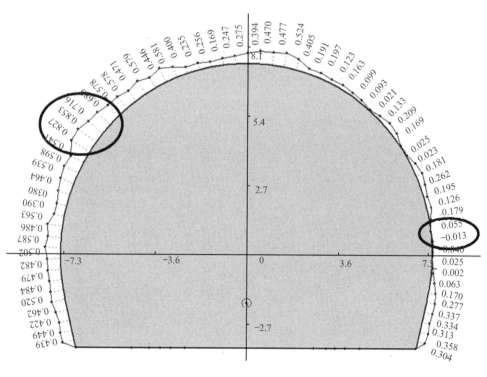

图 D-34　9_7 断面超欠挖量

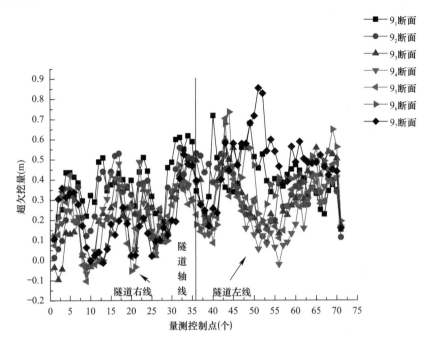

图 D-35　第 9 循环超欠挖量沿监测控制点对比

(5) 第 10 循环

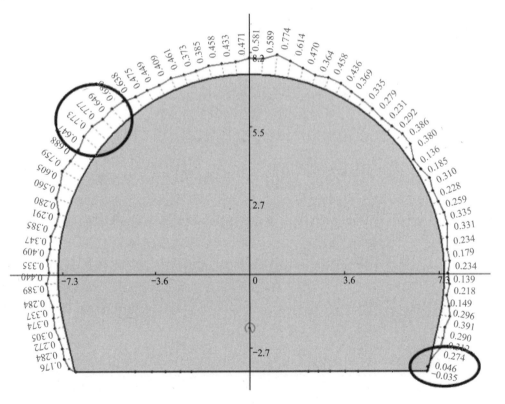

图 D-36　10_1 断面超欠挖量

附录 D 隧道光爆横断面超欠挖图

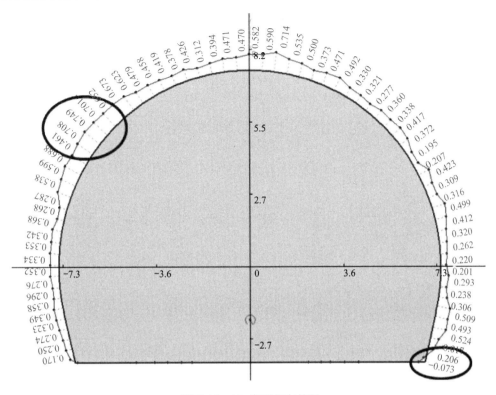

图 D-37 10₂ 断面超欠挖量

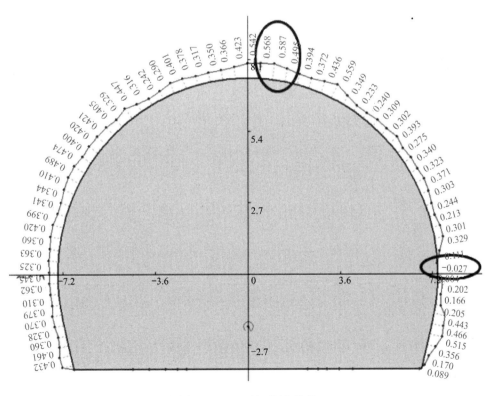

图 D-38 10₃ 断面超欠挖量

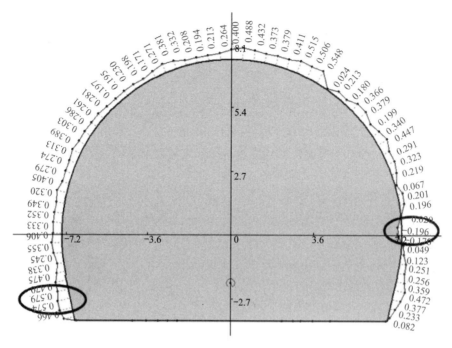

图 D-39　10_4 断面超欠挖量

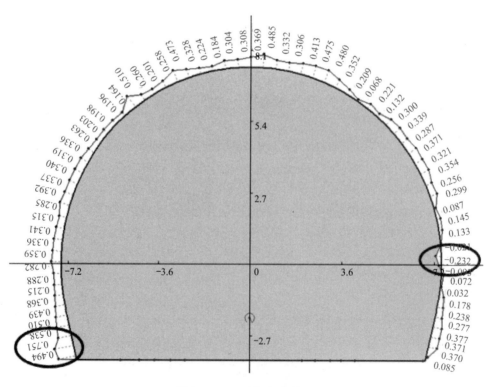

图 D-40　10_5 断面超欠挖量

附录 D 隧道光爆横断面超欠挖图

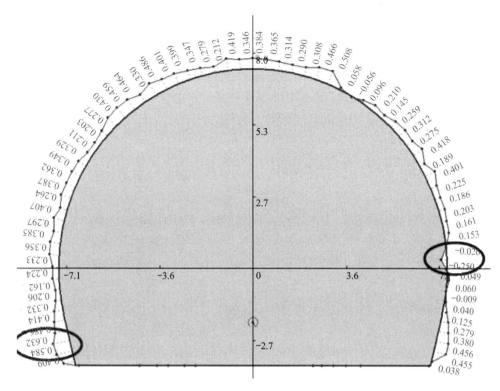

图 D-41 10_6 断面超欠挖量

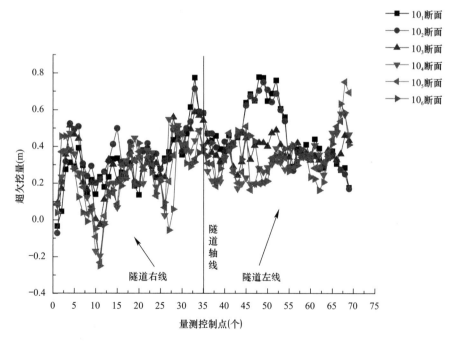

图 D-42 第 10 循环超欠挖量沿监测控制点对比

参 考 文 献

[1] 王梦恕. 21世纪山岭隧道修建的趋势[M]. 铁道标准设计, 2004, 9: 38-40.

[2] 王建秀, 邹宝平, 胡力绳. 隧道及地下工程光面爆破技术研究现状与展望[J]. 地下空间与工程学报, 2013, 4: 800-807.

[3] 刘招伟, 吴建湘. 隧道等差爆破及控制超挖试验研究[C]. 第四届全国岩石破碎学术讨论会论文集, 1989, 434-441.

[4] 蔡福广. 光面爆破新技术[M]. 北京: 中国铁道出版社, 1994.

[5] 戴光林, 林东才. 光爆锚喷施工技术[M]. 北京: 煤炭工业出版社, 1992.

[6] 齐景嶽, 刘正雄, 张儒林, 等. 隧道爆破现代技术[M]. 北京: 中国铁道出版社, 1995.

[7] 中国公路网. 秦岭终南山隧道通车为世界最长双洞公路隧道[OL]. http://www.chinahighway.com/news/2007/169063.php, 2007-01-22.

[8] 闫鸿浩, 王小红. 城市浅埋隧道爆破原理及设计[M]. 北京: 中国建筑工业出版社, 2013.

[9] 陈宏安. 一起爆破事故的调查与分析[J]. 爆破, 2003, 20 (3): 88-90.

[10] 国家安全生产监管总局监管二司. 建筑业安全生产形势分析及对策建议[OL]. http://www.anquan.com.cn/index.php?m=content&c=index&a=show&catid=399&id=79873, 2008-03-26.

[11] 三峡晚报. 隧道爆破"失手"6名湖北人遇难-贵州惠兴高速公路工地一隧道右洞爆破引发左洞坍塌[OL]. http://ctdsb.cnhubei.com/HTML/sxwb/20110604/sxwb1402017.html, 2011-6-4.

[12] 张运良, 曹伟, 王剑, 等. 水平层状岩体隧道超欠挖控制爆破技术[J]. 铁道科学与工程学报, 2010, 7 (5): 70-74.

[13] 童幺华, 李兵, 张学民. 板岩隧道光面爆破现场试验及推广应用[J]. 公路工程, 2013, 38 (6): 160-164.

[14] 杨仁树, 车玉龙, 孙强, 等. 地铁区间隧道不同装药结构光面爆破应用研究[J]. 爆破, 2013, 30 (2): 90-94.

[15] 郝文广. 水平岩层特长隧道的爆破参数优化与超欠挖控制[J]. 铁道建筑技术, 2013, 4: 13-17.

[16] 张金, 沈立晋. 隧道全断面开挖光面爆破设计[J]. 工程爆破, 2012, 18 (3): 44-47.

[17] 程康, 苏微倩, 张桂涛, 等. 空气间隔装药技术周边孔间距对爆破效果的研究[J]. 爆破, 2011, 28 (4): 15-19.

[18] 郭尧, 袁甲. 光面与预裂爆破对隧道围岩损伤的试验研究[J]. 工程爆破, 2011, 17 (4): 31-35.

[19] 代仁平, 郭学彬, 宫全美, 等. 隧道围岩爆破冲击损伤防护的轻气炮试验及数值模拟[J]. 振动与冲击, 2011, 30 (7): 133-137.

[20] 代仁平, 郭学彬, 宫全美, 等. 隧道围岩爆破损伤防护的霍普金森压杆试验. 岩土力学, 2011, 32 (1): 77-83.

[21] 任永华. 斗篷山隧道光面爆破施工技术[J]. 国防交通工程与技术, 2013, 3: 72-74.

[22] 李兵. 板岩隧道光面爆破参数现场优化试验[J]. 公路交通科技（应用技术版）, 2011, 4: 183-187.

[23] 潘明亮, 段宝福. 大断面隧道光面爆破技术的改进与应用[J]. 有色金属（矿山部分）, 2011, 63 (2): 69-72.

[24] 黄宝龙, 单仁亮, 殷凯, 等. 光面爆破技术在软弱围岩隧道掘进中的应用研究[J]. 中外公路,

2010, 30 (6): 176-178.
- [25] 段会平, 王志强. 富含云母岩体隧洞开挖爆破技术 [J]. 四川水力发电, 2013, 32 (6): 8-10.
- [26] 黄龙华. 控制爆破技术在连拱隧道掘进应用的研究 [J]. 工程爆破, 2010, 16 (2): 35-39.
- [27] 姜德义, 李付胜, 滕宏伟, 等. 城市大跨度公路隧道光面爆破设计与优化 [J]. 重庆大学学报, 2008, 31 (11): 1290-1295.
- [28] 段宝福, 董道海. 武广专线大瑶山隧道光面爆破施工技术 [J]. 工程爆破, 2008, 14 (2): 38-41.
- [29] 冯海暴, 蒋万德, 曲俐俐, 等. 九瑞高速岩质隧道钻爆法施工超欠挖控制措施及成本分析 [J]. 隧道建设, 2012, 32 (6): 887-891.
- [30] 杨仁树, 薛华俊, 郭东明, 等. 青岛地铁3#试验段爆破施工减振试验研究 [J]. 工程爆破, 2012, 18 (3): 33-36.
- [31] 阮清林. 长洪岭隧道近距下穿江池镇高效减震爆破技术试验 [J]. 隧道建设, 2012, 32 (3): 281-286.
- [32] 赵勇, 傅洪贤, 谢晋水, 等. 电子雷管在隧道钻爆法开挖中降振试验研究 [J]. 工程爆破, 2012, 18 (1): 82-85.
- [33] 卿三惠, 谢文清, 辜文凯, 等. 胶州湾海底隧道钻爆法施工关键技术创新 [J]. 铁道工程学报, 2011, 9: 63-69.
- [34] 严鹏, 卢文波, 陈明, 等. 深部岩体开挖方式对损伤区影响的试验研究 [J]. 岩石力学与工程学报, 2011, 30 (6): 1097-1106.
- [35] 何本国, 朱永全, 张志强, 等. 超小净距隧道不同爆破方式现场试验研究 [J]. 铁道科学与工程学报, 2010, 7 (5): 65-69.
- [36] 沈周, 傅洪贤, 赵晓勇. 铁路单线隧道钻爆扰动范围的研究 [J]. 工程爆破, 2010, 16 (3): 32-36.
- [37] 傅洪贤, 赵勇, 谢晋水, 等. 隧道爆破近区爆破振动测试研究 [J]. 岩石力学与工程学报, 2011, 30 (2): 335-340.
- [38] Xia X, Li H, Li J, et al. A case study on rock damage prediction and control method for underground tunnels subjected to adjacent excavation blasting [J]. Tunnelling and Underground Space Technology, 2013, 35: 1-7.
- [39] Kim Y, Moon H. Application of the guideline for overbreak control in granitic rock masses in Korean tunnels [J]. Tunnelling and Underground Space Technology, 2013, 35: 67-77.
- [40] Zare S, Bruland A. Applications of NTNU/SINTEF drillability indices in hard rock tunneling [J]. Rock Mech Rock Eng, 2013, 46: 179-187.
- [41] Ji F, Lu J, Shi Y, et al. Mechanical response of surrounding rock of tunnels constructed with the TBM and drill-blasting method [J]. Nat Hazards, 2013, 66: 545-556.
- [42] Li S, Feng X, Li Z, et al. In situ experiments on width and evolution characteristics of excavation damaged zone in deeply buried tunnels [J]. Science China Technological Sciences, 2011, 54 (Suppl. 1): 167-174.
- [43] Fattahi H, Shojaee S, Farsangi M, et al. Hybrid Monte Carlo simulation and ANFIS-subtractive clustering method for reliability analysis of the excavation damaged zone in underground spaces [J]. Computers and Geotechnics, 2013, 54: 210-221.
- [44] Verma H, Samadhiya N, Singh M, et al. Blast induced rock mass damage around tunnels [J]. Tunnelling and Underground Space Technology, 2018, 71: 149-158.
- [45] 杨军, 金乾坤, 黄风雷. 岩石爆破理论模型及数值计算 [J]. 北京: 科学出版社, 1999.
- [46] 任辉龙, 段群苗, 蔡永昌. 浅埋连拱隧道爆破的数值模拟 [J]. 爆破, 2012, 29 (4): 70-75.

[47] 邵珠山, 乔汝佳, 王新宇. 临空面对爆破震动强度影响的数值研究 [J]. 地下空间与工程学报, 2012, 8 (5): 1052-1058.

[48] 单仁亮, 王二成, 宋立伟, 等. 直墙半圆拱巷道爆破震动数值分析 [J]. 岩土力学, 2013, 34 (增1): 437-443.

[49] 杨建华, 卢文波, 陈明, 等. 岩石爆破开挖诱发振动的等效模拟方法 [J]. 爆炸与冲击, 2012, 32 (2): 157-163.

[50] 周能娟. 节理裂隙岩体隧道爆破仿真分析: [D]. 吉林: 吉林大学, 2011.

[51] 梁为民, 李旺兴, 张青, 等. 软弱夹层条件下隧道爆破过程数值模拟 [J]. 公路, 2011, 10: 202-205.

[52] 卢文波, 杨建华, 陈明, 等. 深埋隧洞岩体开挖瞬态卸荷机制及等效数值模拟 [J]. 岩石力学与工程学报, 2011, 30 (6): 1089-1096.

[53] 陈明, 胡英国, 卢文波, 等. 深埋隧洞爆破开挖扰动损伤效应的数值模拟 [J]. 岩土力学, 2011, 32 (5): 1531-1537.

[54] 刘永胜. 海底隧道钻爆开挖围岩稳定性研究: [D]. 北京: 北京交通大学, 2010.

[55] 丁黄平. 节理裂隙岩体隧道爆破成型效果研究: [D]. 吉林: 吉林大学, 2009.

[56] 刘学霸, 胡平. 隧道爆破开挖数值分析研究 [J]. 低温建筑技术, 2012, 3: 110-112.

[57] 孙金山, 金李, 姜清辉, 等. 地下洞室爆破开挖过程中地应力瞬态调整诱发节理围岩松动机制研究 [J]. 振动与冲击, 2011, 30 (12): 28-34.

[58] 严鹏, 李涛, 卢文波, 等. 深埋隧洞爆破开挖荷载诱发围岩损伤特性 [J]. 岩土力学, 2013, 34 (增1): 451-457.

[59] 左双英, 肖明, 续建科, 等. 隧道爆破开挖围岩动力损伤效应数值模拟 [J]. 岩土力学, 2011, 32 (10): 3171-3184.

[60] 金生吉, 李宁, 芮勇勤, 等. 隧洞开挖过程中爆破振动力学特性研究 [J]. 沈阳建筑大学学报 (自然科学版), 2012, 28 (1): 66-71.

[61] 蔚立元, 李术才, 徐帮树. 青岛小净距海底隧道爆破振动响应研究 [J]. 土木工程学报, 2010, 43 (8): 100-108.

[62] 朱哲明, 王超, 王蒙, 等. 爆炸荷载作用下缺陷岩体破坏特征的数值模拟研究 [J]. 四川大学学报 (工程科学版), 2011, 43 (2): 1-7.

[63] 张国华, 陈礼彪, 夏祥, 等. 大断面隧道爆破开挖围岩损伤范围试验研究及数值计算 [J]. 岩石力学与工程学报, 2009, 28 (8): 1610-1619.

[64] Zou B, Xu Z, Wang J, et al. Numerical investigation on influential factors for quality of smooth blasting in rock tunnels [J]. Advances in Civil Engineering, 2020, DOI: 10.1155/2020/9854313.

[65] Daraei A, Zare S. Prediction of overbreak depth in Ghalaje road tunnel using strength factor [J]. International Journal of Mining Science and Technology, 2018, 28: 679-684.

[66] Benselama A, William-Louis M, Monnoyer F, et al. A numerical study of the evolution of the blast wave shape in tunnels [J]. Journal of Hazardous Materials, 2010, 181 (1-3): 609-616.

[67] Saiang D, Nordlund E. Numerical analyses of the influence of blast-induced damaged rock around shallow tunnels in brittle rock [J]. Rock Mechanics and Rock Engineering, 2009, 42 (3): 421-448.

[68] Ramulu M, Chakraborty AK, Sitharam TG. Damage assessment of basaltic rock mass due to repeated blasting in a railway tunnelling project - A case study [J]. Tunnelling and Underground Space Technology, 2009, 24 (2): 208-221.

[69] Hamdi E, Romdhane N B, Le Cléac'h J M. A tensile damage model for rocks: Application to

blast induced damage assessment [J]. Computers and Geotechnics, 2010, 38: 133-141.

[70] Ulrika N, Kent G. Numerical studies of the combined effects of blast and fragment loading [J]. International Journal of Impact Engineering, 2009, 36: 995-1005.

[71] Saiang D. Stability analysis of the blast-induced damage zone by continuum and coupled continuum-discontinuum methods [J]. Engineering Geology, 2010, 116: 1-11.

[72] Fan L, Yi X, Ma G. Numerical Manifold Method (NMM) simulation of stress wave propagation through fractured rock mass [J]. International Journal of Applied Mechanics, 2013, 5 (2): 1350022-1-20.

[73] Zhao Z, Zhang Y, Bao H. Tunnel blasting simulations by the discontinuous deformation analysis [J]. International Journal of Computational Methods, 2011, 8 (2): 277-292.

[74] Fokin V A, Sirotyuk G N. Improvement of methods of calculating the optimal parameters of smooth-wall blasting [J]. Hydrotechnical Construction, 1990, 24 (4): 259-262.

[75] 宗琦, 马芹永. 光面爆破参数的理论分析 [J]. 阜新矿业学院学报（自然科学版）, 1994, 13 (4): 21-25.

[76] Mancini R. Technical and economic aspects of tunnel blasting accuracy control [J]. Tunnelling and Underground Space Technology, 1996, 11 (4): 455-463.

[77] 刘春富, 陈炳祥. 弯山隧道的深孔光面爆破 [J]. 岩石力学与工程学报, 1998, 17 (1): 81-87.

[78] 罗大会, 徐炳生. 大孔径光面爆破技术在高边坡岩体开挖中的应用 [J]. 长江科学院院报, 1999, 16 (4): 53-55.

[79] Kahriman A. Prediction of particle velocity caused by blasting for an infrastructure excavation covering granite bedrock [J]. Mineral Resources Engineering, 2001, 10 (2): 205-218.

[80] Kahriman A. Predictability of the ground vibration parameters induced by blasting during the tunneling [J]. Mineral Resources Engineering, 2002, 11 (3): 279-291.

[81] 顾义磊, 李晓红, 杜云贵, 等. 隧道光面爆破合理爆破参数的确定 [J]. 重庆大学学报（自然科学版）, 2005, 28 (3): 95-97.

[82] 张志呈, 蒲传金, 史瑾瑾. 不同装药结构光面爆破对岩石的损伤研究 [J]. 爆破, 2006, 23 (1): 36-38.

[83] Fumihiko S, Yukio K. A study on smooth blasting technique using detonating cords [J]. Science and Technology of Energetic Materials, 2007, 68 (6): 167-171.

[84] Mandal S K, Singh M M, Dasgupta S. Theoretical concept to understand plan and design smooth blasting pattern [J]. Geotechnical and Geological Engineering, 2008, 26 (4): 399-416.

[85] Sellers E. Controlled blasting for enhanced safety in the underground environment [J]. Southern African Institute of Mining and Metallurgy Conference SAIMM. Johannesburg, SOUTH AFRICA, AUG 2010, 04-05.

[86] 石洪超, 张继春, 夏森林, 等. 层状围岩小净距隧道掏槽爆破减震技术 [J]. 爆破, 2013, 30 (4): 60-65.

[87] 沈世伟, 许君臣, 代树林, 等. 基于熵值赋权法的节理岩体隧道爆破质量可拓学评价 [J]. 土木工程学报, 2013, 46 (12): 118-126.

[88] 蔡路军, 马建军, 周大华, 等. 十白高速黄龙隧道光面爆破技术研究与应用 [J]. 公路, 2012, 9: 234-237.

[89] 王红生. 小净距隧道群控制爆破技术 [J]. 现代隧道技术, 2011, 48 (5): 139-142.

[90] 毛建安. 光面爆破技术在向莆铁路青云山特长隧道工程中的应用 [J]. 现代隧道技术, 2011, 48 (5): 134-138.

[91] 王孝荣. 戴峪岭隧道Ⅱ级围岩光面爆破技术探讨 [J]. 爆破, 2011, 28 (2): 60-62.

[92] Shin J, Moon H, Chae S. Effect of blast-induced vibration on existing tunnels in soft rocks [J]. Tunnelling and Underground Space Technology, 2011, 26 (1): 51-61.

[93] Park D, Jeon S. Reduction of blast-induced vibration in the direction of tunneling using an air-deck at the bottom of a blasthole [J]. International Journal of Rock Mechanics and Mining Sciences, 2010, 47 (5): 752-761.

[94] Rodriguez R, Lombardia C, Torno S. Prediction of the air wave due to blasting inside tunnels: Approximation to a 'phonometric curve' [J]. Tunnelling and Underground Space Technology, 2010, 25 (4): 483-489.

[95] 王明年, 万姜林, 杨其新. 隧道超欠挖的力学效果分析 [J]. 西南交通大学学报, 1996, 31 (6): 577-582.

[96] 孙少锐. 裂隙岩体地下洞室超欠挖预测及评价研究: [D]. 南京: 河海大学, 2004.

[97] 魏继红, 吴继敏, 孙少锐. 图像处理技术在隧洞超欠挖评价中的应用 [J]. 水文地质工程地质, 2005, 1: 105-108.

[98] 苏永华, 孙晓明, 赵明华. 隧道围岩超挖的分形特征研究 [J]. 中国矿业大学学报, 2006, 35 (1): 89-93.

[99] 刘冬, 高文学, 刘明高. 隧道超欠挖成因及其控制技术 [J]. 地下空间与工程学报, 2007, 3 (8): 1468-1471.

[100] 肖云华, 王清, 陈剑平, 等. 隧道围岩超欠挖与节理和洞轴线之间的关系 [J]. 吉林大学学报 (地球科学版), 2008, 38 (3): 455-459.

[101] 肖云华, 陈剑平, 张鹏, 等. 隧道超欠挖断面轮廓分形特征 [J]. 吉林大学学报 (地球科学版), 2010, 40 (1): 153-158.

[102] 张鹏, 陈剑平, 张丽, 等. 隧道围岩断面轮廓分维数与岩体质量关系 [J]. 吉林大学学报 (地球科学版), 2010, 40 (5): 1110-1114.

[103] 杨玉银, 蒋斌, 刘春, 等. 隧洞开挖爆破超挖控制技术研究 [J]. 工程爆破, 2013, 19 (4): 21-24.

[104] 陈国平, 葛斌, 张光宇. 广昆铁路三棵树隧道光面爆破施工技术 [J]. 铁道建筑, 2013, 5: 76-79.

[105] 曹勇. 杜家山千枚岩地质公路隧道超欠挖效果控制 [J]. 铁道建筑技术, 2012, 3: 36-39.

[106] Chakrabortya A K, Jethwa J L, Paithankar A G. Assessing the effects of joint orientation and rock mass quality on fragmentation and overbreak in tunnel blasting [J]. Tunnelling and Underground Space Technology, 1994, 9 (4): 471-482.

[107] Chakrabortya A K, Jethwa J L, Paithankar A G. Effects of joint orientation and rock mass quality on tunnel blasting [J]. Engineering Geology, 1994, 3 (3-4): 247-262.

[108] Innaurato N, Mancini R, and Cardu M. On the influence of rock mass quality on the quality of blasting work in tunnel driving [J]. Tunnelling and Underground Space Technology, 1998, 13 (1): 81-89.

[109] Adhikari G R, Rajan Babu A, Balachander R, et al. On the application of rock mass quality for blasting in large underground chambers [J]. Tunnelling and Underground Space Technology, 1999, 14 (3): 367-375.

[110] Paul Singh S, Peter X. Causes, impact and control of overbreak in underground excavations [J]. Tunnelling and Underground Space Technology, 2005, 20: 63-71.

[111] Kim Y, Bruland A. Effect of rock mass quality on construction time in a road tunnel [J]. Tunnel-

ling and Underground Space Technology，2009，24（5）：584-591.

[112] Mandal S K，Singh M M. Evaluating extent and causes of overbreak in tunnels [J]. Tunnelling and Underground Space Technology，2009，24：22-36.

[113] Feng X M，Zhuang J Z，Ju J S，et al. Smooth blasting hole spacing and smooth surface layer depth optimization [J]. Advanced Science Letters，2011，4（8-10）：2703-2707.

[114] Strelec S，Gazdek M，Mesec J. Blasting design for obtaining desired fragmentation [J]. Tehnicki Vjesnik-Technical Gazette，2011，18：79-86.

[115] Mohammad R，Masoud M，Saeed Ghorbani M，et al. Burden prediction in blasting operation using rock geomechanical properties [J]. Arab J Geosci，2012，5：1031-1037.

[116] Deya k，Murthy V. Prediction of blast-induced overbreak from uncontrolled burn-cut blasting in tunnels driven through medium rock class [J]. Tunnelling and Underground Space Technology，2012，28：49-56.

[117] Jang H，Topal E. Optimizing overbreak prediction based on geological parameters comparing multiple regression analysis and artificial neural network [J]. Tunnelling and Underground Space Technology，2013，38：161-169.

[118] 刘冬，高文学，侯炳晖. 浅埋隧道爆破开挖与控制技术研究 [J]. 地下空间与工程学报，2013，9（增1）：1730-1733.

[119] 王国顺. 超欠挖控制技术及其在宜万铁路隧道中的应用浅析 [J]. 科技创新导报，2011，7：98-99.

[120] 何英伟，周中，张运良，等. 水平层状围岩隧道超欠挖控制技术研究 [J]. 公路与汽运，2010，5：199-201.

[121] 叶培旭，杨新安，凌保林，等. 近距离交叉隧洞爆破对既有隧道的振动影响 [J]. 岩土力学，2011，32（2）：537-541.

[122] 周向阳，徐全军，姜楠，等. 上跨运行地铁的南京红山南路隧道爆破安全管理 [J]. 工程爆破，2011，17（4）：97-102.

[123] 方崇. 基于燕尾突变理论光面爆破效果的综合评价 [J]. 爆破，2010，27（4）：40-42.

[124] Zare S，Bruland A. Comparison of tunnel blast design models [J]. Tunnelling and Underground Space Technology，2006，21（5）：533-541.

[125] Sharma，Partha Das. Techniques of controlled blasting for mines, tunnels and construction workings - To mitigate various blast induced adverse effects [J]. Journal of Mines, Metals and Fuels，2010，58（6）：152-161.

[126] Xu G，Yan C. Numerical simulation for influence of excavation and blasting vibration on stability of mined-out area [J]. Journal of Central South University of Technology，2006，13（5）：577-583.

[127] Kittler J，Hohlfeld T，Mittag R. Monitoring measurements during the excavation of an inspection gallery by blasting [J]. Wasserwirtschaft，2008，98（9）：31-34.

[128] Kamali M，Ataei M. Prediction of blast induced ground vibrations in Karoun III power plant and dam：a neural network [J]. Journal of the South African Institute of Mining and Metallurgy，2010，10（8）：481-490.

[129] Fekete S，Diederichs M，Lato M. Geotechnical and operational applications for 3-dimensional laser scanning in drill and blast tunnels [J]. Tunnelling and Underground Space Technology，2010，25（5）：614-628.

[130] Maerz N，Ibarra J，Franklin J. Overbreak and underbreak in underground openings part 1：measurement using the light section method and digital image processing [J]. Geotechnical and Geolog-

ical Engineering, 1996, 12 (2): 307-323.

[131] Franklin J, Maerz N, Ibarra J. Overbreak and underbreak in Underground openings part 2: causes and implications [J]. Geotechnical and Geological Engineering. 1996, 12 (2): 325-310.

[132] Abel J. Average percentage of overbreak beyond payment line [J]. MN-261 course notes, Colorado School of Mines, Golden, CO, USA, 1982.

[133] Mortazavi A, Katsabanis PD. Modelling burden size and strata dip effects on the surface blasting process [J]. International Journal of Rock Mechanics and Mining Sciences, 2001, 38: 481-498.

[134] Zou B, Wang J, Luo Z, et al. Intelligent control of smooth blasting quality in rock tunnels using BP-ANN, ENN, and ANFIS [J]. Geofluids, 2021, DOI: 10.1155/2021/6612824.

[135] Xu Z, Zou B, Wang J, et al. Evaluation of impact level of blasting-induced over-break by probabilistic neural network [J]. Arabian Journal of Geosciences, 2020, DOI: 10.1007/s12517-020-05804-x.

[136] Zou B, Xu Z, Wang J, et al. Evaluation of the total quality of tunnel contour using projection pursuit dynamic cluster method [J]. Advances in Civil Engineering, 2021, DOI: 10.1155/2021/6660719.

[137] Zou B, Luo Z, Wang J, et al. Development and application of an intelligent evaluation and control platform for tunnel smooth blasting [J]. Geofluids, 2021, DOI: 10.1155/2021/6669794.

[138] 叶海旺. 土岩爆破智能化系统研究: [D]. 武汉: 武汉理工大学, 2003.

[139] 肖清华. 隧道掘进爆破设计智能系统研究: [D]. 成都: 西南交通大学, 2006.

[140] 李迎凯, 曾玉生. 隧道掘进钻爆设计信息管理系统的构建与实现 [J]. 山西建筑, 2011, 37 (24): 157-158.

[141] 吕小师, 毋琦, 吕小慈, 等. 基于 Visual Basic 语言的隧道爆破设计系统 [J]. 价值工程, 2012, 24: 225-226.

[142] 杨仁树, 马鑫民, 李清, 等. 煤矿巷道掘进爆破智能设计系统及应用 [J]. 煤炭学报, 2013, 38 (7):1130-1135.

[143] Katsuyama, Kunihisa. Past and present of the computer simulation of blasting [J]. Explosion, 1999, 9 (1): 2-9.

[144] Verma A, Singh T. Intelligent systems for ground vibration measurement: a comparative study [J]. Engineering with Computers, 2011, 27 (3): 225-233.

[145] La R, David. The development of an information management system for the improvement of drilling and blasting in mining operations [J]. Computer Applications in the Minerals Industries, 2001, 367-372.

[146] Birch W J, Pegden M, Stothard P. Intelligent information management for improved blasting practice and environmental compliance [J]. Proceedings of the Annual Conference on Explosives and Blasting Technique, 2002, I: 463-474.

[147] Favreau R F, Favreau P. How to design a blast with computer simulations [J]. Proceedings of the Annual Conference on Explosives and Blasting Technique, 2002, I: 475-483.

[148] Lee C I, Jong Y H, Kim T H, et al. Development of an automated design program for tunnel blasting [J]. Journal of the Japan Explosives Society, 2002, 63 (6): 309-315.

[149] Kecojevic Vladislav J, Wilkinson William A. Computer-aided design and high-precision systems in drilling and blasting [J]. Journal of Explosives Engineering, 2003, 20 (5): 12-16.

[150] Li X, Wang X, Dong Y. An expert system based on BP neural networks for pre-splitting blasting design [C]. 3rd International Symposium on Neural Networks (ISNN 2006), Chengdu, PEO-

PLES R CHINA,2006,3973:1237-1241.

[151] 张云鹏. 爆破工程 [M]. 北京:冶金工业出版社,2011.

[152] 宁建国,王成,马天宝. 爆炸与冲击动力学 [M]. 北京:国防工业出版社,2010.

[153] 沈芙河. 爆破与锚喷工程实用技术手册 [M]. 北京:中国计划出版社,1995.

[154] 韩福荣. 现代质量管理学 [M]. 北京:机械工业出版社,2012.

[155] 张检身. 工程质量管理指南-强化质量预控 消除劣质工程 [S]. 北京:中国计划出版社,2001.

[156] 王梦恕. 中国铁路、隧道与地下空间发展概况 [M]. 隧道建设,2010,30 (4):351-364.

[157] 关宝树. 隧道工程施工要点集(第二版)[M]. 北京:人民交通出版社,2011.

[158] 王正美,景佳佳,刘仁达. 隧道超欠挖的控制途径 [M]. 公路交通科技(应用技术版),2009,6:172-174.

[159] 张鸿,方华,尚爱国,等. 公路隧道光面爆破技术研究及应用 [M]. 公路隧道,2007,2:5-10.

[160] 王梦恕,洪开荣,干昆蓉,等. 中国隧道及地下工程修建技术 [M]. 北京:人民交通出版社,2010.

[161] 何林生,吴永清,王明年. 钻爆法施工隧道的超欠挖控制 [J]. 广东公路交通,1998,54 (增):88-92.

[162] 汪旭光,郑炳旭,张正忠,等. 爆破手册 [M]. 北京:冶金出版社,2010.

[163] 张奇. 层状岩体光面爆破效果的理论分析 [M]. 爆炸与冲击,1988,8 (1):60-66.

[164] 严鹏,卢文波,李洪涛,等. 地应力对爆破过程中围岩振动能量分布的影响 [J]. 爆炸与冲击,2009,29 (2):182-188.

[165] 赵志发. 锦屏二级水电站东端引水隧洞高地应力洞段光面爆破技术 [J]. 铁道建筑技术,2009,11:89-95.

[166] 戴长冰,陈立群,宋守志. 岩性因素对岩石爆破的影响 [J]. 东北大学学报,2003,24 (7):696-698.

[167] 郭子如,胡企强,张金城. 光面爆破专用炸药的研究 [J]. 爆破,1994,1:78-81.

[168] 宋克健,龙源,胡新印,等. 装药结构对药孔爆破初始压力及能量利用率的影响 [J]. 爆破器材,2011,40 (3):1-3.

[169] 刘兰亭,姚尧. 岩体软弱带对爆破能量利用率的影响 [J]. 爆破器材,1985,3:18-20.

[170] 王树仁. 深孔光面爆破效果的分析 [J]. 中国矿业学院学报,1979,3:119-130.

[171] 高洪涛. 乌鞘岭隧道钻爆设计方案的优化 [J]. 铁道建筑,2004,8:57-59.

[172] 傅鹤林,李凯,彭学军,等. 梅关隧道工程施工技术 [J]. 北京:科学出版社,2009.

[173] 李小龙. 公路隧道爆破掘进超欠挖的原因分析及施工对策 [J]. 资源环境与工程,2011,25 (2):126-129.

[174] 王荣生. 光面爆破技术在大型硐室中的应用 [J]. 煤炭科学技术,2004,32 (6):30-32.

[175] 张福宏. 炸药药卷在炮眼中殉爆距离计算经验式的建立 [J]. 隧道建设,2003,23 (2):7-9.

[176] 李祖伟,袁勇,杜国平,等. 特长公路隧道建设工程技术-重庆万开高速公路铁峰山隧道工程 [M]. 北京:人民交通出版社,2007.

[177] 张齐. 光面爆破炮孔堵塞长度及作用 [J]. 长沙矿山研究院季刊,1989,9 (3):38-42.

[178] 盘宝怡. 光面爆破参数的选择 [J]. 河北冶金,1989,1:50-56.

[179] 董杨,曹延平. 隧道埋深对爆破参数的影响规律研究 [J]. 黑龙江科技信息,2009,24:29.

[180] 李彪,张子新. 京珠高速公路石门坳隧道开挖中光面爆破效果探讨 [J]. 爆破,2000,17 (2):63-66.

[181] 龚茂森,宋文兵. 目前隧道超欠挖状况及其控制途径 [J]. 铁道建筑技术,1996,3:48-50.

[182] 王振端,刘建军. 改进钻爆参数提高隧道围岩开挖质量 [J]. 内蒙古公路与运输,2011,2:11-

13.

[183] 陈小强. 钻爆法隧道施工周边眼钻孔技术研究 [J]. 中国高新技术企业, 2012, 13: 62-63.

[184] 赵晓彬. 光面爆破掘进采矿巷道的效果分析 [J]. 爆破, 2002, 19 (3): 41-43.

[185] Wang J, Zou B, Zhou X, et al. Parameter optimization of smooth blasting on large-section deep-buried tunnel based on factor regression model [C]. Rock Characterisation, Modelling and Engineering Design Methods - Proceedings of the 3rd ISRM SINOROCK 2013 Symposium, 905-908.

[186] Galimberti G, Soffritti G. A multivariate linear regression analysis using finite mixtures of t distributions [J]. Computational Statistics & Data Analysis, 2014, 71: 138-150.

[187] Yoo J. A theoretical view of the envelope model for multivariate linear regression as response dimension reduction [J]. Journal of the Korean Statistical Society, 2013, 42 (2): 143-148.

[188] Sohn S, Jung B, Jhun M. Permutation tests using least distance estimator in the multivariate regression model [J]. Computational Statistics, 2012, 27 (2): 191-201.

[189] Fan J, Guo X, Wu C. A new application of the infrared thermography for fatigue evaluation and damage assessment [J]. International Journal of Fatigue, 2012, 44: 1-7.

[190] 徐洪国. 混凝土材料与结构热变形损伤机理及抑制技术研究: [D]. 武汉: 武汉理工大学, 2011.

[191] 杨秀敏. 爆炸冲击现象数值模拟 [M]. 合肥: 中国科学技术大学出版社, 2010.

[192] Majzoobi G, Azizi R, Alavi Nia A. A three-dimensional simulation of shot peening process using multiple shot impacts [J]. Journal of Materials Processing Technology, 2005, 164-165: 1226-1234.

[193] Zhang Y, Fang Q, Liu O, et al. Numerical and experimental investigation into plane charge explosion technique [J]. International Journal of Impact Engineering, 2008, 35: 1179-1185.

[194] 白金泽. LS-DYNA3D 理论基础与实例分析 [M]. 北京: 科学出版社, 2005.

[195] 王钰栋, 金磊, 洪清泉. HyperMesh & HyperView 应用技巧与高级实例 [M]. 北京: 机械工业出版社, 2012.

[196] Livermore software technology corporation. LS-DYNA keyword user's manual version 971 [G], 2007.

[197] 于开平, 周传月, 谭惠丰. HyperMesh 从入门到精通 [M]. 北京: 科学出版社, 2005.

[198] Holmquist T, Johnson G, Cook W. A computational constitutive model for concrete subjected to large strains, high strain rates, and high pressures [C]. In: Proceedings of the 14th International Symposium on Ballistics, Quebec City, Canada, 1993, pp. 591-600.

[199] Johnson G. Computed radial stresses in a concrete target penetrated by a steel projectile [C]. In: Proceedings of the 5th International Conference on Structures under shock and impact, Portsmouth, UK, 1998, pp. 793-806.

[200] Tai Y, Chu T, Hu H, et al. Dynamic response of a reinforced concrete slab subjected to air blast load [J]. Theoretical and Applied Fracture Mechanics, 2011, 56: 140-147.

[201] Xia C, Song Z, Tian L, et al. Numerical analysis of effect of water on explosive wave propagation in tunnels and surrounding rock [J]. Journal of China University of Mining & Technology, 2007, 17 (3): 368-371.

[202] 蔡清裕, 崔伟峰, 向东, 等. 模拟刚性动能弹丸侵彻混凝土的 FE-SPH 方法 [J]. 国防科技大学学报, 2003, 25 (6): 87-90.

[203] 张凤国, 李恩征. 大应变、高应变率及高压强条件下混凝土的计算模型 [J]. 爆炸与冲击, 2002, 22 (3): 198-202.

[204] 宋顺成, 才鸿年. 弹丸侵彻混凝土的 SPH 算法 [J]. 爆炸与冲击, 2003, 23 (1): 56-60.

[205] Qi C, Yang S, Yang L, et al. Blast resistance and multi-objective optimization of aluminum foam-

cored sandwich panels [J]. Composite Structures, 2013, 105: 45-57.

[206] Dolce F, Meo M, Wright A, et al. Hybrid s2/carbon epoxy composite armours under blast loads [J]. Appl Compos Mater, 2012, 19: 349-362.

[207] Dolce F, Meo M, Wright A, et al. Structural response of laminated composite plates to blast load [J]. Plastics, Rubber and Composites, 2010, 39 (3-5): 180-188.

[208] Soutis C, Mohamed G, Hodzic A. Modelling the structural response of GLARE panels to blast load [J]. Composite Structures, 2011, 94: 267-276.

[209] 张凤国, 李恩征. 混凝土撞击损伤模型参数的确定方法 [J]. 弹道学报, 2001, 13 (4): 12-16.

[210] Hanchak S J, Forrestal M J, Young E R. Perforation of concrete slabs with 48 MPa and 140 MPa unconfined compressive strenths [J]. International Journal of Impact Engineering, 1992, 12(1): 1-7.

[211] Zhu F, Zhao L, Lu G, et al. A numerical simulation of the blast impact of square metallic sandwich panels [J]. International Journal of Impact Engineering, 2009, 36: 687-699.

[212] Jiang N, Zhou C. Blasting vibration safety criterion for a tunnel liner structure [J]. Tunnelling and Underground Space Technology, 2012, 32: 52-57.

[213] Jing L, Wang Z, Zhao L. Dynamic response of cylindrical sandwich shells with metallic foam cores under blast loading-Numerical simulations [J]. Composite Structures, 2013, 99: 213-223.

[214] Wang Z, Li Y, Wang J. A method for evaluating dynamic tensile damage of rock [J]. Engineering Fracture Mechanics, 2008, 75: 2812-2825.

[215] Zhao C, Chen J. Damage mechanism and mode of square reinforced concrete slab subjected to blast loading [J]. Theoretical and Applied Fracture Mechanics, 2013, 63-64: 54-62.

[216] Zhao C, Chen J, Wang Y, et al. Damage mechanism and response of reinforced concrete containment structure under internal blast loading [J]. Theoretical and Applied Fracture Mechanics, 2012, 61: 12-20.

[217] Soutis C, Mohamed G, Hodzic A. Multimaterial arbitrary-lagrangian-eulerian formulation for blast-induced fluid-structure interaction in fiber-metal laminates [J]. AIAA Journal, 2012, 50 (9): 1826-1833.

[218] Shen J, Lu G, Zhao L, et al. Response of curved sandwich panels subjected to blast loading [J]. Journal of Performance of Constructed Facilities, 2011, 25 (5): 382-393.

[219] Pahos S. The ballistic response of cross-stiffened panels from a rocket-propelled grenade [J]. Naval Engineers Journal, 2010, 123 (1): 55-65.

[220] 唐海. 地形地貌对爆破振动波影响的实验和理论研究: [D]. 北京: 中国科学院研究生院, 2007.

[221] 蒋复量. 金属矿矿岩可爆性评价及井下采场深孔爆破参数优化的理论与试验研究: [D]. 长沙: 中南大学, 2011.

[222] 夏祥, 李海波, 李俊如, 等. 岩体爆生裂纹的数值模拟 [J]. 岩土力学, 2006, 27 (11): 1987-1991.

[223] Gao F, Hou A, Yang X. Numerical analysis of dynamic mechanical properties for rock sample under strong impact loading [J]. I. J. Information Engineering and Electronic Business, 2010, 2, 10-16.

[224] Chen C, Zuo Y, Zhu D. Numerical tests on zonal disintegration within rockmass around deep tunnel under dynamic disturbance [C]. The 2nd International Conference on Computer Application and System Modeling, 2012, 1087-1090.

[225] Wang Z, Konietzky H, Huang R. Elastic-plastic-hydrodynamic analysis of crater blasting in steel fiber reinforced concrete [J]. Theoretical and Applied Fracture Mechanics, 2009, 52: 111-116.

[226] Remennikov A, Ying Kong S. Numerical simulation and validation of impact response of axially-restrained steel-concrete-steel sandwich panels [J]. Composite Structures, 2012, 94: 3546-3555.

[227] Ding J, Jin X, Guo Y, et al. Numerical simulation for large-scale seismic response analysis of immersed tunnel [J]. Engineering Structures, 2006, 28: 1367-1377.

[228] Wei X, Zhao Z, Gu J. Numerical simulations of rock mass damage induced by underground explosion [J]. International Journal of Rock Mechanics & Mining Sciences, 2009, 46: 1206-1213.

[229] Redwoo R, Shrivasta S. Design recommendations for steel beams with web holes [J]. Canadian Journal of Civil Engineer, 1980, 7 (4): 642-650.

[230] 郑颖人, 王永甫, 王成, 等. 节理岩体隧道的稳定分析与破坏规律探讨-隧道稳定性分析讲座之一 [J]. 地下空间与工程学报, 2011, 7 (4): 649-656.

[231] 李庚秋. 标准药卷光面爆破在隧洞掘进中的应用 [J]. 爆破, 1999, 16 (1): 20-22.

[232] 谢圣权, 程荣芳, 杨继云, 等. 大石山隧道光面爆破开挖技术 [J]. 爆破, 2002, 19 (3): 38-40.

[233] 曹治国, 郭三虎, 刘建民. 大型地下硐室施工中光面爆破技术的改进 [J]. 矿业研究与开发, 2007, 27 (1): 57-58-78.

[234] 刘章华, 刘正刚. 定向断裂爆破技术在光面爆破中的应用 [J]. 煤炭技术, 2001, 20 (5): 29-30.

[235] 曹冠军. 东秦岭特长隧道光面爆破施工技术 [J]. 铁道标准设计, 2002, 11: 17-18.

[236] 赵国祝. 复杂岩溶隧道开挖中的光面爆破施工技术 [J]. 水利与建筑工程学报, 2008, 6 (3): 78-81.

[237] 冯素明, 张炜, 曹宝岩. 工作面光面爆破分析 [J]. 煤炭技术, 2000, 19 (3): 18-19.

[238] 左宇军, 李保珍, 陈颖锋. 光面爆破参数的多目标灰色决策分析 [J]. 矿业研究与开发, 2001, 21 (4) (增): 1-3.

[239] 付玉华, 李夕兵, 董陇军. 损伤条件下深部岩体巷道光面爆破参数研究 [J]. 岩土力学, 2010, 31 (5): 1420-1426.

[240] 王道平, 周科平. 光面爆破技术在某水电站引水隧洞开挖中的应用 [J]. 矿业研究与开发, 2004, 24 (1): 16-17.

[241] 毕德灵, 张振忠, 刘明利, 等. 光面爆破技术在渝怀铁路桐子岭隧道施工中的应用 [J]. 铁道标准设计, 2003, 12 (增): 96-97.

[242] 戚克大. 光面爆破技术在祝源隧道开挖中的应用 [J]. 铁道建筑, 2008, 6: 54-56.

[243] 满奕. 花岗岩地层隧道光面爆破设计参数优化研究 [J]. 铁道科学与工程学报, 2011, 8 (2): 64-67.

[244] 原丽军. 金洞隧道光面爆破技术研究 [J]. 铁道标准设计, 2005, 4: 54-56.

[245] 郑先奇, 李伟. 京沪高速铁路滕州隧道光面爆破施工技术 [J]. 工程爆破, 2009, 15 (3): 40-42.

[246] 蔡宝卷, 沙友德. 蓝商高速路崖底连拱隧道光面爆破与临时支护施工技术 [J]. 工程爆破, 2009, 15 (1): 20-23.

[247] 郭峰, 艾进孝, 邓彭根. 麻岭隧道Ⅲ类围岩光面爆破开挖技术 [J]. 铁道建筑, 2005, 12 (增): 34-37.

[248] 宋军. 猫山隧道光面爆破的开挖控制 [J]. 公路, 2007, 5: 207-212.

[249] 武建华. 庙儿山隧道全断面光面爆破 [J]. 西铁科技, 2003, 2: 28-31.

[250] 雷坚强,曾德荣,杨明理. 庙垭口隧道光面爆破施工技术 [J]. 地下空间与工程学报, 2008, 4 (6): 1133-1137.

[251] 侯全欣,付彦生,郑艳. 彭水隧道光面爆破施工技术 [J]. 铁道标准设计, 2003, 12 (增): 67-69.

[252] 谭海涛,杨希. 浅谈两河口隧道钻爆施工中光面爆破技术分析 [J]. 施工技术, 2011, 40 (增): 165-167.

[253] 伏俊峰. 全断面深孔光面爆破技术在窑坑隧洞中的应用 [J]. 铁道建筑, 2005, 12 (增): 41-43.

[254] 杨峰,陈咏泉,王新明,等. 水平层状围岩隧道光面爆破效果分析 [J]. 地下空间与工程学报, 2005, 1 (6): 956-959.

[255] 宁远思,闫春岭,崔振东. 隧道工程光面爆破施工改进 [J]. 工程爆破, 2007, 13 (3): 36-37.

[256] 李平. 隧道光面爆破技术与应用 [J]. 中国矿业, 2007, 16 (7): 108-109.

[257] 韩均. 隧道光面爆破技术总结 [J]. 山西建筑, 2011, 37 (12): 162-163.

[258] 陈传德. 隧道施工光面爆破技术 [J]. 公路交通技术, 2001, 4: 47-48.

[259] 杨晓芳. 武广客运专线隧道光面爆破施工技术 [J]. 铁道建筑技术, 2010, 1: 30-32-38.

[260] 彭云,杨尉涛. 碛门隧道掘进光面爆破及施工技术应用探讨 [J]. 爆破, 2009, 26 (2): 35-37.

[261] 金团辉. 向莆铁路金瓜山隧道光面爆破技术的应用 [J]. 海峡科学, 2011, 6: 82-83-107.

[262] 皮明华. 银洞湾隧道的光面爆破技术 [J]. 中国港湾建设, 2003, 1: 39-41.

[263] 洪开荣,李祖伟,于明华,等. 山区高速公路隧道施工关键技术 [263]. 北京: 人民交通出版社, 2011.

[264] 冯西宁,杨育生,乔怀玉,等. 秦岭终南山公路隧道工程建设与运营管理 [264]. 北京: 人民交通出版社, 2010.

[265] 姚振武. 高瓦斯隧道施工指南-以家竹箐隧道为例 [265]. 北京: 人民交通出版社, 2008.

[266] 中国公路学会隧道工程分会,陕西省交通厅. 2007年全国公路隧道学术会议论文集 [C]. 重庆: 重庆大学出版社, 2007.

[267] 申洪雨. 大跨度软岩公路隧道控制爆破技术 [J]. 铁道建筑, 2007, 4: 55-56.

[268] 陶冶. 丰宁隧道光面爆破应用技术总结 [J]. 山西建筑, 2012, 38 (2): 194-196.

[269] 陈其强. 光面爆破技术在山尾旗隧道中的应用 [J]. 铁道建筑, 2004, 2: 36-38.

[270] 徐通礼. 光面爆破技术在隧道施工中的应用 [J]. 西部探矿工程, 1995, 7 (1): 9-11.

[271] 匡小慧. 葡萄山特长公路隧道(酉阳段)快速施工技术研究: [D]. 成都: 西南交通大学, 2009.

[272] 肖逍. 遂渝线龙凤隧道光面爆破施工技术 [J]. 施工技术, 2007, 43: 23-25.

[273] 单士军. 隧道层状围岩全断面深孔光面爆破 [J]. 工程力学, 2007, 增: 804-808.

[274] 周宴成. 隧道水平岩层钻爆施工技术研究 [J]. 山西建筑, 2009, 35 (11): 139-141.

[275] 帅烈生,陆志东. 淘金山隧道深孔光面爆破施工技术 [J]. 江西煤炭科技, 2002, 2: 22-24.

[276] 冀胜利. 铁路隧道水压光面爆破施工技术 [J]. 铁道建筑技术, 2007, 2: 35-38.

[277] 李春道,郝玉强,景改平. 万家山隧道光面爆破技术 [J]. 山西建筑, 2002, 28 (3): 147-149.

[278] 董鹏. 温家山隧道施工爆破设计 [J]. 西北水力发电, 2005, 21 (3): 65-67.

[279] 邵鸿博. 正阳隧道光面爆破施工技术 [J]. 铁道工程学报, 2003, 2: 92-95.

[280] 孙磊,任庆峰,宗琦. 水不耦合装药结构在煤矿井巷掘进光面爆破中的应用 [J]. 爆破, 2010, 27 (3): 25-28.

[281] 刘海增. 光面爆破技术对不稳固采准巷道的应用 [J]. 金属矿山, 2009, 11 (增): 450-452.

[282] 姜汶泉,刘凤洲,张慧昕. 光面爆破技术在黄衢高速公路边坡的应用 [J]. 地下空间与工程学报, 2009, 5 (5): 1033-1038.

[283] 赵根. 光面爆破效果与参数的灰色关联度分析 [J]. 爆破器材, 1992, 1: 7-9.

227

[284] 张立国,何庆志. 平巷掘进光面爆破参数优化试验研究 [J]. 阜新矿业学院学报（自然科学版）, 1991, S1: 115-116.

[285] 宗琦. 软岩巷道光面爆破技术的研究与应用 [J]. 煤炭学报, 2002, 27 (1): 45-49.

[286] 陈孟达. 隧道光面爆破影响因素分析 [J]. 中外建筑, 2010, 7: 174-176.

[287] 武凡,张睿. 大别山隧道硬岩爆破技术 [J]. 中小企业管理与科技, 2010, 12: 213-215.

[288] 田振刚. 鼓山隧道钻爆施工技术 [J]. 建筑, 2009, 3: 45-47.

[289] 陈东,杨继转. 鹤顶山隧道钻爆设计与施工技术 [J]. 中国新技术新产品, 2010, 7: 99-100.

[290] 黄金旺. 近水平红砂岩隧道钻爆法施工超欠挖控制技术研究: [D]. 湖南: 中南大学, 2010.

[291] 吴连雄,高九亭,王涛. 萝峰隧道左线全断面钻爆设计 [J]. 公路, 2003, 8: 142-144.

[292] 李俊. 南平长大隧道钻爆设计技术 [J]. 公路, 2005, 10: 195-199.

[293] 刘钧祥. 铜锣山隧道全断面开挖法钻爆设计 [J]. 山西建筑, 2010, 38 (12): 232-233.

[294] 程福元,程福平. 武都西隧道钻爆设计方案 [J]. 价值工程, 2012, 11: 87-88.

[295] 田春厚. 雁门关长大隧道钻爆法快速掘进技术 [J]. 探矿工程, 2004, 12: 56-57.

[296] Lee Y, Schubert W. Determination of the round length for tunnel excavation in weak rock [J]. Tunnelling and Underground Space Technology, 2008, 23: 221-231.

[297] Nateghi R. Evaluation of blast induced ground vibration for minimizing negative effects on surrounding structures [J]. Soil Dynamics and Earthquake Engineering, 2012, 43: 133-138.

[298] Pellet-Beaucour A, Kastner R. Experimental and analytical study of friction forces during microtunneling operations [J]. Tunnelling and Underground Space Technology, 2002, 17: 83-97.

[299] Smith M. Factors affecting the quality of tunnel infrastructure at Premier Diamond Mine [J]. The South African Institute of Mining and Metallurgy, 2004, 3: 183-190.

[300] Rustan A. Micro-sequential contour blasting- how does it influence the surrounding rock mass? [J] Engineering Geology, 1998, 49: 303-313.

[301] Henning G, Mitri H. Numerical modelling of ore dilution in blasthole stoping [J]. International Journal of Rock Mechanics & Mining Sciences, 2007, 44: 692-703.

[302] Khandelwal M, Singh T. Prediction of blast-induced ground vibration using artificial neural network [J]. International Journal of Rock Mechanics & Mining Sciences, 2009, 46: 1214-1222.

[303] Achilleoudes S, Krige G. The influence of rockpass excavation and operation on the structural design of box fronts [J]. The South African Institute of Mining and Metallurgy, 2005, 105: 765-770.

[304] Kim Y, Kim H, Yoo J. A study on drilling methods to reduce overbreak in tunnel blasting [J]. J. Korean Soc. Explos. Blast. Eng. 2003, 21 (2): 1-13.

[305] Korea Highway Corporation. Practice sourcebook for highway tunnel design [J]. 1995, 207-209.

[306] 董文泉,周光亚,夏立显. 数量化理论及其应用 [M]. 长春: 吉林人民出版社, 1979.

[307] 胡东进. 实用多元统计分析 [M]. 武汉: 中国地质大学出版社, 2005.

[308] 袁嘉祖. 灰色系统理论及其应用 [M]. 北京: 科学出版社, 1991.

[309] 罗佑新,张龙庭,李敏. 灰色系统理论及其在机械工程中的应用 [M]. 长沙: 国防科技大学出版社, 2001.

[310] 许树柏. 实用决策方法-层次分析法原理 [M]. 天津: 天津大学出版社, 1988.

[311] 李德富. 典型试验区石油开发指标的变化规律预测及效益评价: [D]. 武汉: 中国地质大学（武汉）, 2013.

[312] 赵国彦,朱旭波,苏龙,等. 基于博弈论的地下矿山岩体质量可拓评价研究 [J]. 矿业研究与开发, 2012, 32 (1): 12-17.

[313] 黄丽娟. 动态聚类新方法及最优聚类算法研究：[D]. 江苏扬州：扬州大学，2006.

[314] 尹国铭. 运用控制图法对提高隧道光面爆破效果的探讨 [J]. 重庆交通学院学报，1992，11（4）：57-65.

[315] Allen H. Environmental indicators：a systematic approach to measuring and reporting on environmental policy performance in the context of sustainable development [J]. Washington DC：World Resource Institute，1995：11-12.

[316] Zhou D，Lin Z，Liu L，et al. Assessing secondary soil salinization risk based on the PSR sustainability framework [J]. Journal of Environmental Management，2013，128：642-654.

[317] Yu G，Yu Q，Hu L，et al. Ecosystem health assessment based on analysis of a land use database [J]. Applied Geography，2013，44：154-164.

[318] Ouchterlony F，Kano Y，Minamide H，et al. Parallel hole cut blasting tests with anfo and emulsion explosives [C]. Proceedings of the Japan society of civil engineers，1999，43：119-130.

[319] Kuzu C，Guclu E. The problem of human response to blast induced vibrations in tunnel construction and mitigation of vibration effects using cautious blasting in half-face blasting rounds [J]. Tunnelling and Underground Space Technology，2009，24：53-61.

[320] 史峰，王小川，郁磊，等. MATLAB神经网络30个案例分析 [M]. 北京：北京航空航天大学出版社，2011.

[321] Ren C，An N，Wang J，et al. Optimal parameters selection for BP neural network based on particle swarm optimization：A case study of wind speed forecasting [J]. Knowledge-Based Systems，2014，56：226-239.

[322] Mandal S，Sivaprasad P，Venugopal S，et al. Artificial neural network modeling to evaluate and predict the deformation behavior of stainless steel type AISI 304L during hot torsion [J]. Applied Soft Computing，2009，9（1）：237-244.

[323] Nasimi R，Irani R，Ashena R. Optimized scenario for bottomhole pressure prediction in underbalanced drilling based on neural networks coupled with particle swarm optimization [J]. Petroleum Science and Technology，2012，30（11）：1140-1150.

[324] Zare M，Vahdati Khaki J. Prediction of mechanical properties of a warm compacted molybdenum prealloy using artificial neural network and adaptive neuro-fuzzy models [J]. Materials & Design，2012，38：26-31.

[325] Gholizadeh S，Pirmoz A，Attarnejad R. Assessment of load carrying capacity of castellated steel beams by neural networks [J]. Journal of Constructional Steel Research，2011，67（5）：770-779.

[326] Firat Cabalar A，Cevik A，Gokceoglu C. Some applications of Adaptive Neuro-Fuzzy Inference System (ANFIS) in geotechnical engineering [J]. Computers and Geotechnics，2012，40：14-33.

[327] Iphar M. ANN and ANFIS performance prediction models for hydraulic impact hammers [J]. Tunnelling and Underground Space Technology，2012，27（1）：23-29.

[328] Akib S，Mohammadhassani M，Jahangirzadeh A. Application of ANFIS and LR in prediction of scour depth in bridges [J]. Computers & Fluids，2014，91：77-86.

[329] Boğa A，Öztürk M，Topçu İ. Using ANN and ANFIS to predict the mechanical and chloride permeability properties of concrete containing GGBFS and CNI [J]. Composites Part B：Engineering，2013，45（1）：688-696.

[330] Zhou C，Ding L，He R. PSO-based Elman neural network model for predictive control of air chamber pressure in slurry shield tunneling under Yangtze River [J]. Automation in Construction，

2013, 36: 208-217.

[331] Li P, Li Y, Xiong Q, et al. Application of a hybrid quantized Elman neural network in short-term load forecasting [J]. International Journal of Electrical Power & Energy Systems, 2014, 55: 749-759.

[332] Cacciola M, Megali G, Pellicanó D, et al. Elman neural networks for characterizing voids in welded strips: a study [J]. Neural Computing and Applications, 2012, 21 (5): 869-875.

[333] Chandra R, Zhang M. Cooperative coevolution of Elman recurrent neural networks for chaotic time series prediction [J]. Neurocomputing, 2012, 86: 116-123.

[334] Bhushan B, Singh M, Hage Y. Identification and control using MLP, Elman, NARXSP and radial basis function networks: a comparative analysis [J]. Artificial Intelligence Review, 2012, 37 (2): 133-156.